Rafik Schami, der Syrien vor über vierzig Jahren verlassen musste, ist nie wieder in seine Heimat zurückgekehrt. Damaskus, die Stadt seiner Kindheit, hat allerdings von jeher einen festen Platz in seinem Herzen: Die Farben und Gerüche, Straßen, Plätze und Basare, die Menschen und Geschichten dieser alten orientalischen Stadt haben Schami geprägt und sind in seinen Büchern präsent. Längst ist Schami einer der beliebtesten deutschen Schriftsteller, doch zugleich ist er ein christlicher Araber geblieben, dem gegenseitiger Respekt die wichtigste Voraussetzung für einen dauerhaften Frieden ist. Respektieren kann man jedoch nur, was man kennt: In den hier versammelten Texten zeigt Schami Hintergründe auf, bezieht Stellung zu politischen Problemen und macht deutlich, worin sich die europäische und die arabische Kultur unterscheiden – ein Plädoyer für ein tolerantes Miteinander.

Rafik Schami, 1946 in Damaskus geboren, lebt seit 1971 in der Bundesrepublik. Er studierte Chemie und schloss das Studium 1979 in Heidelberg mit der Promotion ab. Heute zählt er zu den erfolgreichsten Schriftstellern deutscher Sprache, für sein Werk hat er zahlreiche Auszeichnungen und Preise erhalten, u. a. den Nelly-Sachs-Preis 2007. Seine Bücher wurden in zahlreiche Sprachen übersetzt.

Rafik Schami

Damaskus im Herzen
und Deutschland im Blick

dtv

Ausführliche Informationen über
unsere Autoren und Bücher
www.dtv.de

Von Rafik Schami
sind bei dtv u. a. erschienen:
Die Sehnsucht fährt schwarz (10842)
Der Fliegenmelker (11081)
Märchen aus Malula (11219)
Eine Hand voller Sterne (11973)
Gesammelte Olivenkerne (12771)
Milad (12849)
Die dunkle Seite der Liebe (13520)
Eine deutsche Leidenschaft namens Nudelsalat (14003)
Das Geheimnis des Kalligraphen (14291 und 19141)

5. Auflage 2015
2009 dtv Verlagsgesellschaft mbH & Co. KG, München
Lizenzausgabe mit freundlicher Genehmigung
des Carl Hanser Verlags
© 2006 Carl Hanser Verlag München
Umschlagkonzept: Balk & Brumshagen
Umschlagbild: Root Leeb
Satz: Satz für Satz. Barbara Reischmann, Leutkirch
Druck und Bindung: Druckerei C.H.Beck, Nördlingen
Gedruckt auf säurefreiem, chlorfrei gebleichtem Papier
Printed in Germany · ISBN 978-3-423-13796-6

*Für
Chris, Renate, Wolfgang und Martin,
deren gastfreundliches Lächeln
mir ein Zuhause
wurde*

INHALT

DAMASKUS,
DIE VERBOTENE STADT

oder Die Gassen der Sehnsucht

Im Exil verwandeln sich die Städte der Kindheit in Idyllen, ihr Staub in Perlen, und die düstersten Gassen werden von goldenem Licht durchflutet.

Was tun also, um der Verklärung der Ferne zu entrinnen und ein realistisches Bild der Stadt im Gedächtnis zu behalten? Ein anerkanntes Rezept empfiehlt: täglich Berichte über die Stadt zu lesen, wöchentlich Briefe zu schreiben, wenigstens einmal monatlich Oppositionelle zu treffen und einmal vierteljährlich das Bild der Stadt gründlich zurechtzurücken. Hier ist das Resultat nach zwanzig Jahren präziser Anwendung: Es gibt auf der ganzen Welt keinen schöneren Ort als die Altstadt von Damaskus.

Wenn man von Damaskus erzählt, muss man Acht geben, sich nicht in tausendundeine Episode zu verlieren, denn Damaskus ist ein Meer der Geschichten. Ich nehme als Kompass die via recta, die Gerade Straße, zu der ich immer wieder zurückkehre, wenn ich spüre, dass die Verschachtelung der Gassen von Damaskus und meiner Erinnerungen zu wirr wird.

Meine Kindheit umspielte diese Straße, die die Altstadt in ostwestlicher Richtung durchquert. Sie ist fast 1500 Meter lang und war einst 26 Meter breit, doch die Läden der Handwerker und Händler fraßen sich von beiden Seiten so weit hinein, dass die via recta heute an manchen Stellen nicht einmal mehr zehn Meter breit ist.

An ihrem Anfang, am Osttor der Stadt, liegt unauffällig, wie übrigens das meiste Zauberhafte dieser Stadt, die Manufaktur der Familie Na'ssan, die seit über 200 Jahren eine der begehrtesten Spezialitäten von Damaskus herstellt: Seidenbrokat der feinsten Art. Königin Elisabeth II. ließ ihr Krönungskleid aus dem edlen Stoff fertigen. Der Aga Khan (1959) und Jimmy Carter (1983) schrieben ihre Bewunderung in das Gästebuch der Familie, die viele Anekdoten über die hohen Staatsgäste zu erzählen weiß, doch treten wir lieber wieder auf die Gerade Straße hinaus.

Beim Osttor liegt die Ananiasgasse. Sie beherbergt eine unterirdische Kapelle, die an einen der ersten Anhänger Jesu Christi erinnert. Ananias heilte die Augen eines jungen Christenverfolgers namens Saulus, der vor den Toren der Stadt sein »Damaskus-Erlebnis« hatte. Aus dem Verfolger Saulus wurde der Verfolgte Paulus. Er versteckte sich eine Weile in meinem Viertel, und da seine Häscher alle sieben Tore der Stadt bewachen ließen, flüchtete er im Mantel der Dunkelheit durch meine Gasse, die etwa 300 Meter von der Ananiasgasse entfernt liegt. Paulus wurde in einem Korb auf der anderen Seite der Stadtmauer hinuntergelassen, und er ging von dannen und missionierte die Welt. Ohne Paulus wäre das Christentum ein orientalisches Märchen geblieben. Doch kehren wir lieber zur Geraden Straße zurück.

Die via recta ist ein griechisch-römisches Erbe. Fast tausend Jahre lang hielten Griechen und Römer Damaskus besetzt, bis die Araber die Stadt im 7. Jahrhundert eroberten. Damaskus ist eine der ältesten, ununterbrochen bewohnten Städte der Welt. Als die Ewige Stadt Rom gebaut wurde, war Damaskus schon tausend Jahre alt und die Hauptstadt meiner

Vorfahren, der Aramäer. Genau in dieser Kontinuität liegen Geheimnis und Schlüssel der Damaszener Seele.

Ägyptische, aramäische, römische, griechische, babylonische, persische, jüdische, römische und arabische Städte und Reiche entstanden, blühten auf, übertrafen in ihrem jugendlichen Glanz die Stadt Damaskus, alterten und gingen infolge von Kriegen, Seuchen und Naturkatastrophen unter. Damaskus aber blieb. Ein Damaszener ist seinem Ausweis nach ein Araber, doch all diese Kulturen, die seine Stadt einst prägten, hinterließen tiefe Spuren in seiner Seele.

Sicher war auch die günstige Lage mitten in der fruchtbarsten Oase Arabiens ein Element dieses Überlebenswillens der Damaszener, aber das allein erklärt nicht den unnachahmlichen Erfolg. Doch ein berühmter Spruch des ersten Kalifen der Omaijaden, Mu'awija, öffnet eine Tür zu diesem Erfolgsgeheimnis: »Mein Schwert ziehe ich nicht, wenn meine Peitsche reicht, und auch die nicht, wenn meine Zunge genügt.« Der Gründer der Omaijadendynastie war lange Jahre zuvor Stadthalter von Damaskus gewesen. Sicher hat er diesen Spruch von den Damaszenern gelernt, denen man große Freundlichkeit und Höflichkeit verbunden mit Hartnäckigkeit und Geduld nachsagt. Die stolzen Damaszener können äußerst nachgiebig werden, wenn es um den Vorteil ihrer Stadt geht. So verstanden sie es immer in der Geschichte, in guten Zeiten das Beste herauszuholen und in schlechten Zeiten das Schlimmste zu verhüten.

Unter den Omaijaden war Damaskus fast hundert Jahre lang die Hauptstadt eines Weltreiches. Erst das Jahr 750 brachte der Stadt eine verheerende Niederlage. Der Aufstieg der Abbassiden im Irak degradierte Damaskus zu einer Provinzstadt. Hierin liegt auch die Wurzel der bis heute gepflegten Feindseligkeit zwischen Damaskus und Bagdad.

Doch Damaskus überlebte die Abbassiden, die zerstörungs-
wütigen Horden der Mongolen und Tataren und 400 Jahre os-
manische Besatzung. Die Stadt verstand sich nicht nur auf die
Seidenweberei und die Herstellung des weltberühmten Stahls,
sondern und vor allem aufs Überleben aller ihrer Eroberer.
Mein Nachbar, der alte Kutscher Salim, sagte mir einst: »Der
Damaszener Stahl ist spröde im Vergleich zur Damaszener
Zunge.« Doch kehren wir wieder zur Geraden Straße zurück.

Ein paar hundert Meter weiter liegt die Saitungasse. Hier
residiert der Patriarch der katholischen Kirche (Melkiten).
Hier liegt auch die katholische Schule, die ich zwölf Jahre
lang besuchte. Sie war bis zur späteren Verstaatlichung eine
der drei Eliteschulen der Christen. Die Söhne der reichen
Muslime durften mit uns von einer Auslese der besten Lehrer unterrichtet werden. Viele Namen und Gesichter meiner
Mitschüler habe ich vergessen, doch nicht das Bild der zwei
Scha'lan-Prinzen, die nach jeden Ferien in einem Cadillac bis
zum Schultor gebracht wurden. Der Chauffeur blieb regungs-
los hintem Lenkrad sitzen, ein großer schwarzer Sklave in ara-
bischem Gewand entstieg dem Innern des Cadillacs wie in
einer Geschichte aus Tausendundeiner Nacht. Er hielt stumm
die Tür für die kleinen Herrschaften auf, die für uns nichts
anderes als dumme Bengel waren und wegen ihrer Einfältig-
keit bis zu den nächsten Ferien ausgelacht und verspottet wurden. Der Großvater dieser zwei Scha'lan-Sprösslinge, Nuri
Scha'lan, war bei der Befreiung Damaskus' von den Osmanen
am 3. Oktober 1918 an der Seite König Feisals und eines gewissen Oberst »Lawrence von Arabien« marschiert, aber das
ist eine andere Geschichte, und lieber kehren wir zur Geraden
Straße zurück.

Parallel zur Saitungasse verläuft die Abbaragasse. Hier
lebte ich, bis ich das Land verließ.

Die Häuser sind aus Lehm gebaut. In jedem leben mehrere Familien, und jedes Haus hat einen Innenhof, der allen Nachbarn gehört, sie zusammenbringt und streiten lässt. Das Leben der Erwachsenen findet in den Innenhöfen statt. Die Straße gehört den Kindern, den Bettlern und fliegenden Händlern.

Der Anblick der Häuser von außen täuscht. Hinter manch bescheidener fensterloser Fassade öffnet sich ein Paradies aus Marmor, Licht, Wasser, Rosen und Orangenbäumen.

Am Ende der Gasse, an der Stelle, an der der Apostel Paulus flüchtete, liegt eine kleine Kapelle. Aus schmucklosem Stein äußerst karg gebaut, entspricht sie dem heiligen Paulus am besten, denn der Gründer der Kirche hielt nicht viel von der Schönheit der Form.

In dieser meiner Gasse lebte auch mein Freund Salim, der Kutscher. Er war ein begnadeter Erzähler und Lügner. Nur bei ihm konnte eine Schnittwunde zu einer Erzählung aufblühen.

Nicht nur Orientalisten und arabische Reisende faszinierte die Stadt, kein Geringerer als der Prophet Muhammad soll der Legende nach Damaskus mit dem Paradies verglichen haben. Er erreichte ihre südlichen Vororte und machte kehrt. »Ich will nur einmal ins Paradies«, soll er gesagt haben, und er entschied sich für das Jenseitige.

Das Grab Abels, der von seinem Bruder Kain erschlagen wurde, liegt in der Nähe von Damaskus. Auch Moses, Sainab, die Tochter Alis und Enkelin des Propheten, und Salahaddin (Saladin) liegen in oder in der Nähe der Stadt begraben, doch nichts ist eindrucksvoller als das Grab Johannes des Täufers (Yahya, wie die Muslime ihn nennen). Es liegt in der Omaijadenmoschee. Ein Symbol der Kontinuität der Stadt. Als jüdischer Prophet führte Johannes die Taufe, das erste Sakrament der Christen, ein, und liegt selbst in einer Moschee begraben. Mein muslimischer Freund Nasser log oft, wenn er bei Allah, aber nie, wenn er beim Lokalheiligen Yahya schwor.

All diese Heiligtümer verleihen Damaskus eine sakrale Aura, aber nur in den Augen der Fremden. Die Damaszener leben ganz selbstverständlich mittendrin. Ich schaute als Kind nicht einmal vom Murmelspiel auf, wenn ein Tourist nach der Pauluskapelle fragte. »Geradeaus, dann links und sofort rechts«, antwortete ich und zielte genau mit der Murmel.

Ein paar Meter von meiner Gasse entfernt ist eine Kreuzung. Links fängt die Judenstraße an. Die Juden lebten bis zu ihrer großen Auswanderung Anfang der neunziger Jahre des letzten Jahrhunderts wie alle religiösen und ethnischen Minderheiten mit weniger Rechten als die arabisch-islamische Mehrheit, doch sie brauchten in den 44 Jahren des Krieges mit Israel keine Angst vor Verfolgung zu haben, und dies wohlgemerkt im Land der Verlierer.

Wenn man an der Kreuzung aber nach rechts abbiegt, gelangt man in das Herzstück des christlichen Viertels, das sich bis zum nächsten Tor der Stadtmauer, Bab Tuma, und weiter außerhalb der Mauer in das Kassa'-Viertel erstreckt. Dort liegt auch die Bäckerei meines Vaters.

Doch bevor ich mich in meinen Erinnerungen als Bäckerjunge verliere, kehren wir lieber zur Geraden Straße zurück, die nun an einem Triumphbogen und unzähligen Läden vorbei zum Gewürzmarkt führt. Immer mehr wichen die Handwerker den feinen Obst- und Gemüseläden, den Röstereien und Souvenirgeschäften. Sosehr sich die Geschäfte allerdings bemühen, orientalisch zu erscheinen, der Geraden Straße fehlt heute etwas Wesentliches, das in meiner Kindheit zum alltäglichen Straßenbild gehörte: die Ziegen.

Es waren die rothaarigen Damaszener Edelziegen, deren

Milch nach wilden Kräutern schmeckte. Morgens zogen die Milchverkäufer von Gasse zu Gasse. Wir standen bereits mit unseren Schüsseln an der Tür und warteten, und wenn der Bauer kam, pfiff er, die Ziegen hielten an und begannen den Kalk von den Mauern zu lecken. Der Bauer griff eine Ziege heraus, molk sie, siebte die Milch und maß sie in glänzenden Gefäßen und zog dann weiter bis zur nächsten Tür. Ich weiß es noch heute genau. Der Milchverkäufer kam immer kurz nach dem Maulbeerenverkäufer, der auf dem Rücken seines Esels ein großes, rundes Tablett mit einer herrlichen Pyramide aus den begehrten Maulbeeren mit sich führte, die wir als Kinder gerne zum Frühstück aßen. Der Maulbeerbaum hatte Damaskus Ruhm und Reichtum gebracht, nicht durch die Beere, sondern durch die Blätter, von denen sich die Raupen des Seidenspinners ernähren. Kurz nachdem die Ziegen auf Anordnung der Regierung aus den Straßen verschwunden waren, fällten die Bauern die Maulbeerbäume, weil die Chinesen den Orient mit billiger Seide überschwemmten. Aber das ist eine lange Geschichte, kehren wir lieber zur Geraden Straße zurück.

Schön und manchmal komisch preisen die Straßenhändler ihre Ware an. Die Meister unter ihnen sind die Obst- und Gemüsehändler.

»Jedem Biss folgt ein Schluckauf! Quitten!«

»In euch nistet der Tau, ihr Feigen!«

»Meine Tomaten schminkten sich ihre Wangen und gingen spazieren!«

»Die Bienen werden blass vor Neid! Honigmelonen!«

Doch heute ruft kein Salatverkäufer mehr: »*Eldaijem Allah! Allah eldaijem!*« (»Nur Gott ist der ewig Bleibende!«); so riefen sie zu meiner Kindheit, denn der Salat tauchte zu Anfang des Sommers auf und verschwand mit ihm. Heute gibt es in Damaskus den im Treibhaus hochgejagten Salat zu jeder Zeit. Man kann sogar Trauben im Winter und Orangen im Sommer kaufen! Bevor die Ziegen aus den Straßen verschwanden, hatte alles noch seine Zeit, und die Damaszener aßen, tranken, heirateten, führten Krieg und schlossen Frieden immer in Harmonie mit der Zeit. Erst als die Ziegen verschwanden, wurden alle Jahreszeiten gleich und die Damaszener um viele Genüsse ärmer. Aber warum verschwanden die Ziegen aus den Straßen?

Mein Nachbar Ismail, ein Stadtplaner, behauptet, dass dadurch das Gesicht von Damaskus moderner, städtischer geworden sei. Er irrt sich. Noch nie war Damaskus bäuerlicher als heute. Innerhalb der letzten 30 Jahre hat sich die Einwohnerzahl der Stadt auf 4 Millionen verfünffacht. Die Landflucht hat auch Damaskus nicht verschont. Das wirft große Probleme auf, die von keiner Regierung einfach zu lösen sind. Die Damaszener leiden wie die Bewohner aller Metropolen der Dritten Welt unter Wohn-, Wasser-, Umwelt-, Verkehrs-, Schul- und Arbeitsplatzproblemen. Nun aber prägen die innerhalb kürzester Zeit zugewanderten Bauern das Leben in Damaskus. In einer Umkehrung der Verstädterung der Dörfer, die in Europa dem letzten schlafenden Nest seinen dörflichen Charakter raubte, ist in Damaskus ein Verdorfungsprozess im Gange. In allen Bereichen kann man erkennen, wie diese Verdorfung verarmend auf die Lebenskultur der Damaszener wirkt, doch das führt uns zu weit, lieber kehren wir zur Geraden Straße zurück.

Erst wenn man den Gewürzmarkt erreicht, sollte man sie für eine gute Weile verlassen, denn rechts von ihr und auf weniger als 600 × 600 Metern liegen so viele Perlen der Baukunst und der Geschichte zusammen, dass man sie nicht einmal alle aufzählen kann. Karawansereien, Dampfbäder, Mausoleen, Suk el Hamidije, der Azempalast und das Herzstück der Stadt: die Omaijadenmoschee. Die Fülle von Damaskus wird nur in der Ruhe zugänglich. Als Jugendlicher nahm ich mir einen ganzen Tag für dieses Areal, und wenn ich nach Hause zurückkam, war ich erschöpft, doch hatte eine wohltuende Ruhe von meiner Seele Besitz ergriffen.

Hier auf dem Gewürzmarkt, Suk el Busurije, entdeckte ich die Verwandtschaft zwischen Lügen und Gewürzen. Die Lüge macht jedes fade Geschehen zum würzigen Gericht. Wer eine gute Nase hat, kann alle Nuancen der Gewürzstimmen hören. Der Thymian der Berge spricht tief, Koriander jugendlich, Zimt süßlich und Pfeffer zurückhaltend, aber verärgert über den vorlauten, aufdringlichen Kumin (Kreuzkümmel). Der Kardamom spricht vornehm leise, sich seiner Herrschaft bewusst. Nur die Safranblüte verharrt in Schweigen und verlässt sich auf ihre Farbe.

Den Azempalast, das prunkvolle Haus des osmanischen Gouverneurs As'ad Pascha el Azem, mochte ich nie. Er ist aber eine Attraktion für Touristen und beherbergt ein Museum für Folklore und Handwerk. Anfang der achtziger Jahre bekam ich ein Buch aus dem 18. Jahrhundert, und darin wurden meine Vorurteile bestätigt. Das Buch war von einem Friseur geschrieben worden, der die Errichtung des Palastes miterlebt hatte. Als hätte der Gouverneur seine baldige Ermordung geahnt, hatte er es so eilig, dass in Damaskus nicht nur jahrelang weder Baumaterial noch Maurer zu finden waren, sondern aus vielen Häusern, Moscheen, Tempeln und Suks Baumaterial wie Säulen, Holzbalken, Ornamente und Marmorplatten herausgerissen und in den Palast gebracht wurden, wenn sie dem Pascha gefielen. Manche der Häuser, Suks und Moscheen stürzten danach ein. Als dieser Gouverneur dem Sultan in

Istanbul zu mächtig wurde, setzte er ihn ab, lud ihn nach Ankara ein und ließ ihn dort 1757 ermorden. As'ad Pascha el Azem war gerade mal 52 Jahre alt geworden. Die Geschichten über diesen gerissenen Gouverneur sind unendlich, deshalb wollen wir lieber weitergehen.

Über die Reste der Goldschmiedestraße, die nach einem Brand geblieben sind, gelangt man zur Omaijadenmoschee. Ursprünglich ein Tempel der Aramäer, wurde sie von den Römern in einen Jupiter-Tempel und dann in eine Basilika umgewandelt. Siebzig Jahre nach der Eroberung der Stadt durch die Araber gingen Christen und Muslime immer noch durch dieselbe Tür und beteten im selben Haus. Erst der Kalif el Walid ben Abd el Malik ließ 705 die Basilika abbauen und an ihrer Stelle für astronomische Summen die schönste Moschee der damaligen Welt errichten. In ihrer Pracht sollte sie die Stellung von Damaskus als vierte heilige Stadt des Islam – nach Mekka, Medina und Jerusalem – unterstreichen. Hier wurde übrigens auch das erste Minarett der Welt errichtet.

Nicht weit von der Moschee entfernt liegt der legendäre Salahaddin begraben. In der Schule mussten wir viel über seine Heldentaten und seine Großzügigkeit gegenüber Gefangenen lernen, aber mit keinem Wort hat unser Geschichtslehrer erwähnt, dass Salahaddin ein Kurde und fanatischer Verfolger der Schiiten war.

In unmittelbarer Nähe liegen einige Mausoleen und ehemalige Koranschulen schönster Baukunst, und wenn man aus dem Westtor der Moschee hinausgeht, gelangt man in den berühmten Suk el Hamidije. Damit die Käufer in Ruhe feilschen können, ist der ganze Markt überdacht.

Wenn man vom Suk el Hamidije nach rechts abbiegt, erreicht man die große Zitadelle, die ein Bruder Salahaddins erbaut hat. Biegt man aber nach links ab, erreicht man das

Westtor, Bab el Gabije, und das ist das Ende der Geraden Straße und zugleich die Grenze des Reichs meiner Kindheit. Entscheidet man sich aber, vom Suk geradeaus zu gehen, gelangt man zur neuen Stadt mit weiteren Perlen historischer Baukunst und außerdem zu unvergleichlichen Restaurants, in deren Gärten sich Traum und Wirklichkeit bei köstlicher Bewirtung vermischen.

Wenn ich eines Tages wieder in einer dieser erfrischenden Oasen sitzen werde, wird mir meine jetzige Phantasie blass erscheinen.

KAFFEE

Ein Besuch, so kurz er dauern mag, gilt in Damaskus nicht, wenn man keinen Kaffee getrunken hat. Man trinkt den Kaffee ohne, mit wenig oder viel Zucker, aber stets mit Kardamom, den man als ganze Kapsel oder frisch gemahlen dem Kaffee beimischt. Man schwört darauf, dass Kaffee mit Kardamom nach dem Essen eine wundersame Wirkung bei der Verdauung hat. Deshalb gilt ein Essen für noch nicht abgeschlossen, solange man keinen Kaffee getrunken hat.

Woher das Wort Kaffee kommt, ist nicht mit letzter Sicherheit zu klären. Es kann vom äthiopischen Wort *Kaffa* (Bezeichnung einer Provinz in Südwestäthiopien, wo Kaffee angebaut wurde), aber auch vom arabischen Wort *Kahwa* herrühren, das früher für Wein und alle anregenden, aber appetitzügelnden Getränke benutzt wurde. Das Wort Mokka hingegen ist eindeutig, es stammt von dem arabischen Wort *Mocha* ab, das die Hafenstadt im Jemen bezeichnet, aus der der Kaffee geliefert wurde.

Wer hat den Kaffee entdeckt? Wer hat ihn zum ersten Mal gekocht? Keiner weiß es, die Legenden erzählen viel darüber.

Angeblich hat ein Schäfer in Äthiopien, der wahrscheinlichen Urheimat der Kaffeebohne, gemerkt, dass seine Ziegen eine sonderbare Unruhe und ein merkwürdiges Verhalten zeigten, wenn sie von einer bestimmten Pflanze fraßen.

Diese Geschichte wird mancherorts um eine Fortsetzung ergänzt. Der Schäfer brachte wie jedes Jahr dem Abt eines Klosters kurz vor Ostern ein Zicklein. Der Abt hatte ihm dafür jedes Jahr die Herde gesegnet. Da beschwerte sich der Abt beim Schäfer über seine Mönche, die in letzter Zeit so schläfrig geworden seien und die Nachtgebete verschliefen. Und da soll der Schafhirt seinem Hirtenkollegen empfohlen haben, die Mönche sollten die Beeren des zauberhaften Strauches probieren, und er sei sicher, sie würden so lebendig wie seine Ziegen.

Unrecht hatte der Mann nicht.

Aus den weißen Blüten wachsen rote kirschenähnliche Früchte, deren Samen nach dem Trocknen, Schälen und Waschen graugrüne Kerne ergeben, arabisch *Bunn*, Kaffeebohne, genannt.

Der arabische Kaffee, *Coffea arabica*, stammt aus Äthiopien. Die Pflanze gibt die besten und aromatischsten Kaffeebohnen, aber sie ist anfällig für Krankheiten und wächst nur in hohen Lagen, deshalb wurde sie mit den robusteren Sorten gekreuzt.

Die grünen Samen sind ungenießbar. Erst durch das Rösten wird ein Teil des im Samen enthaltenen Zuckers karamellisiert, die ungenießbaren Gerbsäuren und Eiweiße werden durch das Rösten zerstört. Es entstehen dadurch eine Menge Aromastoffe, die dem Kaffee seinen typischen Duft geben. Der arabische Kaffee ist stark geröstet, die Bohnen werden dabei schwarz. Er schmeckt kräftiger als der in Europa übliche braune Kaffee, aber er ist bei weitem magenfreundlicher, da durch das längere Rösten mehr Gerbsäuren zerstört werden.

Wann man damit anfing, die Bohnen zu rösten, ist unbekannt, aber sicher war es vor 875, denn seit diesem Datum wurden die Bohnen von Äthiopien nach Persien gebracht und von dort nach Arabien. Die Zubereitung ähnelt spätestens ab diesem Datum unserem heutigen Verfahren.

Ab 1450 wurde der Kaffee vermehrt auch im Jemen angepflanzt. Im Lauf des 15. Jahrhunderts wurde der Kaffee zu einem populären Getränk. Bald wurde er so beliebt, dass, als ein strenggläubiger Gouverneur der heiligen Stadt Mekka 1512 den Kaffee als sündiges Genussmittel bezeichnete und verbot, ein Aufstand in der Stadt ausbrach, der zum Sturz des lustfeindlichen Amtmanns führte. Sein Nachfolger erlaubte den Kaffee wieder.

Der Kaffeegenuss fand aber keine rasche Verbreitung. Seine Karriere ähnelt sehr der von Tabak und Haschisch. Zuerst wurden diese Genussmittel in den Kreisen der Sufis genommen, die unter der osmanischen Herrschaft in ganz Arabien zu finden waren. Diese Kreise waren immer offen gegenüber Substanzen, die ihre spirituellen Übungen förderten. Die nächtlichen Exerzitien waren anstrengend, deshalb experimentierten die Sufis viel mit Pflanzenextrakten, um bei ihren Ritualen (Tanz und Gesang) wach zu bleiben. Von diesen Kreisen ausgehend, verbreiteten sich die Genuss- und Rauschmittel, und sie wurden von ihren Gegnern, den konservativen Gelehrten, immer wieder angegriffen, was zeitweise zum Verbot und zu härtesten Strafen gegen ihre Genießer führte.

Nicht nur in Mekka, sondern in allen damaligen Metropolen des Orients, Damaskus, Kairo und Istanbul, wurde der Genuss von Kaffee als Schärfer des Bewusstseins gelobt und zugleich gerade deswegen von anderen getadelt. Der Kaffee machte alle Stufen durch, von ausgesprochenen Lobeshymnen der Herrscher und ihrem klaren Bekenntnis zum Kaffeekonsum bis zur Drohung mit der Todesstrafe gegen jeden, der nur einen Schluck Kaffee trank. Der Konflikt spitzte sich manchmal so zu, dass er zu Fatwa und Gegenfatwa der Islamgelehrten führte.

Das erste Kaffeehaus der Welt wurde wahrscheinlich im Jahre 1530 in Damaskus eröffnet. Es trug den Namen »Rosen-Café«. Das erste Kaffeehaus in Istanbul eröffneten zwei Syrer im Jahr 1574. Bald war das Kaffeehaus, es hieß damals *Kahwekhane*, ein Treffpunkt der Intellektuellen, wo sie Backgammon spielten und den Versen der Dichter lauschten. Es dauerte nicht lange, da wurden an allen Ecken Kaffeehäuser eröffnet. Die strengen Islamgelehrten sahen in dieser neuen Mode eine feindliche Konkurrenz der Moschee. Sie gingen so weit, das Kaffeehaus für noch teuflischer als die Weinlokale zu halten, und hörten nicht auf, gegen sie zu hetzen, bis Sultan Murad III. (1574–1595) alle Kaffeehäuser schließen ließ, nachdem man ihm auch noch hinterbracht hatte, dass in diesen Häusern politisch diskutiert und seine Herrschaft kritisiert würde. Dieses Verbot hielt lange. Erst am Ende der Herrschaft von Mehmed IV. (1648–1687) wurde der Verkauf von Kaffee wieder erlaubt, und langsam öffneten auch die Kaffeehäuser in vielen Metropolen des Osmanischen Reichs wieder ihre Tore.

Die Kaffeehäuser machten eine lange und komplizierte Entwicklung durch. Erst waren sie nur der Oberschicht vorbehalten, langsam wurden sie aber für jedermann zugänglich. Der Besuch des Kaffeehauses blieb jedoch eine absolute Domäne der Männer. Im christlichen Viertel von Damaskus nannte man manche Lokale, vor allem mit Gartenwirtschaft, *Kahwet 'A'ilat*, Familiencafé. Das ist aber eine Täuschung. Dies sind keine Kaffeehäuser, sondern eher Restaurants.

Die arabischen Cafés waren nie bequem, und sie sind es bis heute nicht. Nicht selten sind sie scheußlich dekoriert, und von der Decke baumeln nackte Glühbirnen, oder es hängen dort die noch hässlicheren Neonröhren, die eher an ein Krankenhaus oder Zollamt erinnern als an das schöne Damas-

kus. Trotzdem füllen sich die verrauchten Cafés Nacht für
Nacht. Die Männer zwängen sich auf hölzerne Bänke und
vorsintflutliche Stühle, um in aller Ruhe ihre Wasserpfeife zu
rauchen, Kaffee und Tee zu trinken, dem Schatten- und Pup-
pentheater beizuwohnen, dem *Hakawati*, dem Kaffeehaus-
erzähler, oder den Geheimnissen der Stadt zu lauschen.

Da Damaskus seit über fünfhundert Jahren keine Freiheit
des Wortes kennt und die offiziellen Nachrichten eher gelo-
gen als wahr sind, spielt das Café eine entscheidende Rolle im
Nachrichtensystem der Bevölkerung.

Der französische Dichter Lamartine besuchte Damaskus
im Jahre 1832. In seinem Buch *Voyage en Orient* erzählt er sinngemäß: Das Kaffeehaus ist die einzige Möglichkeit der Begegnung für die Damaszener. Hier rauchen sie und trinken
Kaffee und unterhalten sich mit ihren Freunden. Hier werden,
fast lautlos, die Aufstände vorbereitet, die von Zeit zu Zeit
die Stadt erschüttern. Die schweigsame Unruhe verbirgt sich
eine lange Zeit, um dann zu explodieren, wenn keiner es erwartet.

Kurz vor Lamartines Besuch hatten die Damaszener gegen
ihren Gouverneur Selim Pascha revoltiert und seine Truppen
besiegt.

Man sagt vom Damaszener, er liebe drei Dinge: das Sitzen,
die Wasserpfeife und den Kaffee. Von Familie keine Rede.
Es gehört zu den täglichen kleinen Freuden der Männer, sich
von der Familie abzusetzen und dort die Kontakte zu den
Freunden zu pflegen. Nicht selten ist ein arabischer Mann ein
großartiger Junggeselle, aber als Familienvater ist er unter dem
Durchschnitt.

Ein kleines unbekanntes Café neben der Omaijadenmoschee heißt bezeichnenderweise *Kahwet Chabbini* (Café
Versteck mich), hier sollten die Männer hingehen, deren Fa-

milie sie im nahen, bekannteren Café *Naufara* vermutet. Wenn nämlich ein Angehöriger den Wirt nach einem Gast fragt, schwört dieser, er habe den Mann seit Jahren nicht gesprochen. Dabei lügt er nicht, denn er bedient und kassiert schweigsam.

KINDHEITSLEKTÜRE

Was ich von Scheherazade
gelernt habe

Meine Kindheit hätte sprachlich nicht bunter sein können. Meine Eltern stammen aus Malula, einem aramäi-
schen Dorf, und sprachen mit uns Aramäisch. Ich wuchs aber
in Damaskus auf, sprach auf der Straße Arabisch und besuchte
eine Eliteschule der Christen, wo wir von Anfang an Französisch und ab der sechsten Klasse Englisch lernten.

Meine Mutter war Analphabetin, eine lebenskluge Frau,
die ein phänomenales Gedächtnis hatte. Mein Vater wurde
gezwungen, von der Schule abzugehen, blieb aber sein Leben
lang ein großer Liebhaber der Bücher. Er las täglich, obwohl er
als Bäcker sieben Tage in der Woche von 4 Uhr bis 16 Uhr hart
arbeiten musste.

Unser Haus lag in einer kleinen Gasse der Altstadt, durch
die der Legende nach der geläuterte Paulus geflüchtet war.
Am Ende der Gasse liegt die Kapelle, die an seine Flucht über
die Mauer erinnern soll.

Meine Mutter sagte oft, stell dir vor, was aus der Welt geworden wäre, wenn meine Vorfahren Paulus ausgeliefert hätten. Eine Welt ohne Christentum! Jesus wäre der Held einer
jener revolutionären Sagen des Orients geblieben. Die Aussage meiner Mutter zeigt, wie dünn die Gegenwart im Bewusstsein der Araber ist und wie nahe Legende und Wirklichkeit im Alltag meiner Gasse waren.

In meiner Nachbarschaft las, abgesehen von meinem Vater, kaum jemand Bücher, aber die mündliche Erzählkunst beherrschten die alten Frauen und Männer so gut, dass ich den traditionellen *Hakawati* nahe der Omaijadenmoschee als langweiligen, primitiven Marktschreier empfand.

Meine erste Begegnung mit Büchern geschah im Zimmer meiner Eltern. Mein Vater besaß eine Minibibliothek, in der es eine gute Ausgabe der Bibel und eine teure Handschrift der Reden des berühmten Johannes Damascenus, auch Johannes goldenen Mundes genannt, gab. Er war Theologe und Lyriker. Sein Vater war Finanzminister des ersten Omaijadenkalifen Mu'awija. Neben diesen zwei großen Werken besaß mein Vater ein Buch über wundersame Erscheinungen der Erde, zwei Anthologien arabischer Lyrik, ein Buch über berühmte Prozesse der Geschichte, vom Fall der Charlotte Corday, die Marat umgebracht hat, bis zum Fall des syrischen Studenten Suleiman al Halabi, der Kleber, Napoleons Vertreter in Ägypten, erstochen hatte und barbarisch hingerichtet wurde.

Alle Bücher, außer dem des Johannes, habe ich verschlungen, obwohl mein Vater der Ansicht war, sie seien nichts für Kinder. Zwei Bücher, die Bibel und das Buch der Prozesse, beeinflussen bis heute mein Schreiben und Denken.

Mit zehn Jahren musste ich in ein Kloster in den Libanon gehen. Ich blieb dort drei Jahre, lernte einige Autoren der Weltliteratur kennen – und wurde süchtig nach Büchern. Es gab nur zwei Möglichkeiten in der freien Zeit: Man konnte in die Kirche oder in die Bibliothek gehen. Ich entschied mich für die Bibliothek und war fasziniert von den vollen Bücherregalen. Hier saß ich stundenlang, umgeben von Bücherbergen, die ich aus Gier geholt hatte, aber nie zu Ende lesen konnte; Enzyklopädien und dieses Nicht-zu-Ende-lesen-

Können erzeugten meine Sucht nach Büchern. Hier lernte ich Jules Verne kennen, und von ihm lernte ich für immer die Regel: Wenn man gut recherchiert, kann man gar nicht genug übertreiben.

Das Klosterleben war nichts für mich, ich wurde krank. Nur ein zufälliger Besuch meines Vaters rettete mir das Leben. Ich wurde sofort ins Krankenhaus *Hôtel Dieu* in Beirut gebracht. Nach der Genesung wollte ich nicht mehr zurück.

Vom Kloster zurückgekommen, verschlang ich Berge billiger Tarzanbücher (nach E. R. Burroughs) und die Krimis des Maurice Leblanc (*Arsène Lupin*), die ich von Nachbarn bekommen hatte. Mein Vater mochte diese Lektüren nicht und glaubte sein Leben lang, Kriminalromane machten kriminell. Ich musste die kleinformatigen Krimis oft in Schulbücher stecken, und mein Vater wunderte sich, dass ich ununterbrochen Mathematik lernte.

Doch in meiner Kindheit hat mich ein anderes Erlebnis zutiefst beeindruckt.

Radio Kairo verkündete die Sensation, die Geschichten der Scheherazade 1001 Nächte lang auszustrahlen, aber leider nachts um halb zwölf. Meine Mutter wollte mir das verbieten, doch nach einem langen Kampf erreichten wir einen Kompromiss. Ich ging schon um sieben brav ins Bett, und meine Mutter weckte mich leise kurz vor halb zwölf. Über zwei Jahre und acht Monate dauerte das, und Nacht für Nacht hielt Mutter ihr Wort und weckte mich.

Ich schlich dann ins Zimmer meiner Eltern, wo das Schmuckstück Radio mit dem magischen Auge stand.

Wir saßen im Dunkeln, um meinen schlafenden Vater nicht zu wecken. Als Bäcker musste er jeden Tag um vier Uhr aufstehen. Die Sendung begann immer mit der Scheherazademusik von Rimski-Korsakow, und dann folgte das Hörspiel.

Wir verbrachten eine halbe Stunde, bis der krähende Hahn im Radio anzeigte, dass der Morgen dämmerte, und zwar immer dort, wo die Geschichte am spannendsten wurde.

Ich eilte ins Bett und konnte oft nicht gleich schlafen. Ich erfand Nacht für Nacht mehrere Varianten, wie die Geschichte weitergehen könnte.

Dabei aber lernte ich von Scheherazade, dass Erzählen Leben bedeutet und Schweigen dem Tod gleicht. Langeweile auch!

Bei meiner Rückkehr aus dem Kloster eröffneten sich für die Befriedigung meiner Sucht nach Büchern zwei Quellen: die amerikanische Bibliothek und der geheimnisvolle Ismail. Sie ermöglichten mir Bücher zu lesen, ohne dass ich dafür Geld ausgeben musste. Mein Taschengeld war minimal und reichte gerade für eine Hand voller Nüsse und ein billiges Eis. Alles andere, ob Kino oder feine Süßigkeiten vom armenischen Konditor für die attraktive Nachbarstochter, die ich damals liebte, musste ich hart erarbeiten. Hilfe gegenüber Nachbarn wurde kaum entlohnt, und wenn, dann mit Naturalien. Um Geld zu verdienen, musste ich auf der Straße handeln, reiche Kinder beim Murmelspiel reinlegen und bei meiner Mutter lange betteln. Am Ende einer Woche konnte ich gerade so viel zusammenkratzen, um ins Kino zu gehen. Einen Roman zu kaufen kam deshalb nie in Frage.

Die erste kostenlose Quelle für Romane war die amerikanische Bibliothek; ein armenischer Schulkamerad machte mich darauf aufmerksam, dass man dort Bücher gebührenfrei ausleihen konnte. In der Tat war das Personal, gleich ob Männer oder Frauen, sehr freundlich. Sie waren die Ersten, die mich bereits mit vierzehn *Mister* nannten (ich maß damals 1,70 m und war für mein Alter zu groß).

In den klimatisierten Räumen und bei kühlem Wasser aus einem lustigen Automaten begann ich meine Entdeckungsreise durch die amerikanische Literatur: die Romane von John Steinbeck, William Faulkner, Jack London, Ernest Hemingway, aber ebenso Harriet Beecher Stowes *Onkel Toms Hütte* und Margaret Mitchells *Vom Winde verweht*.

In den ruhigen Räumen des schönen Hauses im neuen Stadtviertel von Damaskus fühlte ich mich sehr wohl, was mich später als junger Kommunist zu meiner ersten Lüge zwang. Ich wurde in meiner Parteizelle argwöhnisch gemustert, als ich offenherzig die amerikanische Bibliothek lobte und als »nachahmenswert« bezeichnete. Ich sei dem amerikanischen Imperialismus auf den Leim gegangen und müsse aufpassen, dass man mich nicht durch Gehirnwäsche zum Agenten mache, sagte mir Genosse Schahin, ein kompromissloser Kommunist aus gutem Hause, der später ein reicher Autohändler in Damaskus wurde. Seit diesem Tag erwähnte ich meine Besuche in der amerikanischen Bibliothek nicht mehr.

Zeitlich fast parallel zur amerikanischen Bibliothek entdeckte ich unmittelbar neben meiner Gasse eine zweite Quelle für Bücher, den Laden von Ismail. Ismail war Buchhändler, Antiquar, Talismanverkäufer und Bilderrahmenhersteller in einer Person. Er war Alawit, liebte Bücher und betete Ali an, dessen Bildnis in vielen Varianten im Laden hing. Mich faszinierte Ali, der Weggefährte des Propheten, ebenfalls, und das aus zwei Gründen. Der erste Grund war eine Verwirrung in meinem Religionsverständnis des Islam, da ich bis dahin gelernt hatte, die Muslime würden Bilder verachten und die Darstellung der Heiligen verbieten. Der andere Grund war die besondere Ikonographie Alis. Sein Gesicht strahlte weibliche Schönheit aus, wie das der meisten Engel in der katholischen Kirche. Mit seinen sanften Augen glich er einer indischen

Schönheit, trotz des Barts und trotz des komisch gespaltenen Schwertes, das mir sehr unpraktisch erschien und eher an eine Friseurschere oder an einen besonderen Spieß für Schaschlik erinnerte als an das legendäre Schwert Alis, von dem sogar die Schulbücher schwärmten.

Mein kluger Schulkamerad Josef, ein Experte für Verschwörungen, flüsterte mir zu: »Alawiten, Yeziden und Drusen sind geheime Organisationen, und sie verehren Ali, Moses, Jesus und alle griechischen Götter.«

Der Buchhändler sah auch wie ein Verschwörer aus, war dabei freundlich und schweigsam und gab auf einfache Fragen verwirrende Antworten. Erst später erfuhr ich, dass Josef Unsinn erzählte, aber damals hatte ich großen Respekt vor dem Mann, der sich nicht mit einem Gott begnügte, sondern gleich mehrere zugleich anbetete. Mir war schon der eine katholische Gott kompliziert genug.

Eines Tages – nachdem ich lange darüber gebrütet hatte – erläuterte ich ihm meine Idee. Er jammerte wie immer, dass keiner Bücher kaufe. Das war der geeignete Augenblick. Er solle einen Buchverleih aufmachen! Und ich schenkte ihm ein dickes Heft, das mein Vater als Werbung einer pharmazeutischen Firma erhalten hatte: »In dieses Heft trägst du Name und Adresse der Kinder ein, in die zweite Spalte den Romantitel, in die dritte das Datum und in die vierte das hinterlegte Pfand.«

Die Romane kosteten zwei bis drei Lira, über die kaum ein Jugendlicher verfügte, aber spannende Bücher oder lustige Zeitschriften für fünf oder zehn Piaster zu lesen war für viele attraktiv. Die Idee schlug ein, und plötzlich wurden die Lausebengel zu ordentlichen Jugendlichen, die die geliehenen Romane brav und unbeschädigt zurückbrachten. Ismail beäugte streng die Bücher. Er verlor jedoch, bis er den Laden drei Jahre später schloss, kein einziges Buch. Keiner wollte sein Pfand (eine Lira, eine Armbanduhr, ein goldener Ring oder ein goldenes Kreuz etc.) wegen eines bereits gelesenen Buches verlieren. Man zahlte fünf bis zehn Piaster und bekam das Pfand zurück. Bald bestand die Kundschaft des Händlers aus hundert Jugendlichen, Mädchen und Jungen, die ihm mehr Geld einbrachten, als er je durch den Verkauf eingenommen hatte. Damit war die erste öffentliche Leihbibliothek in meinem Viertel gegründet. Drei Jahre später entdeckte ich bei meiner Rückkehr aus den Ferien, die wir in unserem Bergdorf Malula verbrachten, dass der Laden geschlossen war. Josef erklärte mir mit leiser Stimme, Ismail sei umgebracht worden, weil er zu viel wusste. Er selbst habe auch von seinem nahen Ende gewusst und hätte die Kinder aufgesucht, die Bücher eingesammelt und ihnen das Pfand zurückgegeben. Das war Unsinn. Ismail starb an Krebs. Aber durch Ismails Verschwinden behielt ich Viktor Hugos *Les Miserables*. Ich hatte das dicke Buch mit in die Ferien genommen und hatte inzwischen als Einziger kein Pfand zurücklegen müssen.

Bei Ismail habe ich zum ersten Mal die arabischen Autoren gelesen. Mir kamen die alten Klassiker viel interessanter vor als die modernen Autoren, obwohl die Schule jede Lust an ihnen systematisch abtötete. Warum? Die Antwort darauf brauchte Jahre. Damals schon empfand ich eine eigenartige Langeweile, wenn ich die modernen arabischen Romane las, die von Tränen und Moral nur so trieften. Genauso wenig mochte ich die arabischen Filme. Ich fand sie unerträglich. Und wenn Farid al Atrasch mit seinem weichlichen, ausdruckslosen Gesicht und seinen öligen Haaren den an der Liebe erkrankten Helden dermaßen schlecht mimte, hätte ich vor Wut platzen können. Heute finde ich die Filme noch unerträglicher. Per Satellit erwischen sie mich immer wieder bei meiner Suche nach arabischen Sendern, aber nach drei Minuten befreie ich mich mit der Fernbedienung.

Mit sechzehn oder siebzehn trat ich der illegalen KP Syriens bei. Die KP ermunterte ihre Mitglieder zu einem eindimensionalen Lesen. Werke der Philosophie und Ökonomie sowie andere miserabel übersetzte Texte sollte man lesen. Vor allem Berichte über die Errungenschaften der sowjetischen Landwirtschaft. Schöne Literatur war nicht hoch angesehen. Sie galt als bürgerlich-dekadente Unterhaltung. Trotzdem verdanke ich der KP die Bekanntschaft mit vielen russischen Autoren, von Tolstoi über Tschechow bis Gorki. Aber auch hier musste ich Berge von literarischem Schrott lesen, in denen die Arbeiter schöne, fast geschlechtslose Männer und die Herrscher prinzipiell hässlich waren. Nie erfuhren wir von den harten Auseinandersetzungen, die Gorki mit den Bolschewiken gehabt hat, nie von Tolstois Haltung gegenüber den Sozialisten und auch nie von den Qualen, die Satiriker und andere Oppositionelle in der SU erlitten haben. Erst im deutschen Exil sollte ich das alles und noch mehr erfahren. Andererseits bekam ich über die KP Zugang zu Büchern über Ästhetik, politisches Bewusstsein und die Rolle der Literatur im Widerstand gegen die Kolonialisten und die Nazis. Aber ich erinnere mich nicht an eine einzige Diskussion in der syrischen KP über Literatur. Man fällte in der Zelle dauernd Urteile, die ich heute samt und sonders für verwerflich halte. Der ist kleinbürgerlich, der ist reaktionär und der ist ein Genosse. Es waren eher sippenhafte Urteile und keine Literaturkritik.

Aber auch international engagierte Autoren habe ich in jenen Jahren über die Privatbibliotheken meiner Genossen kennen gelernt: Bert Brecht, Federico García Lorca, Pablo Neruda, Nazim Hikmet und Louis Aragon, aber auch Simone de Beauvoir, Jean-Paul Sartre und Albert Camus verschlang ich.

Unter den Franzosen mochte ich Camus sehr, den ich im Original lesen konnte, Sartre kam mir zu kalt vor.

Fast parallel dazu lernte ich eine Menge englischer Autoren kennen, teils in Übersetzung, teils in der Originalsprache: Joseph Conrad, George Bernard Shaw, Virginia Woolf und William Somerset Maugham.

Doch in dieser Phase zwischen achtzehn und fünfundzwanzig entdeckte ich etwas ganz anderes als die Lektüre, was mein Leben sehr beeinflussen sollte. Mitte der fünfziger Jahre wurde in meiner Gasse aus eigener Initiative ein Sportclub gegründet. Eine ehemalige Müllhalde wurde zu einem schönen Basket- und Volleyballplatz. Es gab Tischtennis und Schach und Backgammon. Ich trat mit vierzehn in den Club ein und spielte, mehr schlecht als recht, Tischtennis, Basket- und Volleyball. Mit achtzehn wurde ich Vizepräsident des Clubs, dessen Präsident aus Opportunismus der damalige christliche Kulturminister war. Immerhin zählte der Club über zweihundert Mitglieder und wurde von der Nachbarschaft stark besucht, da Tee und Kaffee sehr billig waren (fünf und zehn Piaster).

Eines Tages kamen wir auf die Idee, eine Wandzeitschrift zu organisieren, da wir weder die Mittel hatten noch die Genehmigung erhielten, eine richtige Zeitschrift zu gründen.

Unsere Zeitung klebten wir auf eine große Holztafel. Eine Glasscheibe schützte das Papier, eine Neonlampe ermöglichte das Lesen bei Dunkelheit. Wir nannten sie unbescheiden *Al Muntalak* (Der Ausgangspunkt). Denn nur hochmütig kann ein Habenichts überleben.

Die Artikel, Gedichte, Satiren, Rätsel und Witze schrieben wir mit der Hand. Da ich drei Sommer lang bei einem alten Meister die Kunst der Kalligraphie gelernt hatte, entwarf ich die Überschriften. Wir waren zwei Kommunisten und drei weitere Freunde, mit denen wir seit der ersten Klasse eng befreundet waren. Produktive Anarchie herrschte in der Redaktion. Oft bekamen wir, mein Genosse J. und ich, Rügen von der KP-Lokalführung, weil wir hartnäckig »bürgerlich« waren. Das war ein damals verbreitetes Schimpfwort, das sogar Dured Laham in seinen Sketchen gebrauchte. Aber die Zeitschrift blieb bis zu ihrem Verbot 1970 ein lebendiges Blatt.

Wir produzierten alle zwei Wochen eine Nummer, und die Schule und später mein Studium litten darunter. Das Zeitschriftengeschäft ist mörderisch und raubt einem die letzte Ruhe. Wir recherchierten Skandale nach, interviewten einfache Leute und experimentierten mit Gedichten und Geschichten (heute kann ich nur lachen über unsere Frechheit und nur eine große Liebe gegenüber meiner Gasse empfinden, die so viel Geduld mit uns hatte).

Manchmal kam ich spät von der Universität oder von Privatstunden (Mathematik, Chemie und Physik) und war erschlagen vor Müdigkeit. Neben Parteiarbeit, Club und hartem Studium musste ich ca. 20 Stunden im Monat unterrichten, um mein Geld zu verdienen. Wenn ich aber aus der Ferne sah, wie eine Menschentraube um die beleuchtete Wandzeitung stand und lachte, fühlte ich mich mit einem Fuß im Paradies. Wer unter den Nachbarn nicht lesen konnte, hörte, was die anderen laut lasen. Und dann sagte eines Tages eines der Kinder: »Das ist nichts für uns. Das ist Quatsch für die Erwachsenen.« Ich war tief getroffen.

In der Redaktion war keiner bereit, eine Ecke für Kinder zu gestalten. Die anderen vier waren bis über die Ohren mit ihren Themen beschäftigt, und so übernahm ich es, Kinderbücher zu lesen und unten in der Wandzeitschrift, auf Augenhöhe der Kinder, für die jüngeren Leser meiner Gasse Interessantes aus aller Welt zu schreiben. Ich muss heute ehrlich sagen, mein Einsatz fing an aus schlechtem Gewissen, da ich mich schämte, dass die Kinder ausgeschlossen waren, und ich war anfangs moralisch verkrampft. Ich wollte nur gute brave Geschichten für Kinder aufschreiben, zusammenfassen, übersetzen (inzwischen konnte ich immerhin Französisch und Englisch), doch bald entdeckte ich eine unendlich reiche Welt der Kinderliteratur, die mich faszinierte und bis heute noch fasziniert. Allein Alan Alexander Milnes *Winnie-the-Pooh* oder Lewis Carrolls *Alice* sind für mich klassische Lehrstücke, die jeder Autor unbedingt lesen muss, bevor er zum Stift greift. Und ich fühle heute eine unendliche Freude darüber, nicht nur mit meinem Sohn Emil Kinder- und Jugendromane zu lesen, sondern Kindern seiner Generation Geschichten zu erzählen, die das Kinderlachen hervorlocken. Ich glaube fest daran, dass keine Literaturkritik der Welt mich je so erfreut hat wie das paradiesische Lachen eines Kindes, wenn ich ihm eine Geschichte erzählte.

In dieser Phase also las ich alles, was nach Unterhaltung für Kinder aussah. Ich habe Zeitschriften und Zeitungen durchforstet, und wir hatten in der Redaktion nicht die geringste Hemmung, Karikaturen, Comics und Geschichten zu »rauben«, da wir selbst nicht kommerziell waren.

Und so kam es, wie es kommen musste. Ich las *1001 Nacht* auf der Suche nach Stoff für die Veröffentlichung in der Zeitschrift und war – nun sehr bewusst – fasziniert von dieser Frau, die um ihr Leben erzählte. Mich interessierte der exotische Krimskrams von Prinzen und Kalifen weniger als dieser eigenartige Stil, und hier wurde mir zum ersten Mal klar, warum viele arabische Autoren mir nicht gefielen. Sie waren schlechte Nachahmer europäischer und amerikanischer Erzähler. Ein Nachahmer kann niemals kreativ werden, und eine Literatur, die nicht mit jedem Buchstaben kreativ ist, ist überflüssig.

Wenn man aber innerhalb seiner eigenen Kultur nachahmt, ist es eine harmlose Angelegenheit, die täglich tausendfach produziert wird. Das Peinliche an den arabischen Nachahmern liegt aber nicht nur in ihren versklavten Seelen, sondern in einer absurden Eins-zu-eins-Übertragung des genialen Produkts einer hektischen amerikanischen Gesellschaft, wie bei Hemingway, oder des düsteren Prager Genies Kafka auf eine arabische, asiatische oder afrikanische Gesellschaft. Das grenzt an Schwachsinn, aber viele arabische Autoren wollen das nicht wahrhaben, und sie machten sich – und manche bis heute – lustig über unsere eigenen Erzählwurzeln und ahmen heute lieber Marquez nach. Und dann jammern sie, dass sie nicht gelesen werden.

Ich wusste, mein Weg würde lange dauern, aber ich hatte keine andere Wahl und begann mich intensiv mit den Erzähltraditionen der Araber zu beschäftigen. Und ich habe angefangen, schreibend nach dem Morgen zu suchen, so wie die Meisterin Scheherazade, denn im Morgen verbarg sich ihre Rettung.

DIE PALME

Die Mittelmeervölker achten die Dattelpalme bis zur Anbetung. Früher war ihr Name auf Arabisch *Nachle*, ein beliebter Name für Frauen und Männer. Ihre Frucht, die Dattel, arabisch und hebräisch *Tamar*, ist ein biblischer Frauenname. Heute gelten diese Namen als veraltet. Namen sind oft ein Hinweis auf das, was die Zeit bewegt.

Als die Römer die Juden niederwarfen und im Jahr 71 n. Chr. den Tempel in Jerusalem zerstörten, ließen sie eine Münze in Bronze prägen, um ihren Sieg zu verewigen. Auf dieser Münze steht *judea capta* (Judäa in Gefangenschaft). Das Bild einer trauernden Frau unter einer Palme ist darauf zu sehen.

Im Neuen Testament tragen die Menschen, die Jesus begrüßen, als er in die Stadt Jerusalem einzieht, Palmzweige. Seither feiern die Christen überall auf der Welt den Palmsonntag.

Die Palme ist eine Urpflanze. Palmen wuchsen bescheiden und gaben Nahrung. Wenn man bedenkt, dass eine Palme auch ohne Bewässerung über zwanzig Kilo Datteln jährlich tragen kann und dass die arabischen Beduinen sich rühmten, auf Wanderschaft mit sieben Datteln täglich auszukommen, so kann man die Freude ahnen, die eine Karawane erfasste, wenn sie eine Palmenoase erreichte. Die Dattel ist ein hochwertiges Nahrungsmittel mit großem Gehalt an Mineralstoffen, Proteinen, Vitaminen und nicht zuletzt Fruchtzucker, dem Geschmacks- und Energiespender.

Man erzählt, alte Völker der Arabischen Halbinsel hätten früher sogar einen Gott der Palme verehrt, den sie immer wieder aus Datteln formten und zu dem sie flehten, die nächste Ernte reichlich ausfallen zu lassen. Wenn dann das Jahr ergiebig war, schufen sie aus getrockneten Datteln Figuren, die sie dem Palmengott hinstellten, um ihm eine Freude zu machen. Wenn es aber Dürre gab, haben die Leute ihren Gott bestraft und ihn, das heißt die Datteln, aufgegessen. Man erzählt, danach spendete der Gott der Datteln wieder reichlich Regen.

In den alten Sagen, Geschichten und Berichten der Bibel ragt die Palme als Schattenspenderin, als Beschützerin hervor. Die Psalmen setzen eine Krone des Lobes: »Der Gerechte wird grünen wie ein Palmbaum« (Psalm 92,13). Die Stadt Jericho, die tiefstgelegene Stadt der Welt, trägt den Ehrennamen »Palmenstadt«.

Schon in Babylon lobte man in Liedern die Vielfalt der Dattelarten. Man zählte an die hundert Sorten. Die Zahl der Gerichte, bei denen Datteln gebraucht wurden, war groß. Die Süße der Frucht konnte nicht genug gelobt werden: »Wie süß sollte die Dattel sein?«, fragte man einen Dichter im 10. Jahrhundert. Die Antwort: *Wenn man eine reife Dattel in den Mund legt, muss man ihre Süße bis zu den Fußsohlen spüren.* »Und welche Dattel ist die beste?«, fragte man ihn weiter. Die Antwort: *Die, in deren Fruchtfleisch die Zähne hoffnungslos versinken.*

Heute gibt es nur noch wenige Sorten, und wir wissen nur von ein paar süßen Gerichten, zu denen die Dattel gebraucht wird. Es gibt natürlich eine Art Dattelhonig, der aus dem dickflüssigen Saft der Datteln gewonnen wird. Außerdem gibt es auch Dattelwein, und die jungen Blätter der Palme sollen als Gemüse vorzüglich schmecken.

In der arabischen Dichtung und in Sprichwörtern ist die Palme wegen ihrer Frucht und dem senkrechten Stamm ein

Symbol für Fruchtbarkeit, Aufrichtigkeit und Stolz. Ihr Bild fehlt auf keinem Fresko. Kinder im Orient vergessen beim Malen vieles, aber nicht die Sonne und auch nicht die Palme.

Seit der frühesten Zeit haben die Araber kaum einen Baum so innigst geliebt wie die Dattelpalme. Und sie erzählen eine der sympathischsten Geschichten über Gott:

Als Gott Adam aus Lehm schuf, blieb etwas Lehm übrig. Er setzte sich hin und formte eine Palme. Bald hauchte er ihr Leben ein und war beglückt über seine neue Schöpfung. Adam stand neben Gott und beobachtete erstaunt das Wunder: »Schau dir die Palme an. Sie ist deine Schwester. Achte sie und sie rettet dich in der Not.«

Seitdem glaubten die Araber fest an die Verwandtschaft zwischen Mensch und Palme. Sie stirbt, wenn man ihr den Kopf abhackt. Sie trauert bei Tadel und blüht bei Lob – und sie verliebt sich in andere Palmen und trauert ihnen lange nach, wenn sie gefällt werden.

DAS BESONDERE BLAU

Das Bild, das ich jeden Morgen sehe, wenn ich an meinem Schreibtisch sitze, hat eine besondere Geschichte: Ich war etwa zehn Jahre alt, als ich das Mittelmeer zum ersten Mal sah. Mein Onkel heiratete in Beirut, und wir blieben eine Woche lang dort. Für mich war diese Begegnung der Anfang einer bis heute andauernden Liebe.

Für Küstenbewohner wird es nie zu verstehen sein, warum Binnenländer ein so inniges Verhältnis zum Meer haben. Die meisten Fischer, denen ich begegnet bin, konnten nicht schwimmen. Signor Baretti hat in den fünfzehn Jahren unserer Bekanntschaft niemals die zehn Meter überwunden, die seine Strandbar vom Wasser trennt. Ich nehme dafür 1500 Kilometer in Kauf.

Wasser ist für einen Araber nahe bei Gott, und für die Damaszener bedeutet das Paradies nichts als üppiger Schatten, Wasser und ein schönes Gesicht. Im Gegensatz zu einem Nordeuropäer betrachten sie den Regen als Gottes Segen. Nach 33 Jahren Aufenthalt in Deutschland habe auch ich genug von diesem Segen. Aber niemals vom Meer.

Was fasziniert mich so am Meer? Wenn ich alles auf zwei Punkte reduzieren müsste, so sind es: das besondere Blau und die ewige Bewegung der Wellen.

Von jener ersten Begegnung mit dem Mittelmeer blieb mir ein Ereignis im Gedächtnis lebendig. Meine Mutter musste bei der siebentägigen Hochzeitsfeier helfen und hatte kaum Zeit für uns. Sie und die anderen Tanten baten uns Kinder, nicht zum Meer zu gehen, sondern in dem nahe gelegenen schönen Park zu spielen. Meine Geschwister, unsere unzähligen Cousins und Cousinen gehorchten und spielten dort. Ich aber schlich zum Meer. Als ich zum Mittagessen vom Strand zurückkam, schrie mich meine Mutter an, weil ich behauptete, ich sei mit den anderen im Park gewesen. Mein sonnenverbranntes Gesicht hatte mich verraten, und so gab es keinen Nachtisch für mich. Die anderen Kinder leckten, genüsslich schlürfend, ihr Eis. Ich schwor, nie wieder zum Meer zu gehen, doch in der Nacht lag ich lange wach, und das Rauschen der Wellen kletterte am alten Efeu zum offenen Fenster herein und kitzelte mich im Ohr.

Am nächsten Tag ging ich wieder zum Meer, aber ich blieb im Schatten. Als ich zurückkam und fröhlich vom Park erzählte, verriet mich der Sand, den meine Mutter schadenfroh aus meinen Sandalen klopfte. Ich verlor meinen zweiten Nachtisch, und die Kinder lachten. Nichts auf der Welt aber fördert eine Liebe mehr als ihr Verbot. Am nächsten Morgen eilte ich wieder ans Wasser. Diesmal beschloss ich, meine Mutter zu überlisten. Ich spielte am Meer, lief aber immer wieder in den Schatten. Bevor ich das Haus meines Onkels betrat, klopfte ich meine Schuhe aus, bis kein Körnchen Sand mehr drin war, und ging mit einem Lächeln hinein.

»Was für ein schöner Park«, rief ich meiner Mutter herausfordernd zu. Sie schaute mich prüfend an, und ich schwärmte weiter von der Schönheit des Gartens. Ich lachte innerlich, als sie meine Schuhe ausklopfte. Da sagte sie unvermittelt: »Komm her!«, nahm meinen Arm und leckte daran. »Du warst am Meer. Nur Meersalz schmeckt so!« Sie schüttelte lachend den Kopf, gab mir einen Klaps und zum Ärger der Kinder an jenem Tag eine doppelte Portion Vanilleeis mit Pistazien.

Ich schrieb dieses in meinem Gedächtnis eingebrannte

Erlebnis auf, doch es fehlte etwas. Was, wusste ich erst, als Root Leeb das Bild für diese Geschichte anfertigte: das besondere Blau des Mittelmeers.

Das Haus meines Onkels reduzierte die Malerin auf vier Elemente: die rote Holztür, seine gelbliche Fassade, seine Winzigkeit im Vergleich zum nahen Pinienwald, der hier durch einen einzigen mächtigen Baum dargestellt wird, und ein Fenster, das durch das Haus hindurch einen weiten Horizont und ein kleines Stück Himmel freigibt. Das helle Grün der Nadeln und der durch die Meeresluft vermooste Stamm entsprechen meinen Beschreibungen, doch Malerei, will sie Kunst sein, ist genauso wenig nur Beschreibung wie Literatur. Das Haus und der Baum stehen nicht im Mittelpunkt, sondern sind nach rechts gerückt. Sie lenken durch ihre glühenden Farben den Blick auf sich, doch im Mittelpunkt und allgegenwärtig ist das Meer, das in Bewegung ist und trotzdem Ruhe ausstrahlt.

Dieses besondere Blau des Mittelmeers hat vor Root Leeb viele Maler fasziniert. Bei Paul Klee und August Macke führte es nach ihrem Aufenthalt in Tunis zu einer völligen Veränderung ihrer Malerei: Licht und Farbe waren nicht länger Hilfsmittel, um eine Perspektive zu verdeutlichen, sondern wurden selbst zum Thema der Aquarelle. Root Leeb führt in ihren Bildern diesen Weg konsequent weiter. Das Grün, das sie unter dem Blau einarbeitet, vertieft sinnlich das Blau. Man sieht diese Vermischung von Seegras- oder Algengrün mit dem Blau nur in tiefen Gewässern.

So wie Musik die Stimmung der Worte ausdrücken kann, kann Farbe die Grenzen der Worte aufstoßen. Root Leebs derzeitiges großes und anspruchsvolles Projekt ist es, Italo Calvinos Werk *Die unsichtbaren Städte* mit Farbe sichtbar zu machen.

Man wird den genialen Calvino durch Root Leebs Farben neu kennen lernen.

GASTFREUNDSCHAFT

So wie vieles im Leben der Araber beeinflusste die arabische Wüste, die Urheimat der Araber, ihre Beziehung zum Gast, das heißt zu einem Fremden unter ihrem Schutz.

Die Nomaden kannten, durch ihre Erfahrung mit der Wüste, zwei Dinge nicht: Bodenbesitz und Gefängnisse. Besitz an sich war nicht verpönt, ganz im Gegenteil, aber Boden- und Ackerbesitz hält fest, schränkt die Freiheit ein und macht gierig. All dies sind Eigenschaften, die der Nomade verabscheut.

Diese Haltung, die allein aufgrund der Gegebenheiten in der Wüste entwickelt wurde, führte zu einer eigenartigen Wurzellosigkeit, einer Fremde. Die Wüste beherbergte alle unterschiedslos und ließ sie fremd bleiben.

Begegnen sich zwei Menschen in der Wüste, so läuft die Begegnung in mehreren Phasen ab. Man könnte den Vorgang vereinfacht in drei Stufen einteilen. Jede Stufe hat mehrere mögliche Ausgänge. Wenn wir eine günstige Begegnung annehmen, dann durchläuft sie die Stufen Furcht vor dem Fremden, Gastfreundschaft, Trennung.

Erweist sich die Furcht vor dem Fremden als unbegründet, so besteht die Gastfreundschaft in einer Gabe. Der über Lebensmittel Verfügende (in der Regel der Nomade, der mit seiner Sippe in der Gegend seine Zelte aufgeschlagen hat) bewirtet den Bedürftigen, einen aus unterschiedlichen Gründen Reisenden. Diese Bewirtung, die manchmal nur in der Gabe von Wasser bestehen kann, ist eine dringende Notwendigkeit, die weder vom Stand des Bewirteten noch vom Nutzen des

Bewirtenden abhängt. Man kann es zugespitzt so formulieren: Die Bewirtung ist nicht einmal persönlich gemeint, sondern eine Maßnahme gegen die Lebensfeindlichkeit der Wüste. Nach der Bewirtung entsteht eine kurzlebige Freundschaft, die nach der Trennung entweder folgenlos bleibt oder zu lang anhaltender Verbundenheit führt.

Der Gastgeber bewirtet den Fremden, weil er in ihm sich selbst sieht. Diese Sicht ist bei Städtern getrübt oder völlig verschwunden. Der Nomade weiß von Kind auf, dass er nur durch Zufall heute der Bewirtende ist, dass er vielleicht bereits morgen von einem Sandsturm zum durstigen Fremden verwandelt wird, der im Augenblick seiner Ankunft bei dem, der ihm Schutz geben kann, kein Verhör, sondern Wasser, Brot und Ruhe braucht. Deshalb verbot die Moral der arabischen Nomaden, dem Fremden in den ersten drei Tagen Fragen nach dem Woher und Wohin zu stellen. Diese freundliche Bewirtung des Gastes, damit er zu Kräften kommt, hat in Arabien einen Namen: Gastrecht.

Der Fremde soll sich zuerst erholen, aber nicht länger als drei Tage. Danach muss man Genaueres wissen: Was will der Fremde und wohin führt sein Weg? Eine Gesellschaft, die unter härtesten Bedingungen überleben will, muss stets auf das Gleichgewicht zwischen Geber und Nehmer achten, sonst ist sie dem Untergang geweiht.

Die Araber der Wüste identifizierten sich so weit mit dem Fremden, dass manche Stämme die ganze Nacht das Feuer besonders stark lodern ließen, damit der Schein dem irrenden Fremden den Weg zeigte, und wenn es stürmte, banden sie ihre Hunde draußen vor dem Zelt an, damit ihr Bellen dem Fremden in der Dunkelheit Orientierung bot.

Diese grenzenlose Menschlichkeit, einen Fremden zu sich zu führen und zu bewirten, ohne zu wissen, wer er ist, verlieh den Arabern den weltweiten Ruf großherziger Gastfreundschaft, und es bildeten sich unglaubliche Legenden und Märchen um das »Gastrecht«.

Eine der bewegendsten Geschichten über Gastfreundschaft erzählt von einem Gouverneur, der bei einem unbarmherzigen Kalifen in Ungnade fiel und deshalb fliehen musste, in der Hoffnung, bei treuen Freunden in der Nachbarstadt Unterschlupf zu finden. Die Suchtrupps des Kalifen kamen jedoch immer näher, deshalb flüchtete er, blind vor Angst, in letzter Sekunde in das nächstbeste Haus.

Der adlige Gastgeber nahm ihn auf, ohne ihn nach seiner Person oder dem Grund seiner Flucht zu fragen, vielmehr ließ er ihm in einem bequemen Versteck das allerbeste Essen servieren. Der Gast beruhigte sich, und bald merkte er, dass der Herr jeden Tag hinausritt und erst am Abend erschöpft zurückkehrte. Er fragte ihn nach dem Grund. »Ich suche den Mörder meines Vaters. Ich habe gehört, er sei auf der Flucht, nachdem er beim Kalifen in Ungnade gefallen ist. Er hat vor einem Jahr meinen Vater hinrichten lassen. Vielleicht habe ich Glück und erwische ihn, bevor die Suchtrupps ihn finden.«

Als der Gast das hörte, war er sicher, dass Gottes Hand ihn zu seinem Henker geführt hatte, denn er erkannte, dass er der Gesuchte war, der als Gouverneur den Vater des edlen jungen Mannes hatte hinrichten lassen. Er fragte den Gastgeber zur Sicherheit nach seinem genauen Namen und dem seines Vaters, und als dieser die Antwort gab, war kein Zweifel mehr möglich. Der Gesuchte war er. Als er das aber dem Gastgeber eröffnete, wollte der kein Wort davon glauben: »Sind wir so schlechte Gastgeber, oder bist du deines Exils schon müde?«

Der Gast versicherte jedoch dem Gastgeber, er würde natürlich am liebsten flüchten, aber da der Gastgeber ihn geschützt habe, empfinde er es als seine Pflicht, ihn nicht zu belügen. Und er erzählte dem immer stiller werdenden Gastgeber den genauen Hergang der Auseinandersetzung, an deren Ende sein Vater habe sterben müssen. Die Fakten, die der Gast dabei erwähnte, konnte sich niemand aus den Fingern saugen. Der Gastgeber wurde aschfahl. Lange schwieg er. Der Gast war sich sicher, dass nun sein eigener Tod bevorstand, doch der Gastgeber schaute den Mann nur an. »Du wirst beim himmlischen Richter dein Urteil bekommen. Ich kann dich nicht bestrafen, weil ich dir Gastfreundschaft und Sicherheit versprochen habe, doch ich möchte, dass du mein Haus verlässt«, sagte er schließlich. »Ich habe Angst um dich, wenn ich mich nicht beherrschen sollte.«

Er bot dem Gast eine große Menge Geld, damit er sich unterwegs ernähren könne, doch der Gast lehnte ab. Es gelang ihm bald, seine Freunde zu erreichen, und er versteckte sich dort, bis der Kalif ihn begnadigte.

Gastfreundschaft ist eine Einbahnstraße, die alleine vom Gastgeber zum Gast führt. Ihre Größe ist ein Maß der Erhabenheit und Freiheit des Gastgebers. Nur wer einen Fremden bewirten kann, ist frei von Angst und Sorge. Diese Moral rettete Hunderten, wenn nicht Tausenden von Fremden das Leben und schenkte ihnen Freude. Sie führte aber nicht selten auch zum Ruin des Gastgebers.

Geiz galt bei den Arabern als entwürdigend, feige, lust- und lebensfeindlich, weil Geiz das Überleben verhindert. »Jedes Haus, das Gäste nicht beherbergt, wird von den Engeln gemieden«, sagt Uns bin Malik, einer der Weisen, die den Propheten Muhammad von der ersten Stunde an begleiteten. Auch kein Geringerer als der Prophet selbst sagte: »Der Großzügige steht den Menschen und Gott nahe, der Geizige ist, nahe dem Feuer, beiden fern.« Ein arabisches Sprichwort besagt sinngemäß: Geiz ist ein Sammler der Untugenden.

Geiz ist, den Gästen ihr Recht auf Freundschaft vorzuenthalten. Im Koran werden die Geizigen getadelt, weil sie mit dem geizen, was Gott ihnen geschenkt hat. Das wird ihnen im Jenseits vorgehalten. Der kluge Imam Hasan Albasri sagte: »Ich habe kein unglücklicheres Wesen gesehen als einen Geizigen. Er quält sich auf Erden, um Geld zu sparen und zu besitzen, und wird dafür im Jenseits bestraft.« Bücher über Bücher sind gefüllt mit Tadeln gegen die Geizigen. Die Araber glauben fest daran, dass Speisen eine Gabe Gottes und anderen Menschen nicht vorzuenthalten sind.

Gastfreundschaft ist aber nicht angeboren. Das wissen die Araber und erziehen ihre Kinder deshalb von klein auf zur Liebe und Achtung gegenüber Gästen. »Der Gast ist ein Heiliger«, sagte meine Mutter, »wenn er sich bei dir wohl fühlt, segnet er dein Haus.«

Wir waren Kinder und unerfahren. »Und was ist, wenn er ein Teufel ist?«, fragten wir naiv und vorwitzig.

»Dann vergisst er die Stunden bei euch nicht, und wenn ihr bei ihm landet, schont er euch etwas«, antwortete meine Mutter weise.

Die Erziehung der Kinder zur Gastfreundschaft ist an sich nicht schwer, weil die Kinder in Arabien von klein auf Handlung und Meinung ihrer Eltern gegenüber Gästen miterleben. Haben die Eltern nicht gespielten, sondern wahren Genuss an der Gastfreundschaft, so werden auch die Kinder bald Sehnsucht nach dem freudigen Lachen eines Gastes entwickeln. Sie werden fragen, wann wieder Besuch kommt, damit sie teilhaben können an dieser freudigen Gelassenheit.

Doch die Erziehung zur großzügigen Gastfreundschaft hat, das zeigt die Erfahrung, ihre Grenze dort, wo vernünftig begründete Gastfreundschaft zu verschwenderischer Angeberei wird. Auch wenn nicht gleich der Ruin des Gastgebers befürchtet werden muss, wirkt die Angeberei doch nie erhebend, sondern immer beschämend. Kinder, die diese eitle Übertreibung erlebt haben, werden nicht selten – zum Entsetzen ihrer Eltern – später extrem geizig.

Gastfreundschaft kann sicherlich üppige Dimensionen haben, aber ein Schluck Wasser an einem trockenen heißen Ort, ein lachendes Gesicht in einer traurigen Zeit ist auch Gastfreundschaft. Lachen ist überhaupt das Erste, was ein ängstlicher, bekümmerter und müder Fremder braucht. Der Sand der Wüste erblüht durch das Lachen zu einer zauberhaften Landschaft. Das beruhigende Gespräch ist eine Nahrung, deren Würze das Lachen ist.

Sicher, dem Fremden Schutz und Nahrung zu geben, Zuversicht und Kraft einzuflößen ist eine Tat, die der Gastgeber vollzieht, ohne irgendeinen Nutzen daraus zu ziehen. Doch etwas bekommt er allemal als Belohnung durch jeden Besucher: die Befriedigung seiner Sehnsucht nach neuen Geschichten, nach einem Gespräch.

Das Gespräch befruchtet den Geist, schärft die Vernunft, vergnügt das Herz und vertreibt die Trauer der Seele. Auch hier ist die Wüste die Mutter dieser Sehnsucht. Ihre Einöde erzeugte die Suche nach einer anderen Farbigkeit, nach den Farben der Worte, dem einzigen Zauber, der imstande ist, mitten in der Wüste Wasserfälle, Milch und Honig hervorzurufen. Das Gespräch, das Sprecher und Zuhörer mit unsichtbaren Flügeln ausrüstet und sie in der Welt der Geschichten herumreisen lässt, braucht, um zu gedeihen, großzügige Gastgeber und sprechende, erzählende Fremde. Ein Fremder, der nur isst, trinkt und schläft und nach der Erholung weiterreist, ist eine Enttäuschung.

Das Gespräch plätschert in Arabien nur scheinbar unverbindlich dahin. In Wahrheit folgt es einem unsichtbaren Kompass. Lust am Wortklang und an der Spannung einer gut erzählten Geschichte ist wichtig und bildet den einen Teil des Bauplans eines Gesprächs. Aber noch wichtiger für die Reihenfolge der Themen ist die Moralskala des Gastgebers. An der Spitze dieser Skala stehen Familie und Sippe sowie deren Querverbindungen. Treffen zwei fremde Europäer aufeinander, so ist zu vermuten, dass sie einander bald die Frage stellen: »Und was sind Sie von Beruf?« Zwei fremde Araber fragen niemals nach dem Beruf, sondern erst allgemein und dann immer genauer nach der Familienzugehörigkeit. Jede Verästelung des Stammbaums wird genau erfragt, um am Ende vielleicht doch gemeinsame Freunde oder gar Verwandte zu finden. Heute ist es wissenschaftlich belegt, dass jeder Mensch auf der Erde jeden anderen über sieben Folgen von Freunden und Bekannten erreichen kann.

Äußerst zufrieden wird der arabische Gastgeber sein, wenn er bei der Bewirtung eines Fremden am Ende feststellt, er habe einem fernen Bekannten, Freund oder Verwandten einen Dienst erwiesen.

Der Gastgeber bekommt im Allgemeinen den Segen der Dankbarkeit seines Gastes als höchste Belohnung, doch Reisende in der Wüste waren auch Träger von Nachrichten aus anderen Zeiten und Orten. Nicht zuletzt auch mit Nachrichten haben sie also das Leben ihrer Wirte bereichert.

Die Gastfreundschaft ist von Natur aus kurzlebig. Was danach folgt, ist offen. Das macht sie risikoreich, spannend. Sowohl Gleichgültigkeit als auch lang anhaltende Verbundenheit sind möglich. Etwas verlangt aber die Moral in jedem Fall: Verrat gegen einen Menschen, mit dem man Brot und Salz teilte, das heißt, mit dem man gegessen hat, ist absolut verwerflich. Gewiss, Verrat geschieht in dieser Beziehung andauernd, aber verwerflich bleibt er allemal. Brot und Salz sind seit der Zeit der Griechen Symbol für das Wichtigste im Leben. Sie waren die Gabe für die Götter. Brot als Symbol für das Leben und Salz als Symbol für die Heiligkeit.

Ob nach der Bewirtung eines Fremden eine große Freundschaft entsteht oder nicht, interessiert einen Araber weniger als der gute Ruf, der Segen, den seine Gastfreundschaft erzeugt. Ein guter Ruf und das Gesicht zu wahren stehen bei den Arabern ganz oben auf der Werteskala.

Doch bevor sich die Worte über Gastfreundschaft allzu rosa färben, sollte man ernüchternd erwähnen, dass Gastfreundschaft eine Erfindung des Menschen und daher mit vielen Schönheitsfehlern behaftet ist.

Der Fremde musste eine seltsame Verwandlung durchlaufen, die ihn zwar in der Wüste überleben ließ, ihn aber innerhalb kurzer Zeit von einem feindlichen Fremden zum Prinzen und am Ende zu einem Heiligen und Schützling machte.

Ist der Fremde noch fern, so ist er Verkünder eines Unheils oder Vorhut einer Drohung. Sobald sich diejenigen, denen er gegenübertritt, aber beruhigen und sie sich sicher sind, dass er in friedlicher Absicht erschienen ist, verwandelt ihn das Verhalten seines Gastgebers in einen Prinzen. Oft muss dann die ganze Familie alles stehen und liegen lassen und zum Empfang eilen. Nicht zufällig riefen die Araber früher und rufen sie heute noch mancherorts: »O mein Gast, trete ein! Du bist der Hausherr meiner Behausung, und ich bin dein Gast!« Es ist ein Relikt aus vergangener Zeit, aber der Ruf ist ernst gemeint. Denn je enthusiastischer der Empfang ist, umso größer wird das Ansehen des Gastgebers.

Tritt der Gast ein, so ist er ein Heiliger, der aber zugleich ein Schützling ist. Er wird äußerst großzügig bewirtet. Und je hungriger er ist, umso glücklicher wird sein arabischer Gastgeber sein. Nicht selten wird für den Gast das letzte Huhn geschlachtet. Ihm wird auch dann Fleisch serviert werden, wenn sich die Familie aus Armut wochenlang mit Hülsenfrüchten begnügen musste. Fleisch gilt in der Wüste als das Edelste unter den Lebensmitteln, und der Gast soll die besten Stücke bekommen.

Aber zugleich ist er nicht mehr Herr seiner Entscheidungen. Er ist wie ein vornehmer Gefangener. Der Schutz des Gastes ist eine uralte, vorislamische Sitte der Wüste. Es galt für alle Sippen der arabischen Wüste die eiserne Regel: Wer Schutz in einem Zelt sucht, bekommt ihn auch. Der Gastgeber muss sich mit seinem Leben vor den Gesuchten stellen. Diese Sitte war ein notwendiger Regulator, ein Gegengewicht zur Blutrache, die manchmal lange wütete und ganze Stämme vernichtete.

Der Gastgeber ist berechtigt und verpflichtet zugleich, das Leben seines Gastes zu verteidigen. Das wussten die Verfolger zu allen Zeiten, und außer in verachtenswerten Ausnahmen hielten sie sich daran.

Dafür wird der Schützling gewissermaßen entmündigt, er hat nicht zu protestieren, nichts zu wünschen und keine eigene Regung zu äußern. Auch Liebe und Zuneigung gegenüber einem Gastgeber bzw. einer Person seines Anhangs ist strikt verboten. Eine Liebesbeziehung zwischen einem Fremden und einer Angehörigen der Sippe galt früher stets als Verrat, als Missbrauch des Gastrechts.

Viele alte Legenden und Geschichten erzählen vom Ge- bzw. Missbrauch des Gastrechts. Kluge Gefangene sollen dem sicheren Tod dadurch entkommen sein, dass sie kurz vor der Hinrichtung um einen Schluck Wasser baten. Als der Herrscher ihnen die Bitte gewährte, da riefen sie: »O Herrscher der

Gläubigen. Wir waren deine Gefangenen, jetzt sind wir, nachdem du uns das Gastrecht gewährt und uns bewirtet hast, deine Gäste. Begnadige uns um deinetwillen, damit man nicht erzählt, der Herrscher habe seine Gäste umgebracht.«

Sie wurden freigelassen. Deshalb waren viele Herrscher in ihrem Zelt vorsichtig mit der Erfüllung von Wünschen eines Gefangenen, denn nur dann galt dieser als Gast.

Waren viele Spielarten der Gastfreundschaft in der Wüste eine Notwendigkeit zum Überleben, so wirkt manche Erscheinung orientalischer Gastliebe in der Stadt von heute anachronistisch, da dort kaum einer je an Hunger oder Durst stirbt. Und Schutz für Leib und Leben darf im modernen Arabien nur noch der Staat geben.

Weder Freundlichkeit noch Großzügigkeit können veralten, aber manche Seite der Gastfreundschaft wirkt heute überkommen und fehl am Platz. Um das kurz und verständlich zu erklären, muss man sich eine Szene – wenn auch leicht zugespitzt – vor Augen führen:

Der Gastgeber hört die Klingel an seiner Tür. Er steht auf, unwillig, weil er ein wenig Ruhe braucht, aber keinesfalls Gäste. Er hatte vor, einen Brief zu schreiben, Familienrat zu halten oder einfach seinen Tee zu genießen. Nun öffnet er die Tür und sieht einen Freund mit Anhang (drei bis neun Personen) vor sich. Er sagt nicht etwa: »Was gibt es?« Oder: »Wen willst du mit dieser Truppe angreifen?« Oder: »Kannst du dich nicht vorher anmelden, wo du mich doch auch sonst täglich mit deinem Telefon traktierst?«

Nein, all das sagt er nicht. Er lächelt, um »sein Gesicht zu wahren« und nicht als Geizkragen zu gelten, und bittet die Gäste hinein, als hätte er auf sie gewartet. Und nun improvisiert er, spannt die ganze Familie und nicht selten auch noch die halbe Nachbarschaft für seine Blitzaktion ein, um aus dem

Nichts den Gästen einen sich biegenden Tisch mit einem üppigen Mahl herbeizuzaubern. Am Ende sind der Gastgeber und seine Familie zwar restlos erschöpft, aber die Gäste sind zufrieden, und der Gastgeber ist gerettet. Er hat sein Gesicht gewahrt.

Gastfreundschaft hat also mit »Gesicht wahren« zu tun, mit dieser Last, für die ein Araber die Hälfte seiner Kraft verbraucht. Man will sich nicht blamieren, will nicht bloßgestellt werden. Man stürzt sich in Schulden, um die Gäste einer Hochzeit so voll zu stopfen, dass sie magen- und leberkrank werden. Hauptsache, die Gäste erzählen hinterher, wie großartig die Hochzeit war.

Man geht nicht selten verspannt auf einen Besucher zu und will doch nur, dass der Gast fühlt, er sei willkommen. Es ist eine verrückte Situation. Man will eine sehr gute Note vom Gast bekommen und ist zugleich sein Prüfer. Der Gast ist dauernd unter Druck. Ein Symptom dieser Stresssituation ist die verpflichtende Sitte, dass der Gastgeber aufhören muss zu essen, sobald sein Gast fertig ist. Es zählt als grobe Unhöflichkeit, wenn der Gastgeber dann weiter seine eigentlich mehr als verdiente Mahlzeit genießt (er hat ja die ganze Zeit kaum gegessen, weil er sich dauernd und ohne eine Sekunde Entspannung um den Gast gekümmert und ihn mit Essen und Getränken bedient hat). Nein, er hört sofort auf, räumt das Mahl fort und eilt von nun an immer wieder unter Ausreden in die Küche und stillt seinen Heißhunger auf barbarische und ungesunde Art. Warum? Es gibt für dieses Verhalten gar keine rationale Erklärung. Hier verkehren sich die Rollen, und das ganze Konzept der Gastfreundschaft verkehrt sich ins Absurde. Der Gastgeber ist unter seinem Dach fremd und schüchtern, und er isst heimlich, während sein Gast gerade arabischen Kaffee trinkt, um in aller Ruhe zu verdauen.

Nicht die Menschen sind schlechter geworden, sondern der Anachronismus mancher Erscheinungsform der Gastfreundschaft ist die Ursache dafür, weshalb die Gastfreundschaft in vielen Städten zur nicht ernst gemeinten Floskel der Höflichkeit heruntergekommen ist. Man lernt als Besucher inzwischen langsam, dass der Araber die temperamentvolle Einladung gar nicht so meint, wie er sie ausspricht, sondern nur als unverbindliche Höflichkeit. Viele Einladungen sollte man daher lieber zunächst ablehnen und abwarten, bis der Gastgeber die Einladung zum dritten Mal wiederholt. Erst dann sollte man seine Worte als echte Einladung verstehen.

Aber der wahre Kern der Gastfreundschaft, die Freundlichkeit gegenüber Fremden, ist eine göttliche Gabe, und sie veraltet nie.

DEM MORGEN BEGEGNEN
HEISST HOFFNUNG HABEN

Sieben Bemerkungen
eines hoffnungsvollen Pessimisten

Vor über zweitausend Jahren hat ein junger Rebell eine nicht unähnliche Situation wie die in unserer heutigen Welt durchlebt und hat darauf eine entscheidende Antwort gefunden.

Damals war das winzige Land Palästina genau wie heute zerfressen von Selbsthass und Unruhen, und das Imperium Romanum stand wie ein Gigant dieser ihm ausgelieferten Gesellschaft gegenüber, in der Heuchelei, Mord und Selbstmord an der Tagesordnung waren. Ich komme am Ende meiner Bemerkungen auf den jungen Rebellen zurück.

1. Dialog der Kulturen

Der Dialog lebt von der Differenz. Die ängstliche Suche nach Harmonie mündet in eine unfruchtbare Gleichmacherei.

Seit dem Terroranschlag am 11. September und der dadurch losgetretenen Hasslawine gegen den Islam versuchen Menschen mit gutem Willen, die Religionen des Orients einander gleichzumachen. Das ist verständlich, aber falsch. Nicht die theologische, sondern die irdische, diesseitige Differenz beschäftigt mich.

Die drei Religionsstifter sind in ihrer Rolle als Menschen von Grund auf verschieden. Moses war ein *Retter* seines Volkes aus physischer und psychischer Sklaverei. Der lange zermürbende, aber reinigende Gang durch die Wüste war nötig, um das Gelobte Land zu erreichen.

Jesus war ein *Rebell* in einem besetzten Land. Er begriff, dass nur wenn die menschliche Verbundenheit die ganze Welt erfasst, sein kleines Volk eine Chance haben würde, zu seiner Menschlichkeit zu finden. Er und seine Jünger waren als Missionare dieser guten Idee unterwegs.

Muhammad war ein genialer *Staatsmann*. Das Christentum brauchte viele Anpassungen, glückliche Fügungen und dreihundert Jahre, um legalisiert zu werden. Der Islam war eine Staatsreligion vom ersten Augenblick an.

Diese knapp aufgezeichneten Differenzen gestalten bis heute unsere Weltpolitik mit. Der Islam beinhaltet in seinem Grundkonzept einen weltumspannenden Staat. Dieser Gedanke, fundamentalistisch gedacht, bedeutet Krieg. Der zurzeit mächtigste Herrscher im christlichen Abendland, der Präsident der USA, verkörpert den Typus des Missionars, allerdings in seiner hässlichsten Art. Das Gute ist sein Spiegelbild, alles andere kommt aus dem Reich des Bösen. Auch hier ist Krieg vorprogrammiert. Und der israelische Staat? Verhält er sich nicht so, als wäre jeder seiner Ministerpräsidenten ein Retter und als wären seine Bürger immer noch auf der Flucht? Dies führt zu gefährlichen Projektionen und zum Krieg.

Aber Differenzen können auch bereichern.

Ein Orient, in dem alle Kulturen der Völker in Freiheit und Demokratie neben- und wenn möglich miteinander wirken, könnte, gestützt auf die vorhandenen Reichtümer, den Mittelmeerraum in ein Paradies verwandeln. Die ersten Schritte der Annäherung werden sehr schwer sein und können ohne Hilfe von außen nicht gegangen werden.

Sicher grenzt dieser Gedanke heute angesichts der Misere der Weltlage an Träumerei, und viele werden die Hoffnung auf den Frieden im Orient für eine Utopie halten. Aber es ist gelebte Geschichte. In Spanien hatte diese Synthese von Muslimen, Juden und Christen mehrere Jahrhunderte Bestand.

2. Wissen und Weisheit

Käme ein Besucher von einem fremden Stern auf unsere Erde, würde er sich über eine eigenartige Diskrepanz wundern. Er würde den Wissensstand universell und den Wirtschaftsstand global nennen. Er würde aber lange nach einem geeigneten Begriff für den Stand der Zivilisation suchen.

Die Menschheit hat heute die gleichen Probleme wie eh und je. Und den Grad der Zivilisation einer Gesellschaft erkennt man allein daran, *wie* sie diese Probleme löst. Sicher ist es eine ungeheure Errungenschaft der Technik, dass man von jedem Ort der Erde aus jeden anderen erreichen kann, aber das ist nicht Zivilisation, wenn zugleich auf dieser Erde wie zur Steinzeit Kinder vor Hunger sterben, Menschen gequält oder Konflikte mit Gewalt geregelt werden.

Information zirkuliert um die Welt. Aber Wissen allein macht nicht weise. Es braucht die Hefe der Begegnung mit anderen Kulturen, um zu Weisheit zu werden, so wie man Mehl oder Hefe eben nicht getrennt genießen kann.

Wir können uns darüber lustig machen oder die Köpfe vor Verzweiflung schütteln, dass ein Präsident der USA trotz hoch bezahlter Berater, trotz Geheimdienst und gegen jede Vernunft das Wort *Kreuzzug* in den Mund nimmt. Für jeden Orientalen bedeutet Kreuzzug schlicht und ergreifend 200 Jahre Mord und Totschlag.

Oder nehmen wir ein näher liegendes Beispiel: Ich lebe seit 32 Jahren hier in Deutschland. Ich finde das Land wunderschön und liebe seine Sprache und Menschen, die mir und meiner Literatur eine Heimat geben.

Aber wenn ich einem Deutschen das sage, wird er verlegen und bekommt ein rotes Gesicht, als hätte ich ihm etwas Unanständiges gesagt. Kann man sein Land, seine Sprache, seine Menschen nicht wunderbar finden, ohne einfältig stolz zu werden?

Die Ursache dieser Unzulänglichkeiten liegt im Unwissen über die eigene Kultur und die der anderen. Sicher, Wissen allein genügt nicht, aber es stellt die Weichen für die Weisheit.

Ich plädiere seit über einem Jahrzehnt dafür, im Lehrplan der Schulen wöchentlich eine Stunde für Kulturen der Welt vorzusehen. Hier könnten Wissen und Begegnung Früchte tragen. Mögen einige dieses Vorgehen für einen langen Weg halten. Ich würde dem nicht einmal widersprechen. Ganz im Gegenteil: Ein großes Problem unserer Zeit ist die Eile. Eine Folge davon ist das kurzfristige Denken und Planen. Wir planen Veränderungen gewaltigen Ausmaßes, die innerhalb weniger Monate ausgedacht, vorbereitet, ausgeführt und abgeschlossen sein sollen. Das kann nicht gut gehen.

Nehmen wir uns also die Zeit für eine weise Erziehung unserer Kinder. Schul- und Erziehungsprogramme sind keine unumstößlichen Naturkonstanten, sondern sie wandeln sich mit der Zeit. Das bessere Wissen um die anderen Kulturen ist ein Wissen über uns selbst. Mathematik, Deutsch, Englisch, Kunst und andere Fächer sind wichtig, aber damit unsere Kinder ihr Wissen zukünftig gebrauchen können, müssen sie mit den Kindern anderer Völker die Welt bewohnbar machen, zivilisieren. Das sind ganz einfache Dinge, aber sie sind dennoch entscheidend für den Quantensprung zwischen Wissen und Weisheit.

3. Probleme einer alten Gesellschaft

Eine der lebendigsten Kulturen der Welt liegt nun brach. Ihr Beitrag zur zivilisatorischen Entwicklung geht gegen null. Die Araber sind große Lieferanten und Verbraucher, aber man beteiligt sie an keiner Entscheidung. Und wenn die Freiheit einer Nation die Summe der Freiheit ihrer Bürger ist, so geht diese Summe in allen arabischen Ländern auch gegen null.

Die Ursache ist mannigfaltig, und ebenso vielfältig wird auch die Lösung aussehen müssen, wenn sie etwas Hoffnung und Zuversicht geben soll.

Um das zu verstehen, muss man tiefer graben.

Vieles, was die Araber und ihre Kultur ausmachte, wurde zwar nicht ausschließlich, aber doch stark von der Wüste geprägt. Will man also die heutigen Araber verstehen, muss man immer den Einfluss der Wüste berücksichtigen.

Die unendliche Weite der Wüste, der äußerst langsame Farbwechsel, die tiefe, fast hörbare Stille ließen die Neigung zur Malerei schon vor dem Islam verkümmern und gaben stattdessen der Zunge jene Zauberkraft, die den Arabern weltweit ihren Ruhm als Erzähler einbrachte. Mit der Schönheit des Wortes brachten sie Farben in die Einöde. Ausgehungert und fast verdurstet erfanden sie ein Paradies aus Worten, das man auf Reisen mitnehmen kann. Wer sonst außer einem Hungernden träumt von einem Paradies, in dem Milch und Honig fließen.

Die Wüste ist die Meisterin der Abstraktion. Die Araber waren ihre tüchtigen Schüler. Sie sinnierten mit Worten über die Welt. Alle drei Propheten, Moses, Jesus und Muhammad, ließen die lärmende Schwatzhaftigkeit und Hektik der Städte hinter sich und gingen in die Wüste, bevor sie ihre Ideen verkündeten. Aber nicht nur das. Mich wundert es nicht, dass hier das erste Alphabet der Menschheit entwickelt wurde, die abstrakten Symbole, die dem Klang der Buchstaben Schatten gaben.

Die Wüste war es auch, die die Geschlechterrollen anders formulierte. Nicht Vater und Sohn kämpften um die Gunst der Mutter und erzeugten zur Freude Freuds den uns heute als *Ödipus* bekannten Komplex, sondern es entstand ein Wettstreit zwischen Vater und Mutter um die Gunst der Kinder. Wer deren Gunst erwarb, sicherte seine alten Tage in Würde. Die Frau siegte öfter, solange man in der Wüste lebte. Nicht selten bekamen die Kinder den Namen ihrer Mutter, weil sie der sichere, lebenserhaltende Schatten, der Halt in der Wüste war. Die Väter kamen oft von ihren Kämpfen nicht zurück.

Erst in den Städten verbannten die Männer die Frauen in den Harem, aus Angst vor ihrer Macht. Damit war der Kampf in der Öffentlichkeit entschieden, nicht aber in den eigenen vier Wänden.

Das enge Band der Familie und Sippe war eine unentbehrliche Voraussetzung, um in der lebensfeindlichen Umgebung der Wüste zu überleben. Die daraus resultierende blinde und bedingungslose Solidarität mit dieser Sippe (arab. *Assabija*) hat beim Aufstieg der Araber zu einer Weltmacht eine beschleunigende Rolle gespielt. Heute ist sie ein Hemmschuh für die Errettung der arabischen Gesellschaft aus ihrer tiefen Misere.

Heute ist die arabische Familie, die sich nicht den Einflüssen der Moderne entziehen kann, genauso gut oder schlecht wie die deutsche, die indonesische oder die amerikanische Familie. Aber die Sippe als gesellschaftliche Formation überlebte als eine Mutation. Die Sippe ist nicht mehr ein Schutzmechanismus gegen die Lebensfeindlichkeit der Wüste, sondern mittlerweile ein kriminelles Instrument, das die Macht eines Diktators zu sichern hat. Unter der Sippenherrschaft mutiert die Republik zum Kalifat. Der Sohn erbt die Herrschaft vom Vater.

Der Diktator kam in den meisten arabischen Ländern aus ärmsten Verhältnissen. Daher neigt einer wie der andere zur Verkleidung und zur krankhaften Gier nach Superlativen in den Titeln, nach Palästen, Geld und nach Autos. Er trägt Titel und Kleider, die folkloristisch anmuten, aber in keiner Armee und keinem anderen Land bekannt sind.

Das Scheitern in Arabien liegt am begrenzten Horizont dieser Herrscher, die immer mehr zu Verwaltern der Erdöl- und Waffengeschäfte werden wollen und jeden als Bedrohung empfinden, der Selbständigkeit anstrebt. Es kommt ihnen nicht in den Sinn, dass Lehrer, Architekten, Mediziner und Politiker nichts als schlechte Kopisten sind, wenn sie nicht die Besonderheit der jeweiligen Region und ihrer Kultur in Betracht ziehen, und so sind unsere Wohnhäuser, Städte, Strände, Kliniken und Universitäten schlechte Kopien europäischen Baustils. Oft sind Mitglieder der Regierung selbst Vertreter westlicher Firmenniederlassungen, Importeure, die jeden bedrohlich finden, der eigene Wege gehen will, und ihn deshalb mit allen Mitteln bekämpfen.

Alle arabischen Regierungen setzen in blinder Nachahmung auf das wirtschaftliche Wachstum, diese Erfindung des Westens. Statt die Gesellschaft nach vier- bis fünfhundert Jahren Kolonialismus aus ihrem tiefen Schlaf wachzurütteln, ereifern sich unsere Herrscher über das Pro-Kopf-Einkommen oder die Zahl der Schüler, Studenten und Soldaten. Und weil sie dauernd im Hintertreffen sind, lügen sie und manipulieren die Zahlen, um bessere Ergebnisse vorzeigen zu können.

Die moderne Technik und der Reichtum durch das Erdöl ließen die arabischen Gesellschaften viele Tarnmittel importieren, sodass sie sich einbilden konnten, sie beteiligten sich am Fortschritt, wenn sie über Satellitenantennen, Handys und Videokameras verfügen. Dabei können alle diese Länder nicht einmal selbständig eine Schraube herstellen.

Sie importieren alles und werfen den politischen Gegnern vor, importierte Gedanken (arab. *Afkar Mustawrade*), die zur arabischen Gesellschaft angeblich nicht passen – wie *Freiheit, Demokratie, soziale Gerechtigkeit* oder *die Emanzipation der Frau –*, aus Europa eingeschmuggelt zu haben.

Sie dulden keine Kritik, aber Kritik ist die Lunge der Freiheit. Die arabischen Intellektuellen flüchten, werden mundtot gemacht, oder sie werden gekauft. Eine vierte Kategorie gibt es nicht. Die Diktatoren versuchen, mit einem Heer gekaufter Dichter, Denker und Künstler, nicht ohne Erfolg, das Herz ihrer Bevölkerung zu erreichen.

Es mangelt in Arabien weder am Willen der Bevölkerung noch an Theorien und Ideen, sondern an Demokratie. Viele Ansätze, philosophisch und politisch zu begründen, warum und wie die Araber imstande sind, einen eigenen Weg zu gehen, wurden im Keim erstickt. Geniale Frauen und Männer versuchten, der eigenen Kultur verpflichtet, eine Antwort auf die spezifischen Fragen unserer Gesellschaft zu geben und damit einen selbständigen Beitrag zur Zivilisation zu leisten, doch sie waren von vornherein zum Scheitern verurteilt. Drei von ihnen seien hier ehrenhalber erwähnt: die Libanesen Hussein Muruwa und Mehdi Amel sowie der Iraker Hadi al Alawi. Die ersten beiden wurden erschossen. Hadi al Alawi, der große

Sufigelehrte, flüchtete von Bagdad bis nach China. Er kehrte schwer krank über Beirut und Zypern nach Damaskus zurück und lebte dort verarmt bis zu seinem viel zu frühen Tod 1998.

Wer diesem Mord an Geist und Seele entkommen will, muss ins Exil. Millionen fähiger und hoch qualifizierter Araber flüchteten. Die Länder versinken in Dunkelheit. Die Völker, ihres Augenlichts beraubt, leben in Angst, sie überleben den Tag und beten, Gott möge den Diktator zu sich rufen. Doch der Herr der Welten hatte es bei Diktatoren noch nie eilig. Das zeugt von äußerst gutem Geschmack.

Aber Jahrzehnte der Diktatur rächen sich. Die arabischen Diktatoren, die vor ihren eingeschüchterten Landsleuten ihre Muskeln spielen lassen, wissen, dass weder ihre Armee fähig zum Kampf mit einem äußeren Feind ist, noch dass sie der Bevölkerung trauen können. Sie lassen sich feige und oft geheim auf alles ein, was ihre Macht erhält. Nicht selten bettelten Diktatoren, die offiziell gegen Israel hetzten, hinter dem schweren Vorhang der Diplomatie um Kontakt mit Israel.

Welch eine tiefe Demütigung. Keine einzige Regierung leistet Widerstand. Die Nachbarländer des Irak erlauben sogar den Amerikanern und Engländern, ihre Länder als Startbasis für einen Krieg zu missbrauchen, der den arabischen Völkern millionenfachen Tod und der Umgebung eine ökologische Katastrophe bringen wird. Das sind genau die Regime, die in ihren Medien von den Europäern Haltung verlangen und von den Palästinensern ein Martyrium. Sich zu schämen war nie die Tugend einer Diktatur.

Diese Sippen überwinden, das können weder Fundamentalisten noch einmarschierende fremde Armeen. Das kann einzig und allein die Demokratie, die bei all ihren Schwächen doch so radikal gegen die Sippe ist, weil sie auf das Individuum zählt und dieses achtet. Die Demokratie kennt keine Sippe.

4. Imperium Americanum

Der amerikanische Präsident George W. Bush versprach, mit seinen Truppen eine leuchtende Freiheit in den Irak zu bringen. Ich möchte nicht in den Mittelpunkt meiner Betrachtung stellen, dass er mit dieser Rede eigentlich alle bisher aufgezählten Argumente gegen den Irak ad absurdum geführt hat. Es geht nicht mehr um die Beseitigung der Massenvernichtungswaffen, auch nicht um die Einhaltung der Resolution 1441 des Sicherheitsrats, es geht nicht um den angeblichen Kontakt Saddam Husseins mit Usama bin Laden und auch nicht um die Eindämmung einer Weltbedrohung durch ihn. Es geht nicht einmal mehr um das Absetzen der Person Saddam Hussein, heute wird deutlich: Die Amerikaner wollen den Irak besetzen. Präsident Bush führte in diesem Zusammenhang deutlich genug den Vergleich mit Deutschland und Japan ins Feld. Doch der Vergleich ist lahm, er kann nicht einmal aufstehen, um zu hinken. Die Amerikaner kamen nach Europa, um den Kontinent ihrer Vorfahren von einem üblen, militärisch überlegenen Naziregime zu befreien und es gleichzeitig vor dem Einmarsch eines üblen und nach Stalingrad erstarkten Stalin zu schützen. In Arabien sind die Amerikaner heute Besatzer, und sie marschieren mit düsteren Irakis ein, deren Charakter sehr große Ähnlichkeit mit dem eines Saddam Hussein hat. Manche von ihnen waren sogar dessen rechte Hand im Völkermord gegen die eigene und die kurdische Bevölkerung.

Auch grenzt es an Zynismus, dass die US-Regierung mit der Waffe in der Hand in einem Land Freiheit einpflanzen will, während sie nicht einen einzigen Samen der Freiheit in Ländern keimen lässt, in denen sie längst mit am Herrschaftstisch sitzt. Wenn die Amerikaner in Saudi-Arabien, Kuwait und bei allen anderen Vasallen am Golf auch nur eine kleine Probe davon ablegen könnten, wie diese vom Amerikanischen ins Arabische übersetzte Freiheit und Demokratie aussieht, wären sie glaubwürdiger.

Beunruhigend ist, dass die Politik der USA seit dem Zweiten Weltkrieg unabhängig vom jeweiligen Präsidenten einer Doktrin folgt, die auf die Unterwerfung des Orients und die Ausbeutung seiner Ressourcen zielt.

Henry Kissinger brachte es auf den Punkt: »Das Öl ist viel zu wichtig, um es den Arabern zu überlassen.« Auch Medienmogul Rupert Murdoch spricht ähnlich – ohne jegliche kosmetische Zusätze – von Freiheit und Menschenrechten.

Diese Doktrin führte zum ersten Putsch in der modernen Geschichte der Araber. Die CIA ließ – in Damaskus Ende März 1949 – einen der widerwärtigsten Menschen, Armeechef Husni al Sa'im, gegen die demokratisch gewählte Regierung putschen.

George W. Bush und seine Mannschaft aus überzeugten Befürwortern eines allein herrschenden Imperiums erweitern die Doktrin jedoch um eine neue Stufe. Es ist die Präventivschlag-Doktrin. Bushs Maxime lautet: »Wer nicht mit uns ist, ist gegen uns.« Im politischen Leben bedeutet das die Abschaffung der gleichberechtigten Partnerschaft zugunsten williger Vasallen. Auch deshalb unterschreiben Amerikaner immer weniger bindende Verträge zum Umweltschutz oder zur Abrüstung. Ein Imperium verpflichtet sich allein gegenüber Gott und duldet keinen Partner und schon gar keine Konkurrenz. Verwenden Herrscher des Imperiums Begriffe wie »wir« und »uns«, haftet ihnen etwas Absolutistisches an. Wie von Gott beauftragt sprechen sie, und ein Widerspruch grenzt an Gotteslästerung. Aber Freiheit und Demokratie entstanden als Sehnsucht der Menschen und wuchsen immer contra Absolutismus und Despotismus.

5. Europa

Dieser Krieg ist eine ökologische, materielle, politische und kulturelle Katastrophe für die Araber. Sie zeigt ungeschminkt, dass weder der Ruf nach arabischer Bruderschaft noch der Islam ihnen mehr hilft, ihre Niederlage zu mildern oder zu vertuschen. Sie werden kolonialisiert, als hätten sie fünfzig Jahre lang nichts dagegen unternommen. Sie haben auch nichts unternommen.

Auf der anderen Seite ist dieser Krieg eine Strafe auch für Europa. Fünfzig Jahre hat Europa vergeudet, obwohl seine Interessen und seine engmaschigen Beziehungen ein Handeln erforderten. Europa ist nicht Amerika. Orient und Okzident trennt kein Ozean, sondern eine lange Beziehung verbindet sie.

Statt einen Wandel durch kritische Annäherung zu vollziehen, um im gesamten Mittelmeerraum einen freiheitlichen Geist in demokratischen Ländern mit höchst produktiven multinationalen Projekten zu schaffen, überließ Europa fast beschämt und gelähmt das Feld anderen. Die Europäer stürzten sich auf rein wirtschaftliche, nicht selten bedenklich einseitige Lieferungen von Europa in Richtung Mittelmeer. Jeder, der zahlte, bekam, was er bestellt hatte, ohne einmal gefragt zu werden, wofür. Damit disqualifizierte sich Europa als Partner der Völker. Und weil es an einem humanistischen Angebot der Zusammenarbeit fehlte, das aufklärend und aufrüttelnd auf die Völker hätte wirken können, konnten sich die arabischen Herrscher in die Arme der Amerikaner werfen. Dabei hätte es Alternativen gegeben.

Osteuropa war hundertmal gefährlicher und gefährdeter, in ewiger Abhängigkeit zu verharren. Es gab dort kontinentale Atommächte, die rational organisiert waren mit allen Schikanen einer Staatspartei und gewappnet mit den besten Geheimdiensten der Welt. Die Bevölkerung war gelähmt, doch der Wandel kam, und als die Völker dort erkannten, dass ihre Stunde gekommen war, standen sie auf und ergriffen die Initiative. Damals hat Westeuropa durch eine kritische Annäherung große Hilfe geleistet.

In Bezug auf den Orient heuchelte Europa. Es stellte sich blind gegenüber den berechtigten Forderungen der Palästinenser, der Kurden und der Frauen. Es handelte lieber mit Diktatoren als mit deren Opposition, lieferte, harmonisch geeint von Russland bis Spanien, sowohl Waffen als auch Elektronik. Während dieser Zeit hatte die demokratische Opposition kein Geld, kein Hinterland, manchmal nicht einmal eine Schreibmaschine. Ihre Anhänger bekamen weder Asyl noch Sender.

Ein Diktator stürzt nicht durch ein Embargo, sondern durch die Stärkung der Opposition und durch seine absolute Isolation von allem, was seine Macht stärkt. Also genau durch das hundertprozentige Gegenteil dessen, was man mit Saddam Hussein gemacht hat. Man stürzt diesen Diktator nicht, indem man die Iraker hungern und eine Million infolge der Unterernährung sterben lässt, während Saddam acht Paläste hat! Seine Mittäter konnten sogar Raketen entwickeln und sich der besten Anzüge, Autos, Zigarren und aller Luxusgüter erfreuen. Woher kam das Material? Wie konnte all das an den ach so präzise arbeitenden Spionagesatelliten vorbeigeschleust werden?

Keine Gruppe der Opposition war für das Embargo, sie litten selbst darunter.

Die Europäer und die Völker des Orients müssen gemeinsame Wege suchen, sie müssen die Diktatur und Massenvernichtungswaffen ächten und einem Diktator sofort zeigen, dass niemand mehr mit ihm zusammenarbeitet. Das wäre ein Bund der Menschlichkeit.

Wir können nicht Missstände, die seit vierzig Jahren andauern, innerhalb zweier Wochen beheben. Auch das größte Imperium kann die Erde nicht gegen den Willen ihrer Bewohner beherrschen. Deshalb wird der Krieg keine Probleme lösen. Im Gegenteil, er wird neue Probleme schaffen. Deshalb sollten wir heute schon anfangen, geduldig neue Wege der Zusammenarbeit zu suchen.

6. Israel/Palästina

Einer der gefährlichsten Konfliktherde des Orients ist der israelisch-palästinensische Konflikt. Diese zwei Verwandten sind in die Gewaltspirale geraten, aus der sie allein nicht herauskommen können. Auch dieser Konflikt ist jedoch lösbar, wenn wir mit Geduld die Zweistaatenlösung angehen, bei der Israel und Palästina in sicheren Grenzen und in normalen diplomatischen Beziehungen zu allen Nachbarn in Frieden und Freiheit leben und gedeihen. Dieser Frieden ist der Zuckermantel, der eine für beide Seiten bittere Pille umhüllt: Die zwei Länder sind winzig klein. Sie bieten nicht einmal Platz genug für ihre jetzigen Bürgerinnen und Bürger, und dennoch pochen beide auf das Recht aller Juden und Palästinenser auf Rückkehr. Das ist eine Zeitbombe, denn außerhalb Israels/Palästinas leben weltweit ca. 13 Millionen Juden und 3 Millionen Palästinenser.

7. Den Feind lieben lernen

Der amerikanische Plan wird scheitern. Die Frage ist also nicht nur, was nach Saddam, sondern auch, was nach Bush und Rumsfeld sein wird.

Meine Antwort hat ein Rebell vor über zweitausend Jahren ausgerufen: »Liebet eure Feinde!« Die Amerikaner werden seit dem Zweiten Weltkrieg geliebt und gehasst, bewundert und belächelt, beneidet und bemitleidet wie kaum ein anderes Volk. Wenn der Krieg ausbricht, werden sie weltweit geächtet und gehasst werden. Ich will sie deshalb in Schutz nehmen und mich vor sie stellen.

Amerika ist das einzige Imperium unseres Jahrhunderts und ist zugleich eine demokratische Republik, zwar mit vielen sozialen Nachteilen, aber mit großer politischer Freiheit. Jeder Amerikaner ist entscheidend beteiligt an der Gestaltung der Erde. Die Wahlen in Amerika sind von entscheidender Bedeutung für den Bestand der Erde. Sie werden leider von der Mehrheit der Amerikaner nicht ernst genug genommen und von einer Minderheit auch noch manipuliert. Wir müssen weltweit das amerikanische Volk dazu bewegen, zur Wahl zu gehen und diese genau zu beobachten.

Erst dann werden die amerikanischen Wahlen keine Farce sein wie die Wahl des jetzigen Präsidenten, der so tut, als wäre er von Gott und 99,9 Prozent seines Volkes dazu auserwählt worden, das amerikanische Volk im Voraus zu erretten. Die wenigsten wissen, dass die Amerikaner so gut wie keine kritischen Berichte über die Außenpolitik ihrer Regierung erhalten.

Unwissen schützt nicht vor Mitverantwortung. Die Bushs kommen und gehen, aber die Amerikaner als Volk werden am Ende die Zeche zahlen für die kriegerische Politik, die einige wenige in ihrem Namen machen.

Wie liebt man aber ein mächtiges und freiheitsliebendes Volk, das in der Faust eines Imperiums gelähmt liegt? Indem wir ihm gegenüber selbständig und selbstbewusst auftreten – eine Unterwerfung hat noch nie etwas Befreiendes gehabt. Es ist gar nicht gut für die Amerikaner, dass wir ihnen, wo immer sie hinkommen, mit amerikanisierten Verhältnissen begegnen. Wie sollen sie jemals erfahren, dass es auch Alternativen gibt?

Also, wer die Amerikaner liebt, soll anders sein.

Kulturredakteure, die lieber den schlechtesten Roman und Film aus den USA weiträumig besprechen, anstatt hier, geschweige denn in anderen Kontinenten, eigene und fremde Talente zu suchen, sind keine Freunde der USA, sondern Sklaven des Imperiums.

Es ist gar nicht gut für die amerikanische Kultur, dass man ihr jeden Schrott für teures Geld abkauft. Wenn die Programmgestalter unseres Fernsehens die Nachmittage unbedingt mit Schrott füllen müssen, dann sollen sie lieber indische, brasilianische oder ägyptische Produkte kaufen. Diese sind bunter, preiswerter und genauso hirnlos wie die meisten Serien aus den USA.

Wenn wir die Amerikaner lieben, müssen wir in zwei Richtungen wirken, zum einen den Antiamerikanismus bekämpfen, der nichts anderes ist als feiger Ausländerhass, und uns zum anderen in die inneren Angelegenheiten der USA einmischen. Unsere Anliegen sind weder Ölfelder noch Import- oder Exportvorteile, sondern die Menschen der USA, die wir nicht Kriegern vom Schlage Rumsfelds überlassen dürfen.

Die Liebe kann aber Opfer verlangen: Wir alle müssen erkennen, dass Frieden mit Verzicht zu tun hat. Immer mehr haben wollen in einer begrenzten Welt hat von vornherein mit Benachteiligung anderer zu tun. Und dort, wo das Imperium in Gestalt seines Militärapparats einmarschiert, werden die Völker ihm die Stirn bieten. Sie werden Widerstand leisten, um ihre Würde zu retten.

Der Weg ist lang. Wir dürfen nicht zurückschrecken, wenn wir Rückschläge erleiden. In diesem Widerstand für die Menschlichkeit werden wir den Amerikanern sehr nahe sein, brüderlich nahe.

Jesu Christi geniale Idee, die ich eingangs erwähnt habe und die keiner vor oder nach ihm so konsequent formuliert hat, lautete: »Liebet eure Feinde.« Für diese Liebe starb er vor rund 2000 Jahren, und auch im Sterben am Kreuz war er nicht bereit zu hassen. Aber was heißt, er starb. Er lebt noch in den Gedanken und Herzen vieler Menschen.

Wer geliebt wird, stirbt nie.

ANPASSUNG? WORAN BITTE?

Man behauptet, er, der Fremde, werde nicht akzeptiert, weil er sich nicht anpasse. Anpassung ist das Allheilmittel, das Einheimische Fremden anbieten, das aber wie jedes Allheilmittel Humbug ist. Vielleicht hat ein Stamm in der Wüste oder im Urwald durch die Einfachheit seines Lebens und die strenge Bindung aller seiner Mitglieder untereinander klare Vorstellungen von sich, das heißt, von dem Ziel der Anpassung, die der Fremde leisten muss, um als einer der ihren zu gelten. Aber ich kann mich totlachen, wenn ich die Forderung nach Anpassung von Deutschen höre. Anpassung an was bitte? Was ist hier an dem, was die Bevölkerung tut und lässt, so typisch, so lebensnotwendig, dass sich der Fremde daran orientieren muss, um sich und der Gemeinschaft Ärger zu ersparen? Was ist denn deutsch an den Deutschen? Meinen sie ihren Lebensstil, ihre Essgewohnheiten, ihre Kleiderordnung, Schminkrituale, Bücherinhalte, Musik, Filme oder etwa ihre typisch deutschen McDonald's oder gar die von der UNESCO vergessenen deutschen Denkmäler der Moderne namens Fußgängerzonen?

Was ist deutsch an den Deutschen?

Es kann sein, dass man immer über ein fernes genauere Aussagen machen kann als über das Volk, in dem man lebt. Ich wüsste schnell etwas darüber zu sagen, was ein Italiener, ein Franzose oder ein Libanese ist. Hier mitten unter den Deutschen muss ich jedoch verdammt aufpassen, dass ich einen Südhessen nicht mit einem Nordpfälzer und den um Gottes willen nicht mit einem Saarländer verwechsle. Das hat zur Folge, dass ich gar keine vernünftige Definition für *den Deutschen* mehr finde und nur noch auf meine Vorurteile zurückgreife. Und die sehen so aus:

Ein Deutscher ist der beste Schüler und der schlimmste Oberlehrer. Er liegt am liebsten am Strand, um brauner als die Pakistani zu werden. In Kleinigkeiten ist er heldenhaft kompromisslos, bei allen großen Dingen verliert er jedoch den Überblick, und man kann ihn leicht verkohlen. Er jammert über alle, die die Deutschen hassen, doch die größten Deutschenhasser sind die Deutschen selbst. Er leistet in der Regel Gehorsam im Voraus und Widerstand im Nachhinein.

Ich weiß, ich weiß. Alles nur hässliche Vorurteile, aber wie soll ein armseliger Ausländer wissen, was deutsch ist, wenn selbst der geniale Nietzsche das nicht wusste?

Dreißig Jahre in Deutschland prägen einen Ausländer. Ich fange bei jedem Besuch an nachzudenken, was ich dem Gastgeber mitbringen könnte. Nudelsalat nehme ich zwar nicht mit, aber immerhin sind Wein, Bücher oder exotische Früchte in der Regel dabei. In Arabien wäre das undenkbar.

Ich richte mich brav nach den Abfahrtszeiten der Züge, halte meine Termine ein und lache wie die Deutschen beim Leichenschmaus, statt – wie es sich in Arabien gehört – laut zu weinen. Selbst Himbeereis esse ich gerne im Winter, was ein Araber mit gesundem Menschenverstand für völlig verrückt halten müsste.

Doch auf eins kann ich auch nach dreißig Jahren nicht verzichten: auf das Handeln.

Handel ist zwar auch eine Notwendigkeit, aber der Orientale verbindet damit ein Vergnügen, das vielen Deutschen fremd ist. Beim Handeln übt der Orientale folgende Künste aus: Sprechen, Schauspielen, Rhetorik, Kräfte messen und vor allem immer wieder aus einer Sackgasse eine Kreuzung zu zaubern. Als Belohnung schwebt über allem der wirtschaftliche Vorteil. Man muss sich immer vor Augen halten, dass Muhammad ein tüchtiger Händler war, bevor er von Gott zum Propheten berufen wurde, während Jesus Christus Geld und Handel unverbindlich (»Gebt dem Kaiser, was dem Kaiser gehört«) bis ablehnend (Peitschenhiebe für die Händler) gegenüberstand. Meine Theorie, dass dies eine nachträgliche Fälschung europäischer Zensoren ist, ist zwar berechtigt, aber sie verändert nichts an der Tatsache, dass die meisten heutigen Deutschen ein merkwürdig gestörtes Verhältnis zum Feilschen haben.

Die Muslime stehen also in Fragen des Handels eher den Juden als den Christen und die orientalischen Christen eher den Muslimen als den Europäern nahe.

Ich freute mich den ganzen Morgen auf den Kauf eines Pullovers, trank meinen Espresso und schlenderte zu einem Kaufhaus, das etwas gehobene Qualität anbot. Nach einigem Suchen fand ich einen Pullover. Er sollte 250 DM kosten.

Ich fragte eine junge Verkäuferin: »Entschuldigen Sie. Wie viel kostet dieser Pullover?«

Ein Händler in Damaskus hätte sich darüber gefreut, denn die Frage nach dem Preis zeigt Interesse, und ein Kunde, der spricht, verspricht einen Kauf.

Die Frau schaute mich erstaunt an. »Steht doch drauf«, sagte sie und zeigte mir das Etikett. »Zweihundertfünfzig.«

»Nun gut«, sagte ich, »ich zahle hundert.« Das ist mehr, als die Regel vorschreibt, aber ich wollte die Frau nicht lange aufhalten, normalerweise zahlt man ein Drittel, nur Touristen zahlen immer die Hälfte.

In Damaskus hätte sich jeder Händler gefreut, denn ein Drittel ist bereits fast in der Kasse, und nun bemüht man sich um die anderen zwei Drittel. Deshalb heißt der Vorgang Handeln. Und wäre das, was die Deutschen beim Einkaufen tun, richtig, so hieße das Verb nicht »handeln«, sondern »Händlern glauben«, »Etiketten gehorchen« oder ähnlich.

Stattdessen war die Verkäuferin über mein Angebot entsetzt. Sie sprach nun lauter, weil sie dachte, ich sei schwerhörig: »Zweihundert … und … fünfzig.«

»Nun gut, nun gut, ich will nicht knauserig sein, ich zahle hundertzehn.«

Die Frau lachte und schaute sich um. Wahrscheinlich dachte sie, es sei ein Scherz mit der versteckten Kamera. Sie zeigte mir wieder das Preisetikett. »Was heißt hundertzehn? Es steht zweihundertfünfzig drauf und kein Pfennig weniger. Wir sind hier doch nicht im Basar!«

»Doch, Madame. Ein Kaufhaus mit fünf Stockwerken ist ein Basar, der übereinander gebaut ist. Das ist alles. Etiketten, Etiketten« – und ich bemühte mich, mit meinem Tonfall das Wort »Etiketten« so lächerlich wie nur möglich zu machen –, »wie blass sind Preisetiketten im Vergleich zum bunten Leben! Bei uns sagt man: Das Leben ist nehmen und geben, Frage und Antwort. Kommen Sie mir entgegen, komme ich Ihnen entgegen. Schauen Sie, ich zahle, weil Sie so freundlich sind und heute wahrscheinlich noch keine guten Geschäfte gemacht haben, hundertzwanzig, ist das ein Wort? Wenn Sie mir entgegenkommen, werde ich wahrscheinlich Stammkunde.«

»Was … wie? Stammkunde? Nein, das geht wirklich nicht«, sagte sie nun fast entschuldigend.

Ich dachte an einen Rat meiner Mutter: »Wenn ein Händler jung ist, musst du ihn erziehen. Du gehst mit dem Angebot etwas höher, vielleicht ist es die Ware doch wert. Dabei lässt du deinem Kontrahenten immer eine Tür offen, um sich ohne Gesichtsverlust zurückziehen zu können, und dann sagst du schlecht gelaunt: ›Das ist mein letztes Wort!‹ Und du wirst sehen, da läuten beim Händler die Glocken, und er kommt dir entgegen.« Ich sagte zu der Verkäuferin fast drohend: »Ich zahle hundertfünfzig, aber das ist mein letztes Wort.«

Sie schaute mich verwirrt an. »Letztes Wort«, wiederholte sie verblüfft, »Sie ... können sagen ... was Sie wollen.«

Da fiel mir der goldene Rat meines Vaters ein: »Es gibt Händler, die ziemlich schwer von Begriff sind. In diesem Fall, und wenn alles nichts nützt, kannst du Gift darauf nehmen, dass Folgendes hilft: Du gehst sicherheitshalber etwas mit dem Preis nach oben, damit signalisierst du Mut und Entschlossenheit, dann sagst du: ›Das ist mein letztes Angebot, sonst gehe ich zu einem anderen Händler.‹ Dann gehst du langsam los und drehst dich nicht mehr um, sonst weiß der Händler, dass du an der Ware hängst. Nein, geh langsam und dreh dich nicht um. Das steht schon in der Bibel! Geh und du wirst sehen, der Händler ruft dir nach und kommt dir mit dem Preis etwas entgegen.«

Ich versuchte es so bei meiner Verkäuferin: »Hören Sie, ich zahle hundertsiebzig. Ist das nichts? Wenn Sie mir jetzt nicht entgegenkommen, gehe ich zu einem anderen Händler, und Sie können sicher sein, ich werde dort einen Pulli finden.«

»Gehen Sie doch, wer hält Sie hier denn fest?«, antwortete sie. Ich schlurfte hinaus, langsamer als eine Schildkröte, und drehte mich nicht um, aber sie rief mir nicht hinterher. Dreißig Jahre lang rief mir niemand hinterher. Ich aber bin unbelehrbar geblieben, ich versuche immer noch und überall zu handeln.

EXILGESPRÄCHE

Meinem Cousin Lukianos,
auch einem Syrer im Exil, gewidmet

Als ich vor über zwanzig Jahren die Universität Heidelberg verlassen hatte, schwor ich mir insgeheim, nie wieder an einer Universität tätig zu sein. Dieser Schwur wurde weder spontan noch aus Verzweiflung geleistet. Was die äußeren Umstände betraf, erfüllte ich damals alle Bedingungen, um nach einem erfolgreichen Studium meine Laufbahn als Forscher oder Hochschullehrer an einer arabischen oder deutschen Universität fortzusetzen. In meinem Innersten aber war ich durch die vierzehn Jahre an mehreren Universitäten endgültig enttäuscht und fühlte mich ausgelaugt. Ich hielt und halte noch heute eine solche Gemütslage für eine ausgesprochen schlechte Voraussetzung für den Start ins Leben.

Also nahm ich meine Siebensachen und ging. Ohne Abschied!

Was waren die Gründe für meine Enttäuschung? Die Antwort auf diese Frage liest sich fast wie ein Lebenslauf.

1965 ging ich mit aller Naivität an die hochmoderne Universität von Damaskus. Ich war fest davon überzeugt, das Studium der Naturwissenschaften, für das ich mich eingeschrieben hatte, und darüber hinaus das Studium der Philosophie, Geschichte und Literatur würden der Weisheit dienen, die dann meinem Volk zugute komme. Zusammen mit anderen Kollegen begann ich sogleich gründlich nach Wegen zu suchen, wie wir das Wasser der kleinen Flüsse in und um Damaskus sauber kriegen könnten. Damals fingen diese an zu schäumen und zu stinken. Wir gründeten gleichzeitig eine literarische Wandzeitung und bemühten uns, in kleinen Zirkeln die alten griechischen und arabischen sowie die neueren europäischen Philosophen zu diskutieren.

Dieser Frühling dauerte nicht lange. Die Umweltgruppe wurde von Anhängern der Regierung unterwandert, lahm gelegt und abgeschafft. Der Wandzeitung machte ein Verbot den Garaus, und die interdisziplinäre Diskussion wurde durch unglaublich dumme, zur Erziehung von Papageien geeignete Prüfungen und die Vorbereitung darauf verhindert. Es vergingen keine zwei Jahre, und das Universitätsstudium wurde zu dem, wofür es leider geplant war: Es hatte nicht der Weisheit zu dienen, sondern höchstens der blinden Effektivität industrieller Produktion. Und es sollte sich als Mittel zum Regieren von Untertanen eignen.

Weder in Damaskus noch später in Heidelberg fehlte es an den technischen Voraussetzungen. Doch es mangelte hier wie dort an der Einsicht in die Notwendigkeit einer Kommunikation zwischen den Disziplinen. Diese lässt das Studium zwar langsamer in die Horizontale, dafür aber umso tiefer in die vertikale Ebene des Wissens gehen und seine tieferen Schichten, sprich Weisheit, erfahren. Dafür bringt kein Professor Verständnis auf und schon gar kein Manager der Industrie mit »gesundem Menschenverstand«. Nur ist dieser so genannte gesunde Menschenverstand kleinkariert und schaut nicht über die eigene Nasenspitze hinaus.

Wir können nämlich mit dieser atemberaubenden Zerstörung unserer Erde, ihrer Schönheit, ihrer Ressourcen und Bewohnbarkeit gar nicht mehr lange so weitermachen wie bisher. Die Erde ist endlich. Die Naturwissenschaftler scheinen aber immer noch von der Unendlichkeit der Erde überzeugt zu sein.

Ein großes Problem der Naturwissenschaft liegt im Verstehen der Zeit. Ist die Zeit nur eine Geburtshelferin der Hektik, eine gnadenlose Messeinheit, die uns unbestechlich vor Augen führt, wie wenig wir vorangekommen sind? Oder ist die Zeit ein zauberhafter Raum, in dem man wohnt und von dem aus man zu den Wurzeln aller Dinge hinuntersteigt, um wieder zum Himmel emporzusteigen? Das Wort »Zauber« ist keine lyrische Beschönigung. Wir können ihn an allen Kulturgütern wahrnehmen. Was auch immer in diesem zauberhaften Zeitraum erzeugt wurde, besiegt die Zeit und befreit sich von ihr, wird unsterblich. Die Zahlen und die Pyramiden ebenso wie ein Gedicht, die Gemälde eines Leonardo da Vinci ebenso wie das Alphabet, das die Phönizier erfunden haben.

Die Suche also nach dem zauberhaften Zeitraum führte mich hierher nach Zürich, ließ mich meinen alten Schwur vergessen. Die Anfrage seitens der ETH kam zu einer ungünstigen Zeit. Gerade erst hatte ich alle Auftritte abgesagt und mich zurückgezogen, um mit meinen Romanfiguren Gespräche zu führen. Und ich wusste vom ersten Augenblick an, meine Zeit in Zürich würde mehr als genug mit Arbeit ausgefüllt sein, ich würde meinen großen Roman (*Die dunkle Seite der Liebe*) solange auf Eis legen müssen. Denn man kann keine zwei Wassermelonen auf einer Hand balancieren.

Doch das Gespräch hier am Collegium Helveticum barg auch die Chance in sich, mein Leben um eine einmalige Erfahrung reicher zu machen. Deshalb entschied ich mich dann doch für Zürich und tröstete meine Romanfiguren mit dem Hinweis, ein Kunstwerk, das nicht ein halbes Jahr warten könne, tauge nichts. Diesen Gedanken hielt ich in meinem elektronischen Arbeitsjournal fest, und ich bildete mir ein, mein Computer habe dabei in jener Nacht ein Geräusch von sich gegeben, das sich wie ein jammervoller Protest anhörte.

Ich bin also nach Zürich gekommen, um Gespräche zu führen, um Woche für Woche mit den Kollegiatinnen und Kollegiaten die Möglichkeiten eines Gesprächs zu erkunden. In meinem Computer habe ich bereits alle Strukturen dieser Gespräche erarbeitet, und meine Bibliothek wuchs um eine Menge Bücher an, die nur das Thema Gespräch behandeln. Doch viel wichtiger als all diese Bücher und meine Vorbereitungen ist das Gespräch selbst. Diese Überzeugung bringe ich im Herzen mit, und ich werde alles in meiner Kraft Stehende tun, um in Zürich wunderbare Gespräche zu führen.

Dies zur Vorgeschichte meines heutigen Vortrags.

Was aber sollte aufgrund dieser Vorgeschichte das Thema meiner Antrittslesung anderes sein als *Das Gespräch*.

Doch zunächst eine Bemerkung: Wäre das Leben ein Baum, so könnte ich hier in einer limitierten Zeit nur den Stamm und die wichtigsten Äste aufzeichnen; die Zweige, Blätter, Blüten und Früchte müsste man sich dazudenken. Gar nicht zu reden von den unsichtbaren Wurzeln. Und insofern entspricht das meiner Vorstellung von einem guten Vortrag, der kleine Anstöße zum Weiterdenken geben muss.

Das Wort »Gespräch« wird dessen voller Bedeutung nicht gerecht. Es betont den Akt des Sprechens und unterschlägt die wichtigere Hälfte: das Zuhören. Es müsste »Gehörspräch« heißen. Das Hören ist im Leben des Menschen viel mächtiger und älter als das Sprechen und unter all den anderen Lebewesen viel weiter verbreitet.

Viereinhalb Monate nach der Befruchtung des Eis im Mutterleib ist unser Innenohr, das eigentliche Hörorgan, schon komplett ausgebildet. Alle anderen Organe wachsen und verändern sich weiter, manche bis zum 18. Lebensjahr. Nur das Innenohr bleibt so, wie es schon mit 18 Wochen war.

In allem und jedem ist das ungeborene Kind von der Mutter abhängig. Nur beim Hören will es selbständig sein.

Die Ohren sind auch die Letzten, die beim Abschied von der Erde die Fensterläden zumachen, als hätte das Lebewesen noch immer nicht genug gehört.

Das Zuhören wertet das Sprechen auf. Was wären Schriftsteller, Lehrer, Liebende, Prediger, Politiker oder Sänger ohne das Zuhören?

Vor Jahren plädierte ich für die Stiftung eines großartigen Preises für die missachtete Kunst des Zuhörens. In dem Zusammenhang begründete ich bereits, warum das Zuhören eine komplizierte, aber unterschätzte Kunst ist. Vor allem legte ich damals dar, warum in der Regel die Frauen als Sieger aus diesem Wettstreit hervorgingen. Weibliche Ohren sind besser geschult, weil Frauen als die Unterlegenen in der Geschichte schon immer auf das Zuhören angewiesen waren. Genaues Zuhören konnte Leben retten oder ganz neue Möglichkeiten eröffnen und bedeutete nicht selten Befreiung.

Vielleicht ist das auch der Grund, weshalb unsere Gesellschaft keinen solchen Preis einrichtet. Denn durch ihn würde sich die Unterlegenheit der Männer sowohl in ihrer Erbarmungslosigkeit wie in ihrer Erbärmlichkeit erweisen.

Zuhören muss wie jede andere Kunst erlernt werden. Warum also nur Malen, Musik, Mathematik und Geographie und nicht einmal pro Woche lernen zuzuhören.

Es ist schon merkwürdig, dass die Schüler aller Länder in einem Punkt gleich sind: Sie verschlingen Berge mehr oder weniger sinnvollen Wissens, und noch kein Land kam bisher auf die Idee, seine Kinder und Jugendlichen auf das Leben vorzubereiten. Schon eine Stunde pro Woche Unterricht im Umgang (und dazu gehört das Zuhören) mit anderen Menschen würde den Schülern gut tun, denn Zuhören macht weise. Ich verstehe schon, dass eine Diktatur solche aufmerksamen Bürger nicht vertragen kann. Aber warum erziehen die Demokratien nicht ihre Zukunftsträger zum Zuhören, das heißt, zum Respekt vor dem anderen?

Die Schule könnte dann zumindest den Vorwurf von sich weisen, den ihr Adorno zu Recht machte. Er nannte die Schule eine Taubstummenanstalt und traf damit den Kern, denn »während die Schulen die Menschen im Reden drillen wie in der Ersten Hilfe für die Opfer von Verkehrsunfällen und im Bau von Segelflugzeugen, werden die Geschulten immer stummer. Sie können Vorträge halten, jeder Satz qualifiziert sie fürs Mikrophon, vor das sie als Stellvertreter des Durchschnitts plaziert werden, aber die Fähigkeit miteinander zu sprechen erstickt. Sie setzt mitteilenswerte Erfahrung, Freiheit zum Ausdruck, Unabhängigkeit zugleich und Beziehung voraus. Im allumgreifenden System wird Gespräch zur Bauchrednerei.«* Vor allem könnten die Schüler anfangen zu lernen, wie man genussvoll zuhört. Redner brauchen ja gar nicht zuzuhören, Gesprächspartner aber schon. Das ist gerade der radikale Unterschied zwischen einem Gespräch und einer modernen Talkshow. Das Zuhören ermöglicht also das Gespräch, und durch das Gespräch verwandelt sich Wissen in Weisheit.

Ich glaube nicht, dass Sokrates oder Platon mehr gewusst haben, als ein Abiturient heute weiß. Aber das, was sie wussten, vertieften sie durch unendlich viele Gespräche, die das

* Theodor W. Adorno, *Minima Moralia*. Frankfurt a. M.: Suhrkamp, 1964, S. 179.

Wissen zu einem prächtigen Baum werden ließen, dessen Wurzeln man bis zur tiefsten Tiefe folgen kann.

Das Gespräch bestimmt mein Leben, denn in mir hat es nie aufgehört. Mein Lebenslauf ist ein Gespräch.

– Als Aramäer sprach ich in Syrien mit Aramäern, anderen Minderheiten wie Kurden, Armeniern, Palästinensern und vor allem mit der Mehrheit: den Arabern.

Ich gewann hierdurch zwei wichtige Erkenntnisse: Der Orient war dabei, in hastiger Nachahmung der europäischen Nationen seine Vielfalt abzuschaffen, die ein Grundpfeiler orientalischer Identität war, und in künstlichen, oft von den Kolonialherren aufgestellten Grenzen mit Gewalt eine einheitliche Nation herzustellen. Vergessen waren die Verdienste der Kurden, aus deren Reihen Saladin stammte. Vergessen waren die Verdienste meiner Vorfahren, der Assyrer, die durch ihre Übersetzungen aus dem Griechischen die erste Brücke zwischen der griechischen und der aufsteigenden arabischen Kultur bildeten. Ohne ihren Beitrag wäre den Arabern ein solch rasanter Aufstieg zur Weltzivilisation nie möglich gewesen.

Ich erkannte aber auch die Angst der Araber, ihnen könnte eine Spaltung aufgezwungen werden. Diese Angst verhinderte bei ihnen die Gelassenheit gegenüber Forderungen seitens der Minderheit, weil ein Araber darin immer weniger die bunte Vielfalt sah als vielmehr die Gefahr einer weiteren Zersplitterung seiner Heimat.

– Als Christ sprach ich mit den Christen verschiedener Konfessionen und den Angehörigen anderer religiöser Minderheiten wie Juden, Drusen, Yeziden und Baha'i, vor allem aber mit der muslimischen Mehrheit.

Ich erlebte hautnah mit, wie dünn die Schicht ist, auf der diese Minderheiten ihren Alltagsgeschäften nachgehen. Sicher, die historische Erfahrung, dass die Mehrheit der Muslime jahrhundertelang ihre Minderheiten achtete, wirkte beruhigend. Doch ich musste lernen, dass auch die Angst der Minderheiten ihre Wurzeln nicht in ihrer Einbildung, sondern in der Geschichte hat. Immer wieder brachte eine extremistische Minderheit der Muslime Christen, Juden und andere Minderheiten bis an den Rand der Vernichtung. Demütigung und Entrechtung waren dann an der Tagesordnung. Manchmal genügte es, dass der Kalif aus einer Laune heraus, im religiösen Wahn oder aber aus Verfolgungs- oder Verschwörungswahn Demütigungen für nötig hielt, damit die Minderheiten zu leiden hatten. Meine Vorfahren mussten manchmal ein schweres Kreuz am Hals tragen, sich ganz besonders hässlich und auffällig kleiden und in allen Fragen Menschen zweiter Klasse sein. Das Mitleid der Mehrheit half ihnen wenig.

Mit den Muslimen sprach ich nicht im anklagenden Ton, sondern aufklärend und ermunternd. Sie sollten im 20. Jahrhundert nicht hinter das zurückfallen, was im Jahre 750 schon an Toleranz selbstverständlich war, und sich dabei auch noch zivilisiert nennen dürfen. Zivilisation bedingt den Fortschritt im Menschenrecht. Gerade ein Christ kann den Muslimen eindringlich und glaubwürdig zeigen, dass der Islam immer dann zivilisatorisch und siegreich war, wenn er sich nach außen öffnete, wenn er die Herausforderungen von außen annahm und zeigte, wie er ihnen gewachsen war. Und immer wenn sich der Islam repressiv nach innen zeigte, wenn er zum Kleinkrämer wurde und die Glocken der Kirche verbot, weil er damit Wirtschaftskrisen überwinden wollte, war das eine Zeit des Niedergangs, der Zerstörung. Und gerade das entspricht eigentlich dem Konzept der Islamisten. Demagogisch und rassistisch erweisen sich diese gegenüber anderen Minderheiten, in wirtschaftlichen und sozialen Belangen gehen sie planlos vor, in allen Fragen des Islam sind sie oberflächlich und repressiv nach innen.

– Als Bauernsohn der Abstammung nach und Städter, der ich von Geburt an war, pendelte ich in Gesprächen zwischen beiden Polen hin und her.

Ich hatte das Glück oder Unglück, das Dorf Malula zu erleben, als es noch autark in den Bergen existierte, und die Stadt Damaskus, als sie noch eine Perle der Städte war. Heute sind das eine wie die andere in ihrer Einzigartigkeit vom westlichen Konsum niedergewalzt worden.

Nicht selten befiel mich die Sorge, ich könnte nirgends hingehören. Im Dorf war ich für viele der Städter, und in der Stadt war ich wegen der Herkunft meiner Eltern ein Dorfjunge. Erst später gelang mir die Harmonisierung dieser Beziehung zwischen dem Ort, an dem ich mich befand, und der Zugehörigkeit, die jeweils von anderen an mich herangetragen wurde, aber meine ganze Kindheit und Jugend lang herrschte Dissonanz.

– Als fremdes Kind in einem libanesischen Kloster sprach ich in einer bedrückenden Einsamkeit mit wenigen zuverlässigen Gleichgesinnten, mit vielen Weltautoren und vor allem mit mir selbst.

Hier entdeckte ich die Grenzen der christlichen Nächstenliebe. Wir waren eine winzige Minderheit von Kindern aus mehreren arabischen Ländern unter Hunderten von libanesischen Kindern. Die Leitung war streng und die Kontrolle des Verhaltens total. Es blieb nur ein einziger sicherer Ort: die Einsamkeit. Es war der einzige Ort, wo ich *ich selbst* war. Hier entwickelte ich eine Sucht nach Büchern. Die Einsamkeit, die Härte und die Angst wurden von Tag zu Tag größer und mündeten schließlich in eine lebensgefährliche Meningitis. Nur der Zufall rettete damals mein Leben. Und heute, vierzig

Jahre später, kann ich immer noch nicht gelassen über diese Zeit sprechen. Unzählig sind die gescheiterten Versuche.

– Als junger Mann sprach ich mit Männern und vor allem mit Frauen. Was für ein unverdientes Glück. Ich musste als Araber nicht erst nach Europa kommen, um die Achtung vor Frauen zu lernen, wie sich das manche Neokolonialisten einbilden und anderen weismachen wollen. Ich hatte das Glück, eine witzige Mutter und mehrere starke Frauen in der Nachbarschaft zu erleben, die mir ganz überzeugend zeigten, wie Frauen leise und elegant etwas erledigen, wofür Männer Sitzungen, Kraftakte, Trost und nicht selten doch die Hilfe ihrer Frauen brauchen. Meine Mutter brachte mir nicht die Liebe zu den Frauen bei, sondern den Respekt vor ihnen. Genau das würde ich auch vielen Männern wünschen, die so sehr die Frauen lieben, aber keine Ahnung von ihnen haben.

– Als Mitglied einer winzigen Gruppe des politischen Untergrunds sprach ich mit vielen Anhängern der unterschiedlichsten Oppositionsgruppen in einem diktatorisch regierten Land und mit der Mehrheit der Bevölkerung aus Resignierten, Gleichgültigen, Opportunisten und Anhängern des Regimes.

Die Abhängigkeit der Opposition von schlecht kopierten europäischen Ideen übertraf die des jeweiligen Herrschers. Klug waren weder der Herrscher noch seine Opposition. Die Herrscher in Arabien wussten ihre mindere Intelligenz mit ihrer Gewaltmaschinerie auszugleichen. Mit ihrer Hilfe konnten sie länger herrschen, als sie jemals hoffen durften, demokratisch zu regieren. Dennoch hatte ihre geistige Beschränktheit neben allen Übeln auch eine positive Seite: Die Herrscher konnten die westliche Zivilisation nicht nachahmen, denn das hieße Demokratie und Freiheit gedeihen lassen. Unbeholfen oszillierten sie zwischen naiver Nostalgie, momentaner Eingebung und dem tatsächlich vorhandenen Zwang der ökonomischen Abhängigkeit vom Westen.

Die Opposition ihrerseits machte mit der Nachahmung der westlichen Zivilisation ernst. Gestützt auf intelligente Mitglieder, übersetzte sie teils gut, teils fürchterlich schlecht europäische Ideologien und stülpte das Ganze dem arabischen Sein über. Das Kleid saß nicht, und durch Strecken, Stützen und Umnähen wurde es zu einem einzigen löchrigen Lappen und taugte zu nichts. Aber die intelligenten Ideologen der Opposition fanden immer wieder Wege, um ihre Niederlagen vor der Realität mit der Klage über die ohnehin allgegenwärtig agierende Staatsgewalt zu kaschieren. Doch die Mehrheit der Bevölkerung lehnte sie ab. Diese Mehrheit, die immer wieder hilf- und selbstlos explodierte und durch keine Gewalt einzuschüchtern war, ließ die Opposition links liegen, weil diese mit ihr nicht *sprechen* konnte. Eine Minderheit von klugen und opferbereiten Mitgliedern des Untergrunds rief verzweifelt dazu auf, man möge die europäischen Theorien zwar fleißig lernen, aber dann doch auf die eigene Kultur zurückgreifen, die viele Traditionen des Widerstands, der Auflehnung gegen die Herrscher und der unendlichen Liebe zur Freiheit habe. Sie wurden ausgelacht und in den eigenen Reihen bekämpft, nicht selten sogar verraten.

Im politischen wie im kulturellen Bereich wurde das Nachahmen zum Allheilmittel. Schriftsteller, die nicht Balzac, Hemingway, Zola oder Gorki imitieren wollten und auf die arabische Erzähltradition verwiesen, wurden als altmodisch verlacht.

– Als Student der Naturwissenschaften sprach ich mit meinen Kolleginnen und Kollegen, mit denen ich vier Jahre lebte, lernte, experimentierte und forschte. Im Damaskus der sechziger Jahre hatten die Naturwissenschaftler noch die Illusion, die Befreiung der Gesellschaft sei allein durch die Technik zu erreichen.

In Heidelberg waren die Naturwissenschaftler viel nüchterner und in ihrer Mehrheit Spezialisten auf einem sehr schmalen Gebiet. Sie arbeiteten hart und kamen kaum zu Rande mit der für ihre Forschung vorgesehenen Zeit. Das zwang sie zur Eile. Ich habe Hunderte von Chemikern, Mathematikern und Physikern kennen gelernt. Und nur ein Einziger von ihnen war nicht nur ungeheuer fähig, sondern auch gelassen und weise. Er blickte in vielen Fragen mehr durch als die Professoren. Willy war ein großer Freund der Natur und ein äußerst angenehmer Zeitgenosse. Sein Lächeln war das Einzige, was an der chemischen Fakultät der Universität Heidelberg Weisheit und Ruhe ausstrahlte. Er wurde später Lastwagenfahrer und Weltenbummler. Schade für die Wissenschaft, schade für die Erde, dass solch bunte Vögel kein Nest bauen im Baum der Wissenschaft.

Weder in Damaskus noch in Heidelberg fand ein ernsthafter Dialog zwischen den Naturwissenschaften und der schönen Literatur statt.

Wie kompliziert ein solches Gespräch ist, zeigt das letztendliche Scheitern von Goethe. Goethe war ein Meister des Dialogs, ja, in gewisser Weise war er selbst ein Dialog zwischen den Disziplinen, Kulturen und Epochen. Er wollte nach eigenem Bekunden lieber für seine Wissenschaft als für seine Literatur anerkannt werden. Das blieb ihm trotz seiner Entdeckungen auf dem Gebiet der Biologie, trotz seiner redlichen Bemühungen um die Farbenlehre und trotz seiner poetisch genialen Abhandlungen, etwa über Granit, versagt. Goethe hatte eine Schwäche: Er mochte keine mathematischen Abhandlungen und mied sie deshalb. Das reduzierte zwar seine Ausbeute, aber der Grund seiner Niederlage war ein anderer:

Seine ganzheitliche Naturbeobachtung und -erforschung stand im Widerspruch zur einsetzenden Spezialisierung der Wissenschaften und rief die Kritiker auf den Plan. Die Anerkennung blieb aus.

Damals wie heute wurde und wird aber viel Unsinn gerade auch im Namen eines Dialogs der Disziplinen erzeugt. André Gide hat Recht, wenn er sagt: »Es ist ein Unglück, wenn Dichter nicht den leisesten Begriff von Naturwissenschaft haben.«*

Sicher beeinflusste meine naturwissenschaftliche Seite ihre literarische Schwester, sodass sich in mir das Misstrauen gegenüber allen schnellen Produkten entwickelte. Ein Chemiker, der nicht misstrauisch wird angesichts einer schnell gelungenen Reaktion samt ihrer mühelos und mit prächtiger Ausbeute erzeugten Kristalle, der ist ein armer Tropf. Er muss davon ausgehen, dass diese Kristalle, die da so verführerisch glänzen, ein längst bekanntes Produkt sind. Zweimal erwischte mich diese Fata Morgana im Laufe meiner Forschungen. Seitdem misstraue ich auch allen neuen literarischen Einfällen, bis ich sie genügend überprüft, anderen erzählt und noch einmal geschrieben habe. Und erst aus dem, was ich beim zehnten Mal formuliere, könnte ein guter Text werden.

So wird es auch mit dieser Lesung sein. Sie liegt nach Monaten der Arbeit in schriftlicher Form vor, in einer redigierten Fassung. Aber sie wird erst durch den Vortrag heute, erst in den nächsten Tagen und Wochen ihren letzten Schliff erhalten.

Das ist wirklich nur die Chemikerhälfte in mir, die mich so verfahren lässt. Die andere Hälfte ist nämlich faul und will am liebsten gar nichts vortragen, sondern irgendwo sitzen,

---

* Walter Benjamin, *Gespräche mit André Gide, Angelus Novus*, Frankfurt a. M.: Suhrkamp, 1966, S. 396.

Tee trinken und angenehm über philosophische Themen plaudern.

Die jahrelange Beschäftigung mit der Chemie hilft mir wohl beim Schreiben, aber die Ergebnisse meiner Bemühungen, meine naturwissenschaftlichen Forschungen auch inhaltlich in meine literarischen Texte einfließen zu lassen, sind mager, mein Scheitern wiegt Berge. In über dreißig Jahren Tätigkeit sind mir zwei winzige literarische Produkte gelungen, die eine gewisse, wenn auch pessimistische Vision von der Technik enthalten. Einmal die Geschichte *Andalusien liegt vor der Tür**, geschrieben 1979, zu einer Zeit also, als ich noch im Chemielabor forschte. Sie hat den damals unbekannten Cyberspace zum Inhalt.

Der zweite Text, *Das zukünftige Buch***, ist eine negative Vision von einem elektronischen Buch, das mithilfe von Geräuschen und Gerüchen atmosphärisches Lesen ermöglicht. Es kann an gewissen Automaten mit Literatur oder Texten aus der Naturwissenschaft und Philosophie getankt werden.

Mit einem Pharmaroman und vielen kleineren Geschichten bin ich gescheitert. Nicht allein der Wille zum Guten und Ehrlichen ist häufig der Totengräber solcher Versuche, sondern es gibt auch eine objektive Schwierigkeit: Gerade die beste Eigenschaft der naturwissenschaftlichen Sprache – ihre Eindeutigkeit – ist für die Literatur tödlich.

Nur wenigen ist es gelungen, eine Brücke zu schlagen zwischen beiden Töchtern der Weisheit, der Naturwissenschaft und der Literatur. Diese wenigen hinterließen wunderbare

---

* In: *Zwischen Fabrik und Bahnhof*, Bremen: Con-edition, 1981, S. 58.

** In: Rafik Schami, Root Leeb, *Die Farbe der Worte*. Cadolzburg: ars vivendi, 2002, S. 33 ff.

Werke. Einen Roman wie *Das periodische System* von Primo Levi kann nur ein Chemiker geschrieben haben. Auch Benns Satz »Am Anfang war das Wort und nicht das Geschwätz« kann nur von einem trotzigen Naturwissenschaftler stammen.

Doch die Ausbeute an solchen Perlen ist mager. Lange muss man suchen, um zehn geniale Grenzgänger von der Größe eines Jules Verne oder H. G. Wells aufzutreiben.

Trotzdem lohnt sich auf beiden Seiten der Mut, die Grenze zu überwinden. Man muss nicht Goethes hartes Urteil teilen, wonach die Deutschen die Kunst beherrschen, die Wissenschaft unzugänglich zu machen. Aber man muss manch einen Naturwissenschaftler fragen dürfen, ob er schreibt, um Inhalte zu erklären oder um diese zu verbergen.

Die Grenze der Zugänglichkeit von Wissen hat Walter Benjamin zutreffend beschrieben: »Man darf sagen, daß jede popularisierende Arbeit verloren ist, die eine solche Fühlung der Laien mit der Vorhut nicht herzustellen vermag.«*

Das alles ist aber nur die eine Seite der Beziehung zwischen beiden Töchtern der Weisheit. Die zweite Seite ist alltäglicher und für Schriftsteller und Naturwissenschaftler leichter zugänglich. Auch wenn es bedauerlich ist, dass nicht jeder Schriftsteller für das naturwissenschaftliche Denken geeignet sein kann: Etwas von der Logik, der Beharrlichkeit, der Geduld, der Skepsis und nicht zuletzt der Präzision eines Naturforschers schadet keinem literarischen Werk. Ein Naturwissenschaftler andererseits muss nicht unbedingt Nerudas Poesie, Paganinis Violine oder die Farbigkeit eines Matisse bieten. Aber sein Werk darf sich nicht mit den auch noch so fleißig erarbeiteten Ergebnissen erschöpfen. Auch das Pro-

---

* Walter Benjamin, *Der Stratege im Literaturkampf*, Frankfurt a. M.: Suhrkamp, 1974, S. 21.

dukt eines Naturwissenschaftlers muss allein oder als Teil eines Ganzen im Menschen den Klang und die Begeisterung erzeugen, zu denen nur Kunstwerke fähig sind. Paul Valéry formulierte in seinem Dialog *Eupalinos* diesen Gedanken genau: »Während der Arbeit am Bau verließ er nicht den Werkplatz. Ich glaube, er kannte jeden Stein. Er überwachte die Genauigkeit ihrer Behauung; er studierte auf das eingehendste alle Mittel, die man erfunden hatte, daß die Kanten sich nicht überschneiden und daß die Sauberkeit der Fugen nicht leide ... Aber alle diese Feinheiten ... waren eine Kleinigkeit im Verhältnis zu denen, die er gebrauchte, wenn es sich darum handelte, die Erregungen und Schwingungen vorzubereiten, die in der Seele des künftigen Betrachters seines Werks entstehen sollten.«[*]

– Als Literat sprach ich in Damaskus mit Schriftstellern, Journalisten, Redakteuren und Lesern. Angst und Misstrauen beherrschten diese Gespräche. Die Frage, ob man Vertrauen zum Gesprächspartner haben konnte, war nicht müßig und ihre Antwort eine Entscheidung über Leben und Tod. So manches Gespräch war wie ein Gang durch ein Minenfeld.

In der Diktatur gibt es keinen öffentlichen Dialog. Es werden aber massenhaft Scheindialoge produziert. Die Grundbedingung eines echten Dialogs ist das Recht des anderen auf eine Gegenmeinung. Die Demokratie ist also eine Geburtshelferin des Dialogs. Aber auch sie muss ihre Eignung für den Dialog unter Beweis stellen. Diese Eignung wird daran gemessen, wieweit die Demokratie imstande ist, nicht nur den Mächtigen immer mehr Kanäle für ihre Stimme bereitzustellen, sondern inwieweit sie die Gegenmeinung zu Wort kommen lässt.

---

[*] Paul Valéry, *Eupalinos*. Frankfurt a. M.: Suhrkamp, 1973, S. 68 ff.

In der Diktatur stellte sich täglich die Frage: Wie puristisch, wie kompromisslos muss man gegenüber der Zensur sein? Was ist besser: den Mund zu halten oder drei Viertel der Wahrheit zu veröffentlichen in der Hoffnung, die Leser werden die fehlenden Puzzleteile schon erahnen? Es war nicht immer leicht, die richtige Antwort zu geben. Und im Exil darf man alle Rollen spielen, nur nicht die eines Richters über die Daheimgebliebenen.

– Als Kriegsgegner sprach ich mit anderen Kriegsgegnern, mit Patrioten und nationalistischen Idioten. Es erübrigt sich fast zu sagen, dass eine überwältigende Mehrheit der arabischen Bevölkerung gegen den Krieg ist und einfach nur leben will. Doch die Gegend ist viel zu reich, um dort den Frieden genießen zu dürfen. Kriegstreiberei von außen reicht aber als einziger Grund für eine vernünftige Erklärung nicht aus. Im Orient hat man es inzwischen verlernt, Konflikte auf friedlichem Weg und kompromissbereit zu lösen. Man griff jedes Mal sofort zur Waffe, versprach der Bevölkerung einen baldigen leichten Sieg und zerstörte Leben und Ressourcen. Gespräche wurden schon lange keine mehr geführt. An allen Grenzen entbrannte eine Sehnsucht nach dem Tod, der Schattenschwester der übertriebenen orientalischen Liebe zum Leben.

In einem Regime, in dem ein Menschenleben nicht viel gilt, war Krieg die beste Möglichkeit, interne Konflikte und Krisen zu ersticken. Manche arabischen Länder werden seit ihrer Gründung mit der Gewalt des Kriegsrechts regiert. Das Kriegsrecht aber ist menschenfeindlich.

Der Krieg als einzig möglicher Weg im Umgang mit anderen wurde nicht nur von konzeptlosen Herrschern zur Legitimation ihrer Repression gefördert, sondern leider auch von vielen unserer aufgeklärten Intellektuellen akzeptiert, ja auch propagiert. Damit waren sie in diesem heiklen Punkt nicht

Feinde, sondern Helfer der Ideologie des Herrschers. Sie waren seine Hofdenker und Dichter, und das hat leider im zentralistischen arabischen Reich eine lange Tradition.

Schon damals fing ich an, das Gespräch unter Feinden zu suchen. Es war mein Abenteuer, das mir gefahrvolle Momente und unglaublich schöne Erfahrungen schenkte. Ich stellte mir die Frage: Was genau hindert zwei Feinde, miteinander ein vernünftiges Gespräch zu führen? Bald fand ich heraus, dass ich konkret vorgehen musste, um darauf eine Antwort zu erhalten, auch wenn sich das alles nur in meinem Kopf abspielte. Ich beschloss, als Gedankenspiel, einen Araber und einen Israeli einander gegenüberzustellen, sie jedoch aus ihrer jeweiligen Umgebung zu befreien. Ich hatte nämlich festgestellt, dass im Orient die fehlende Demokratie in vielen arabischen Ländern, der kollektive Druck, der den eigenen Willen deformiert, die fehlende Distanz zu den Orten mythischer und historischer Erinnerung Elemente der Auseinandersetzung unter Feinden verfälschte. Ich wollte wissen, vor welchen weiteren Hindernissen zwei von diesen bedrückenden Zwangsjacken befreite Feinde standen. Die Antwort darauf konnte ich erst durch jahrzehntelange Beobachtung und Diskussionen mit Juden und Arabern gewinnen. Sie lautet: Angst.

Angst bestimmt nicht selten Verlauf und Ergebnis einer Kommunikation zwischen Menschen, deren Gemeinschaften eine vorübergehende oder anhaltende Feindseligkeit gegeneinander hegen. Sie wirkt destruktiv und richtet sich gegen alle Vernunft. Sie entspringt aber dem Urtrieb des Selbsterhalts und Überlebens.

Angst nährt sich von der Erinnerung und verfälscht sie zugleich. Und sie ist es, die eine Gesellschaft zusammenschmiedet und zugleich auseinander treibt.

All diese Erkenntnisse, die im Exil Gestalt annahmen, hatten ihren Anfang in Damaskus. Dort wurde mir langsam klar, dass der Krieg gegen Israel nur Zerstörung für beide Seiten gebracht hat und weiter bringen wird. Will man den Krieg verhindern, so muss man mit dem Feind Gespräche führen.

Die ersten Gespräche mit Israelis fanden bereits 1971 statt. Es waren aber Gespräche unter Gleichgesinnten, bei denen man nicht gerne nachbohrte. Man pflegte sich gegenseitig Sympathie zu bekunden und immer zu beteuern, dass es einem egal sei, welche Nationalität der andere habe.

Der Frieden hat langsame Füße, und ginge es nach mir, so wäre nicht die aggressive und flinke Taube das Symbol für ihn, sondern die Schildkröte. Eine mühselige kulturelle Aktivität von einem Jahr wurde damals durch einen einzigen Anschlag von Extremisten oder durch einen militärischen Angriff der israelischen Armee vernichtet. Wir mussten wie unser Vorfahre Sisyphos immer wieder von unten anfangen und den Stein auf den Berg rollen.

Es dauerte Jahre, bis wir 1983 den Mut fanden, Gespräche nicht nur unter Gleichgesinnten, sondern auch zwischen Israelis und Palästinensern, Arabern und Juden in Deutschland zu führen. Es war eine aufregende und gefährliche Zeit. Damals bedrohten nationalistische und fundamentalistische Fanatiker auf beiden Seiten jeden, der für die Annäherung eintrat. Es gab für uns aber keine Alternative für den Frieden.

Doch zurück zum Jahr 1970. Ich musste in jenem Jahr mein Land verlassen, um nicht zu ersticken.

Mit dem ersten Schritt ins Exil verwandelte sich eine mir bis dahin völlig fremde Sprache zu meiner Alltags- und Literatursprache. Meine Muttersprache Aramäisch und meine Kindheitssprache Arabisch traten nun in den Hintergrund, in die Ferne.

In der Fremde machten die Gespräche mehrere Wandlungen mit. Die wichtigsten sind:

1. Eine Veränderung durch die neue Sprache, die nicht nur andere Buchstaben und eine andere Schreibweise zeigt wie das Arabische, sondern die ganze Kultur und Geschichte dieser Gegend in sich trägt. Eine neue Sprache ist eine neue Form, die Umwelt wahrzunehmen, zu denken und zu fühlen.

Bestimmte amerikanische Indianer haben angeblich über fünfzig verschiedene Wörter für die Spielarten der grünen Farbe. Einige Stämme kennen dreizehn verschiedene Verben für das Waschen, je nachdem, was gesäubert werden soll, die Hände, das Gesicht, Wäsche ...

Die Inuit, die Ureinwohner von Grönland, verwenden viele Begriffe für den Schnee, die seine Beschaffenheit wiedergeben. Die Araber haben einen reichen Schatz an Wörtern für die Lichtverhältnisse im Verlauf des Tages oder zur Benennung ihrer Familienangehörigen. Für »Onkel« und »Tante« gibt es nicht jeweils nur einen Begriff, wie die heutige deutsche Sprache es kennt. *Am* ist ein Wort aus zwei Buchstaben und bezeichnet präzise den Onkel väterlicherseits. *Chal* dagegen besteht im Arabischen aus drei Buchstaben und bezeichnet den Onkel mütterlicherseits. Die Deutschen gebrauchen das Wort »Schwager« ziemlich unbeholfen. In Arabien kommt man mit solch einer simplen Bezeichnung nicht weit. Das Wort »Ehe«, das im Deutschen ziemlich einsam dasteht, hat im Arabischen mehr als zehn Begriffe, die alle das Zusammenleben von Mann und Frau bezeichnen. Ich habe bei Hadi al Alawi siebzehn gefunden.*

Und brachten die Araber auch keine hervorragende Male-

---

* Hadi al Alawi, *Fusul 'an al Mar'*. Beirut: Dar al Kunus al Adabije (arabisch), 1996, S. 134.

rei zustande, so entwickelten sie eine gewaltige Sprachkultur. Sie zeichnet eine fast kindliche Liebe zum Synonym aus. Vom Löwen existieren ca. dreißig, vom Hund angeblich neunzig Synonyme. Deshalb wirkt die Sprachlosigkeit im Zeitalter der Visualisierung verheerender auf die Araber als auf andere Gesellschaften, die eine historisch tiefe Beziehung zum Bild und dessen Erzeugung haben.

Es ist also nicht gleichgültig, welche Sprache man verwendet. Sprachen ordnen die Welt. Wenn Gott etwas schuf, ging er – außer bei der Erschaffung des Menschen, wo er beim Mann als Töpfer, bei der Frau als Chirurg und Zauberer gearbeitet hat – nicht wie ein Handwerker vor, sondern er sprach und es wurde. Und bewusst ließ er all seine Geschöpfe vom Menschen benennen, damit war der Akt der Schöpfung vollendet. Mit einem Wort.

Als die Babylonier hochmütig wurden und mit ihrem Turm den Himmel verletzten, versetzte Gott ihnen die härteste Strafe nach der Sintflut: Er verwirrte ihre Zungen, sie konnten einander nicht verstehen. Also wurden sie sich wieder ihrer Winzigkeit bewusst.

2. Es gibt in der Fremde auch eine Veränderung, die durch die unterschiedliche kulturelle Herkunft der Gesprächspartner bedingt ist.

Das macht die Gespräche schwieriger, aber auch spannender und nicht selten fruchtbarer.

– Als Fremder in Deutschland sprach und spreche ich mit vielen anderen Ausländern und vor allem mit Deutschen. Meine Gesprächspartner waren so unterschiedlich wie meine Berufe, Wohnorte und Phasen meines Lebens. Es waren Studenten, Fabrikarbeiter, Restaurantbedienstete, Kaufhausangestellte, Bauarbeiter, Übersetzer, Doktoranden, Chemieforscher, Manager einer großen Firma, Ärzte, Assistenten, Profes-

soren, Hoteliers, Verrückte, Journalisten, Verleger, Buchhändler, Schriftsteller, Intellektuelle, Moralisten, Gauner, Kinder,
Jugendliche, alte Frauen und Männer, Kranke, Einsame, Dro-
genabhängige, Bankdirektoren und Pfarrer.

– Als Ausländer sprach und spreche ich mit Freunden und
Scheinfreunden der Ausländer.

– Als Schriftsteller im Exil sprach und spreche ich mit anderen Exilanten und vor allem mit braven, gehorsamen Landsleuten.

– Als Araber sprach und spreche ich mit Arabern und Juden.

– Als Ehemann einer interessanten Künstlerin und Schrift-
stellerin befinde ich mich permanent in einem Gespräch mit
ihr.

– Als Vater schließlich sprach und spreche ich mit meinem
Sohn und seinen kleinen und großen Freunden.

All meine bisherigen Gespräche beeinflussten meine Gedanken, meine Geschichten, denn ich bin davon überzeugt, dass
ein guter Erzähler ein ausgezeichneter Zuhörer sein muss.
Nur genaues Zuhören bewahrt uns vor der weit verbreiteten
Unsitte, andere zu langweilen.

ÜBER MISSVERSTÄNDNISSE

1.

Bis heute noch weiß ich, wie groß meine Enttäuschung war, als ich am 20. März 1971 am bescheidenen Heidelberger Bahnhof ausstieg und in einer wackligen kleinen Straßenbahn zum Studentenwohnheim fuhr.

Ich dachte, ich würde nun, aus Damaskus kommend, in einer supermodernen Stadt leben, deren Hochhäuser sechsspurige Autobahnen säumen und von Hubschraubern umschwirrt werden. Der Himmel über Heidelberg war still und blau, fast mediterran, eine Amsel hüpfte auf der Wiese neben einem mümmelnden Kaninchen, und in der Nähe lärmten Enten im Neckar. »Schau dir diese Tiere an«, sagte mir ein Syrer, der auch vor drei Tagen angekommen war, »sie sind mutig wie die Deutschen. Unsere Tiere sind feige. Sobald ein Mensch auftaucht, flüchten sie.«

Ein Erpel musterte uns misstrauisch, als könnte er unsere Gedanken lesen, in denen Feuer und Pfanne die Hauptrolle spielten.

2.

Sprache ist in gewisser Hinsicht eine Brille, die den Blick schärft. Je besser ich Deutsch konnte, umso deutlicher wurden mir die Konturen der deutschen Vorurteile. Ein Massiv, gegen das das Matterhorn wie ein sanfter Hügel erscheint.

Mein Nachbar im Studentenheim hieß Fritz und war nur durchschnittlich gebildet. Er erzählte mir ungefragt von einem »Orient«, wie ich ihn nie erlebt hatte. Fritz wusste genaue Details vom Leben der Orientalen, von ihrem Charakter, ihren Frauen und ihren krummen Säbeln, und ich begriff nur langsam, dass er mir von seinen Sehnsüchten erzählte. Er war in einer vornehmen protestantischen Familie aufgewachsen. Sein Vater war ein hoher Manager bei der Lufthansa, seine Mutter eine strenggläubige Protestantin. Fritz' Kindheit verlief streng nach der Uhr. Alles wurde mit Minutenpräzision geplant und durchgeführt, vom Aufstehen bis zum Einschlafen. Sprachlosigkeit und Kälte herrschten unter dem Dach der Villa im Taunus. Fritz' Zimmer im Studentenheim dagegen hatte ein äquatoriales Klima. Der Orient, das waren Weichheit, Faulenzen, Reichtum und vor allem üppige Frauen wie von Delacroix. Der einzige Jammer für Fritz war: All das wurde von blutrünstigen Männern überwacht – deshalb hasste er die Araber.

Aber auch Fritz konnte mir nie genau sagen, wo sein Orient lag. Er hatte eine Prise arabischen Reichtums, einen Hauch persischer Farbigkeit, eine Hand voll osmanischer Haremshäuser, eine Messerspitze indischer Sanftheit, dazu kamen Kamele, Palmen und eine Sonne, die dauernd am Untergehen war, und eine Nacht, die 1001 Abenteuer versprach. Alles mit einer Sinnlichkeit vermengt, die kein Volk aushalten könnte. Komischerweise findet man Fritz' Phantasien bereits im Mittelalter.

Sonja, meine erste Freundin, studierte Medizin. Sie fragte mich nach drei Monaten leidenschaftlicher Liebe fast schüchtern, ob ich auf sie mit dem Messer losgehen würde, wenn sie sich in einen anderen verlieben würde. Ich verstand sie nicht, obwohl mein Deutsch fast perfekt war. Sie wiederholte geduldig ihre Frage, und ich dachte fünf Sekunden lang daran, sie, so nackt, wie sie neben mir lag, hinauszuführen, ihr die Kleider nachzuwerfen und die Tür von innen zuzusperren. Aber ich entschied mich für den zivilisierten Sarkasmus: »Nein, ich nehme kein Messer, sondern meine Kalaschnikow. Das ist sauberer.«

Sie lächelte blass.

Tage später saßen wir zu dritt in einem Café. Nach einer langen Diskussion waren Fritz und Sonja der Meinung, ich sei kein richtiger Orientale. »Warum?«, fragte ich. »Weil du immer ruhig und pünktlich bist und lange überlegst, bevor du eine Antwort gibst«, sagte Fritz sicher. Er habe andere Orientalen kennen gelernt, die dauernd aufbrausen würden, »und wenn sie lachen, da wackelt die Bude. Und Termine kennen die Brüder nicht«.

Ich lachte Tränen.

Eine Woche später verließ ich Sonja. Wir fuhren mit der Straßenbahn, und draußen war Heidelberg friedlich. »Hat dein Vater ein Kamel?«, fragte sie in die Stille. »Nein, einen Fiat«, antwortete ich und stieg in jeder Hinsicht aus. So viel Dummheit verursacht Magenkrebs, dachte ich und erinnerte mich an die Lektüren in Damaskus: Brecht, Heine, Thomas Mann, Marx, Engels und Hegel, den ich auf Arabisch nie verstanden und auf Deutsch langweilig gefunden habe, und ich erinnerte mich an die Bilder von Rudi Dutschke und

Daniel Cohn-Bendit, die 1970 in meinem Damaszener Zimmer hingen.

Meine Nachbarin, die durch fünf Last-Minute-Flüge die Welt von der Domrep (der Dominikanischen Republik) bis zur Türkei bereist hat, ohne eine einzige Sprache zu beherrschen, findet alle Völker gastfreundlich und höflich. Und ich bin sicher, 99 Prozent der Araber werden Fritz und Sonja schön und freundlich finden, solange sie nicht verstehen, was sie sagen. Wissen trennt.

4.

Meine Mutter wiederholte immer wieder: »Wer in Damaskus länger als sieben Jahre wohnt, wird von der Stadt bewohnt. Das haben Städte an sich, die älter als 7000 Jahre werden. Sie verwandeln sich in Feen, die sich im Herzen einnisten, und sobald man die Stadt verlässt, verdirbt die Fee dem Exilanten jeden Genuss, indem sie sich mit den Worten meldet: In Damaskus schmeckt das besser.«

Ich bin von der Stadt besessen. Ich habe 25 Jahre in ihr gelebt. Sie ist die schönste Stadt der Welt; »gewesen, gewesen«, rufen die Syrer, die oft nach Damaskus fliegen. Ich bin seit Jahrzehnten nicht da gewesen. Und sie erzählen von dem Vier-Millionen-Moloch. »Die Stadt«, sagte mir Samir, »ist stickig, laut und korrupt.«

»Ihr seht euer Damaskus, und ich sehe das meinige«, antworte ich immer, weil ich meine Erinnerung als Rettungsfloß im Ozean der Fremde brauche.

So wie ich nun nach 33 Jahren angepasst pünktlich zum Bahnsteig gehe und nie wieder einem Bus- oder Straßenbahnfahrer winke, damit er anhält, so veränderten sich auch die Deutschen in dieser Zeitspanne. Nicht zuletzt durch uns!

Damals habe ich meinen Eltern geschrieben: »Zwanzigjährige Deutsche halten das Wort Artischocke für eine spezielle Folter durch Schock. Die Händler wickeln die Auberginen einzeln in Cellophan. Die Wassermelonen werden in Achteln verkauft, und Knoblauch zählt hier zu den übelsten Unhöflichkeiten.«

Meine Eltern schickten von nun an zweimal jährlich große Pakete mit Leckereien aus Damaskus.

Heute ist die Qualität exotischer Gemüse und Früchte in Deutschland besser als die in den Ursprungsländern.

Und was für die Melone gilt, gilt auch für die Kultur.

…

Wer mir sagt, die Deutschen sind schlechte Schüler, dem fehlt die Beobachtungsgabe. Auch das andere kriegen wir noch hin, den Deutschen zu erklären, dass sie im Paradies leben und dass sie die Einzigen sind, die das noch nicht wissen. Gewiss, ein »Relativ-Paradies«, aber immerhin.

Man muss nur Geduld mit den Deutschen haben.

DIE WUNDERPILLE IST ZUHÖREN

Bemerkungen über
Erkrankungen in der Fremde

Für Rosmarie Meier

Bevor ich anfange, möchte ich Ihnen eine wahre Geschichte mit einer einzigen eingebauten Lüge erzählen: Libanesische Soldaten waren schon immer berühmt für ihre Opferbereitschaft und ihren Todesmut und deshalb sehr beliebt als Söldner. Da sie sehr arm waren, nahmen sie jedes Angebot an und kämpften in den unterschiedlichsten europäischen Truppen. Doch jedes Mal litten sie bald alle an einer seltsamen Krankheit. Sie manifestierte sich durch nicht genau lokalisierbare körperliche Schmerzen. Auch Herzklopfen, Appetitlosigkeit, Schlafstörungen und andere Qualen suchten die armen Soldaten heim, und in diesem Zustand sprachen sie voller Liebe von ihrem wunderschönen Heimatland. Man sah sich bald gezwungen, diese diversen Symptome einer Krankheit zuzuschreiben, die bereits Pellegrini im Jahre 1766 zu den eigenständigen Krankheiten zählte und *Heimweh* nannte.

Und in der Tat, sobald diese Soldaten in ihre libanesischen Dörfer und Städte zurückkehrten, wurden sie gesund.

Die einzige Lüge in dieser Geschichte ist die von der Herkunft der Soldaten. Es waren keine Libanesen, sondern Schweizer. Die Erkrankung in der Fremde war sogar in vielen Ländern als ureigene schweizerische Eigenschaft bekannt.

»Heimweh« – das steht im Brockhaus – »ist die melancholische Sehnsucht nach der Heimat und den heimatlichen Verhältnissen. Das Wort Heimweh stammt aus der Schweiz (1569). Es blieb bis 1800 ein nicht schriftfähiges Wort.

Die medizinische Lehnübersetzung lautet seit dem 17. Jahrhundert Nostalgie (sonst ›Schweizerkrankheit‹).«

Und Nostalgie kommt aus dem Griechischen, *nóstos* heißt Heimkehr und *álgos* Schmerz.

So viel über die Schmerzen der Schweizer in der Fremde.

Ich stellte mir am Anfang meiner Recherche zu diesem Thema die Frage: Kann ein Mensch in der Fremde überhaupt gesund sein? Im Deutschen haben die Wörter *Elend* und *Fremde* ursprünglich eine ähnliche Bedeutung: *elend* bedeutete so viel wie »außer Landes seiend«, *fremd* so viel wie »fern von, weg von«. Aber auch wenn wir die Definition der Weltgesundheitsorganisation (WHO) nehmen, wonach sich gesund zählen kann, wer sich seelisch, körperlich und sozial wohl fühlt, werden wir *in unserer Zeit* selten auf einen Fremden treffen, der gesund ist.

Ich betone *unsere Zeit* deshalb, weil das Leben in der Fremde noch nie so schwer war wie in unserem Jahrhundert, und die Prognosen für das 21. Jahrhundert sehen nicht rosig aus. Sicher, die Fremde war zu allen Zeiten bedrohlich. Der Fremde wurde als Feind oder zumindest als Unsicherheit betrachtet, und in der arabischen Wüste kam der Verstoß in die Fremde einem grausamen Tod auf Raten gleich.

Im Arabischen heißt der Westen *Garb*, und *Garib* bedeutet der Fremde, Seltsame. Da sowohl das Wort wie sein Stamm mit dem Westen, dem Sonnenuntergang und dem Dunkel in Verbindung gebracht werden, ist es kein Zufall, dass in den Geschichten der Ostaraber der Zauberer, der Meister der schwarzen Kunst, aus Marokko stammt und in der Regel ein Bösewicht ist.

In vielen Kulturen billigt man dem Fremden als solchem nur wenig Zeit zu. Dann muss er weiterreisen oder sich anpassen. Sprichwörter sind Romane des armen Mannes, Fenster zur Seele der Völker. Im Deutschen stinkt ein Fremder nach drei Tagen wie ein alter Fisch. Im Arabischen hat er nach drei Tagen die Frage des Gastgebers zu beantworten: Wohin des Weges? Im Türkischen zählt der Fremde nach drei Tagen zur Familie, das heißt, man bewirtet ihn nicht länger, sondern er muss arbeiten, um sich zu ernähren.

In allen Kulturen war der Fremde schon immer eine Bedrohung, und nie scheiterte die christliche Lehre bei ihren Anhängern schlimmer als mit ihrer Empfehlung, die hässlichste Variante des Fremden, den Feind, zu lieben. Manche Christen sind bereit, ihr Leben für den Glauben zu lassen, aber einen Fremden lieben können sie nicht. Dabei hat niemand Hilfe und Liebe so nötig wie der Fremde.

Zu allen Zeiten war der Aufbruch in die Fremde mit dem Schmerz der Trennung verbunden. Trennung von den geliebten Menschen, von Orten, Landschaften, Lebensweisen, vom Klima, von der gesellschaftlichen Stellung, von Verhaltensstandards und kollektiven Phantasien, von der Sprache, von Geräuschen und Gerüchen.

Doch wenn wir unser Jahrhundert mit vergangenen Epochen vergleichen, fällt uns sofort ein wesentlicher Unterschied auf. In der Vergangenheit und bis zum 19. Jahrhundert kamen noch alle Reisenden irgendwo an, im Lauf des 20. Jahrhunderts wurden es immer weniger, und nun kommt gar keiner mehr an.

Die sichere Ankunft mildert die Wunde, lässt sie vernarben, und die Heimat verwandelt sich in eine Nische der idyllischen Erinnerungen. Das Noch-nicht-Ankommen verlängert den Schmerz, hält die Wunde offen, streut Salz hinein, macht es unmöglich, das Grundbedürfnis der Menschen nach Verwurzelung zu befriedigen.

Millionen von Menschen sind weltweit auf der Flucht, sei es aus politischen, kriegerischen oder ökonomischen Gründen. Europa spürt die Vorboten einer weltweiten Völkerwanderung und reagiert repressiv mit verschärften Einreisebestimmungen und Ausländergesetzen. Als ob die Laschheit der europäischen Verordnungen und Gesetze die Ursache der Wanderung sei! Die Ursache ist komplexer Natur. Einfach kann die Lösung nicht sein.

Schauen wir uns die wenigen Fremden etwas näher an, die nach Europa gelangen. Sicher, sie haben sich körperlich vor Krieg, Hunger und Folter gerettet, doch ihre Seelen verkümmern, weil sie hier zu Almosenempfängern wurden und sich nicht entfalten können. Sie werden damit leben müssen, dass sie machtlos sind gegenüber all den Entscheidungen, die ihr Leben betreffen. Die Ohnmacht kränkt und macht krank.

Man möge nicht übereilt protestieren, dass auch die Mehrheit der Einheimischen machtlos sei. Das ist wahr und eine Art Fremdheit im eigenen Land. Aber der Fremde erlebt Kränkungen, die dem Einheimischen erspart bleiben.

Wenn man in diesen Breitengraden hier von Fremden spricht, meint man die Angehörigen des Südens. Selten bezeichnen Schweizer, Deutsche und Österreicher mit dem Begriff Ausländer Schweden oder Dänen. Die Südländer sind in der Regel dunkelhäutig. Assoziationen mit der Farbe Schwarz, die in den Köpfen der hiesigen Menschen entstehen, sind durch den Kolonialismus negativ vorbestimmt. Alles Böse, Unheimliche, Bedrohliche, Gefährliche ist dunkel. In den alten Märchen und auch den meisten Kriminalfilmen und Western von heute ist der Dunkle immer der Böse, der Mörder. Schauen wir uns doch nur einige rassistische Selbstverständlichkeiten der deutschen Alltagssprache an: Schwarzhandel, schwarzfahren, ein schwarzer Tag, Schwarzarbeit, das schwarze Schaf der Familie, schwarz über die Grenze gehen und so weiter und so fort.

Kränkungen sind für einen Fremden an der Tagesordnung. Das ist für Angehörige der Mehrheit in einem Land so unvorstellbar wie für die Mehrheit der Männer die unendlich vielen Gefahren, die den Weg einer Frau begleiten, wenn sie abends von ihrer Arbeit nach Hause am Rande der Stadt mit dem Rad fährt.

Sagen Sie nicht, Sie wissen Bescheid über die Kränkungen der Fremden, schieben Sie diese höchst raffiniert getarnte Sperre vor Ihren Augen weg und hören Sie den Fremden zu, wenn sie von Kränkungen, ihrem täglichen Brot, erzählen.

Und Kränkung – das weiß die Psychologie – ist am schlimmsten dort, wo man darauf nicht reagieren kann.

Die geschluckte Kränkung macht krank.

Die Kränkung eines Fremden ist vorprogrammiert. Aber die Kränkung fängt viel früher an, auch ohne Rassismus, ohne Provokation, unspektakulär. Im Leben eines Fremden gibt es einen bitteren Augenblick der Erkenntnis. Kurz nach seiner Ankunft begreift er, dass die mitgebrachten Werte im Gastland wenig oder gar nichts gelten. Alles, was ihn ausgemacht hat, gilt auf einmal nicht mehr. Die Sprache, dieser wunderschöne vertraute Gesang der Münder in der Heimat, erstirbt, stattdessen hört er nun eine seltsame Sprache, die er nicht versteht. Wer den Mut dazu hat, wird feststellen, dass kaum etwas, was ihm teuer und wichtig ist, hier noch gilt. Gastfreundschaft und Nachbarschaft haben mit einem Mal einen völlig anderen Platz auf der Werteskala.

Auch hat man sich als Fremder ganz anders zu fühlen und in der Öffentlichkeit zu gebärden. Man hat anders zu essen, zu trinken und sich an der Bushaltestelle zu verhalten, anders zu trauern und sich zu freuen, anders jemanden zu begrüßen, anders jemanden zu besuchen oder besucht zu werden, anders zu mieten und einzukaufen. Nicht einmal krank sein kann man auf die gleiche Weise.

Zu alldem kommt das Gefühl der Verlassenheit und die Überzeugung, dass man wieder ganz von vorne anfangen und zu einem kleinen Kind werden muss, um all die Spielregeln der Gastgesellschaft zu erlernen. Doch der Mehrheit der Fremden bleibt dieser Weg verschlossen.

Nicht selten reagieren die Fremden mit Überanpassung, um aus der Einsamkeit, aus der Belagerung auszubrechen. Sie wollen sauberer, pünktlicher, emanzipierter und fleißiger sein als die Einheimischen, und in der Regel zerbrechen sie daran.

Aber das ist nicht allein das Problem der ersten Ausländergeneration. Die Fremde hört nicht bei den Erstankömmlingen auf. Sie pflanzt sich fort. Nehmen wir nur ein Beispiel aus meiner Nachbarschaft in Heidelberg. Entsprechendes ereignet sich tausendfach täglich.

Ein kleines Mädchen zieht, aus welchen Gründen auch immer, mit den Eltern von einem Mittelmeerland nach Deutschland. Sie hat dort enorme Schwierigkeiten, die Sprache zu erlernen und die Norm im Kindergarten und in der Schule zu halten, da bei ihr zu Hause entsprechend den Sitten und Gebräuchen des Ursprungslandes gelebt und vor allem gesprochen wird. Das Mädchen verlässt jeden Tag aufs Neue ihre Heimat und tritt in eine neue Welt, ohne Hilfe, ohne Kompass, denn die Ratschläge ihrer Eltern taugen draußen nichts. Die Eltern kennen diese Welt nicht und betrachten sie als notwendiges, aber bedrohliches Übel. Die Werte in dieser neuen Welt sind denen der alten Heimat nicht selten diametral entgegengesetzt. Moral, gut und böse, richtig und falsch, Wahrheit und Lüge geraten durcheinander. Das zarte Mädchen ist Wechselbädern ausgesetzt, denen ein erwachsener Mensch nicht gewachsen ist.

Die Sprachschwierigkeiten der Eltern, ihr minimales Wissen über die sie umgebende Gesellschaft führen zu Fehlschlüssen über die Zukunft ihrer Kinder.

Die Eltern merken bald, dass ihr Kind zum Vertreter der anderen herrschenden Kultur in den eigenen vier Wänden geworden ist, sie nehmen quasi einen Riss in der Burgmauer wahr, die sie sorgfältig zum Selbstschutz gebaut haben. Viele Eltern reagieren ihren Kindern gegenüber in der Fremde autoritärer als in ihren Heimatländern. Der Rettungsring der Kinder, die Sprache, erscheint den Eltern nicht selten als Bleigewicht, das sie in die düstere, undurchschaubare Tiefe zieht.

Das Scheitern der ausländischen Kinder ist vorprogrammiert. Aber nehmen wir an – was auch in der Fremde nicht selten ist –, das Mädchen besitzt einen ungeheuer starken Willen, sie schafft das alles und hält wie eine Akrobatin die Balance beim Tanz auf dem Hochseil. Sie wächst zu einer starken und selbstbewussten Frau heran und schafft das Abitur. Jetzt stellen sich andere Konflikte ein, die mit der Verschiebung der Autorität zu tun haben. Auch die Verlustangst erweist sich als große Hürde, denn die Eltern haben sich inzwischen eingeigelt, um zu retten, was noch zu retten ist. Eine Burg ist entstanden, die eine gewisse Sicherheit vor Fremdenhassern gewährleistet, und nun will ein Familienmitglied diese Burg verlassen und endgültig zu den anderen überlaufen. Angst ist der treueste Freund des Fremden.

Wen mag es wundern, wenn diese junge Frau erkrankt? Ist sie nicht wunderbar gesund an Körper und Seele und reagiert sie nicht nur auf eine kranke Umgebung?

Das Schicksal dieser Frau ist nicht außergewöhnlich und dramatisch, es ist das tägliche Brot der Fremden.

Wie mag die Seele eines Mannes reagieren, der in seiner Heimat Bauer, Ingenieur oder Rechtsanwalt war und hier nun in der stickigen Küche eines Restaurants unter mittelalterlichen Bedingungen arbeiten muss?

Wie mag sich ein Araber fühlen, dessen Kultur zweimal die Woche – und das ist eine Statistik, die ich ein Jahrzehnt lang geführt habe und von keinem infrage stellen lasse – zur besten Sendezeit mit beleidigenden Filmen im Fernsehen traktiert wird?

Ich möchte Ihnen sagen, auch nach dreißig Jahren Aufenthalt in der Bundesrepublik Deutschland kann ich manchmal nach einem Abend mit solch einer Sendung nicht schlafen. Mich stört weniger der Film als die Tatsache, dass er in öffentlich-rechtlichen Anstalten gesendet wird, wo alle Parteien, Gewerkschaften und Kirchen vertreten sind und alles überwachen, wo es aber keiner dieser Herren in dreißig Jahren fertig gebracht hat, sich öffentlich von solchen rassistischen Filmen und Programmen zu distanzieren.

Die Gnade meines Berufes erlaubt es mir, mich durch das Schreiben von Satiren bei täglicher Kränkung zu entgiften. Aber was ist mit den Unzähligen, die einsam all das schlucken müssen?

Sie erkranken.

Und was passiert, wenn die Fremden krank werden?

Sie werden behandelt.

Aber wie kann eine Ärztin, eine Krankenschwester oder eine Therapeutin einen psychosomatisch erkrankten Patienten behandeln, ohne dessen Sprache, dessen Kultur zu kennen? Wie sollen sie herausfinden, in welchem Maß es dem Fremden an Schutz und Hilfe fehlte und welch negative Erfahrungen auf diesen Menschen einstürmten, bis er krank wurde?

Stellen Sie sich einen kurdischen Patienten vor. Der Arzt entnimmt den Unterlagen die knappe Information, dass der Mann aus der Türkei stammt, und nun will der Herr Heiler die Atmosphäre entspannen, er schwärmt also von seinem letzten Türkeiurlaub und der Großzügigkeit der Türken Fremden gegenüber. Können Sie sich die Magenkrämpfe des Patienten vorstellen? Eine krank machende Arbeits- und Wohnwelt – und alldem wird nun die Krone aufgesetzt: Der Arzt wird ihm zum Feind.

Ich habe Ihnen bereits erzählt, dass ich als Student manchmal mein Geld als Simultanübersetzer verdiente. Meine Auftraggeber gehörten deutschen Firmen an, die mich baten, ihre hohen Gäste zu begleiten und bei den Verhandlungen zu dolmetschen. Diese hohen Gäste, nicht selten Kriminelle im Anzug des Staatsbeamten, waren im Auftrag irgendeiner arabischen Regierung nach Deutschland gekommen, um Maschinen und Autos für große Summen zu kaufen, und sie interessierten sich ausschließlich für die Prozente, die sie kassierten. Von der Qualität der Ware und ihrer Eignung für ein arabisches Land hatten diese Halunken keine Ahnung. Das bekamen die deutschen Manager spätestens nach fünf Minuten heraus. Sie verkauften den Arabern deshalb den letzten Schrott, und das zu hohen Provisionen, die am Ende die arabische Bevölkerung tragen musste.

Manchmal wurde ich in eine Klinik gebeten, weil eine Patientin oder ein Patient aus Arabien – in der Regel wohlhabend – sich dort nicht wohl fühlte. Das waren für mich bewegende Stunden.

Die Frau eines libyschen hohen Beamten zog sich durch einen Autounfall in Libyen komplizierte Knochenbrüche zu. Sie wurde nach Deutschland geflogen und in ein orthopädisches Krankenhaus gebracht. Dort weigerte sie sich zu essen und schrie, sobald der Krankenpfleger der Station ihr Zimmer betrat. Die Lage spitzte sich innerhalb weniger Tage so dramatisch zu, dass die Ärzte schnell handeln mussten. Eine Bekannte von mir, eine junge Ärztin, bat mich um Hilfe. Die Patientin sprach nur Arabisch. Warum sich weder ihr Mann noch ihre Familie, noch der Botschafter von Libyen um sie kümmerte, habe ich nur in Bruchstücken von der ängstlichen Frau erfahren. Angeblich war ihr Mann nach dem Unfall in Ungnade gefallen. Man hatte die Frau aus humanitären Gründen nach Europa geschickt und trug die hohen Kosten, aber niemand aus der Botschaft wollte offiziell zu ihr stehen.

Die Frau war gekränkt und sprach zudem ein fast unverständliches Arabisch. Erst nach einer Stunde fand ich heraus, dass sie sehr religiös war und das Essen nicht nur verweigerte, wenn Schweinefleisch serviert wurde, sondern auch bei anderen Speisen, weil ihr Geschirr und ihr Besteck früher schon einmal in Berührung mit Schweinefleisch gekommen waren.

Auch Hühnerfleisch wollte sie nicht essen. Sie befürchtete, die Hühner seien mit einem Pulver aus Schweinekadavern gefüttert worden. Ich musste mich zusammennehmen, um nicht über die Phantasie der Frau zu lachen. Man schrieb das Jahr 1975, und noch wusste keiner von den Schweinereien der Tierzüchter.

Als ich die behandelnden Ärzte auf dieses Problem ansprach, schüttelten sie den Kopf und bedauerten die Frau. Sie hatten so etwas bis dahin noch nicht erlebt und waren deshalb auch nicht bereit, es jetzt zu erleben. Erst nach einem langen Gespräch fanden wir, die Frau und ich, einen Kompromiss:

Ich kaufte für sie einen eigenen Satz Geschirr und Besteck, und all das wurde separat gespült, sodass es nie auch nur mit Spuren von Schweinefleisch in Berührung kommen konnte.

Es blieb ein zweites Problem. Warum weinte die Frau jedes Mal, sobald ein gewisser Pfleger ihr beim Waschen helfen wollte? Nicht sein Charakter war das Problem, sondern sein Geschlecht. Die Frau wollte nicht, dass ein Mann sie zur täglichen Körperpflege berührt. Auch hier fanden wir einen Kompromiss: Der Pfleger kam nur noch in Begleitung einer Krankenschwester und fasste die Frau nur noch an den Armen, am Kopf und am Hals an.

Von nun an ging es.

Ich schaute in den nächsten Wochen zur Sicherheit immer wieder einmal nach der Frau, sie war sehr zufrieden. Das Ärzte- und Pflegeteam auch.

Mich hat damals die Unkenntnis des Pflegepersonals im Hinblick auf den Islam, dessen Angehörige das Krankenhaus beherbergt, erstaunt. Hier wäre ein muslimischer Arzt von großem Nutzen, der neben seiner Arbeit als Mediziner auch Übersetzungen zwischen Patient und Klinikpersonal übernimmt und vor allem eine Stunde pro Woche oder Monat das medizinische und pflegerische Personal über die Geheimnisse und Rituale des Islam aufklärt.

Ein Iraker machte große Probleme in einem anderen Krankenhaus. Er wollte nicht einsehen, warum seine Verwandten aus Hamburg, die bis nach Stuttgart gereist waren, nicht bei ihm bleiben durften, nicht mit ihm essen, sich laut etwas erzählen, singen und weinen durften. Vor allem seiner Schwester schrieb er eine magische Rolle in seiner Heilung zu. »Ihre Anwesenheit vertreibt Neid und Krankheit. Sie wollte bei mir auf dem Boden neben meinem Bett übernachten, aber die Ärzte erlauben das nicht«, sagte er mir verzweifelt. Die Schwester war bereit, ihre Familie in Berlin, Mann und drei Kinder, allein zu lassen, um bei dem kranken Bruder zu bleiben. Auch sie glaubte an die heilende Wirkung ihrer Hände. »Sie entziehen ihm den Schmerz«, sagte sie mit voller Überzeugung.

Im Süden wird der Mensch berührt. Die Hände sind keine Werkzeuge zur Versorgung des eigenen Körpers, sondern Antennen und Brücken zum anderen. Sie senden und empfangen.

Die Krankheit ist in Nordeuropa eine intime, im Süden eine gesellschaftliche und familiäre Angelegenheit. Für Europäer entsteht die Krankheit im Körper, für Südländer kommt sie von außen und überfällt Körper und Seele.

Ein Palästinenser wurde nach seiner Einlieferung sehr aggressiv und weigerte sich, mit irgendjemandem zu sprechen. Als ich ihn besuchte, wollte er auch mit mir nicht reden. Erst nach und nach konnte ich durch seine Angstschleier schauen. Er glaubte wirklich, man wolle ihn hier fertig machen. Er war drei Jahre im bewaffneten Kampf gewesen und dann nach Deutschland geflohen, wo ihm zu seinem Glück Asyl gewährt wurde und er erfolgreich im eigenen Restaurant arbeitete. Er litt an einem Magengeschwür.

Man hatte im Krankenhaus schon alles versucht, doch eine Operation wurde unvermeidlich. Der Palästinenser hatte fürchterliche Angst und wollte das Krankenhaus verlassen, wagte aber nicht, es dem Arzt zu sagen. Und warum?

Der Arzt sei ein Israelfreund, gab er mir zu verstehen. Das wisse er.

Der Arzt jedoch, ein katholischer und unpolitischer Mann, hatte den Patienten nur gefragt, woher er käme, und daraufhin von seinem Urlaub in Israel geschwärmt und davon, was für ein Paradies die Israelis doch aus diesem Wüstenland gemacht hätten!

Auch in diesem Fall war Verständigung nach Aufklärung möglich, und nach eingehenden Gesprächen über die Notwendigkeit des chirurgischen Eingriffs vertraute der Patient dem Arzt. Gott sei Dank gelang die Operation, und der Patient wurde geheilt.

Das sind nur drei Fälle. Ich will in meinem Beitrag auch nicht weiter auf andere Missverständnisse eingehen, die vom Mangel an ethnomedizinischen Kenntnissen der Mediziner und des Pflegepersonals herrühren. So haben etwa Ärzte verzweifelt versucht, bei einem vietnamesischen Neugeborenen durch Bestrahlung mit Weißlicht die Bilirubinwerte abzusenken, damit sie denen eines deutschen Babys entsprechen. Erst von einem Experten aus Südostasien mussten die Ärzte lernen, dass Asiaten eine andere Toleranzgrenze für Bilirubin haben und nie so weiß werden wie Europäer.

Nein, ich möchte mich auf Probleme beschränken, die durch eine Kommunikationsstörung verursacht werden.

Entscheidendes Mittel der Kommunikation ist die Sprache.

Nun ist Sprache ein merkwürdiges Gebilde. Die Wörter bedeuten mehrere Dinge zugleich. Ich meine damit nicht Homonyme wie die Wörter Bank und Bank, sondern die dem Wort zukommende Bedeutung, die vom Ton des Sprechers geprägt wird. Ich rede von der Metapher, die er gebraucht, und von den anderen kulturellen Zusätzen, die das Wort trägt und die man nur durch genaues Zuhören entschlüsseln kann. Auch die Herkunft des Sprechers beeinflusst die Bedeutung des Wortes. Ein so in seiner Ganzheit verstandenes Wort erscheint wie eine Pflanze mit Wurzeln, Stamm, Zweigen, Blättern, Blüten und Früchten. Eine lineare Schmalspurübersetzung stellt hingegen Schnittblumen dar. Sie sind lebensunfähig. Deshalb führen ungenügend verstandene oder schlecht übersetzte Gespräche zu Missverständnissen.

Bei den Einheimischen wirkt Sprache in der Regel wie eine Brücke zwischen Ärzten und Pflegepersonal auf der einen und Patientinnen und Patienten auf der anderen Seite. Nur in Ausnahmefällen ist sie eine Mauer. Bei der interkulturellen Kommunikation ist es umgekehrt. Fieber beispielsweise gilt in der südlichen Sphäre als selbständige Krankheit: die Fieberkrankheit. Oft entgeht das den nordeuropäischen Ärzten. Sie suchen nach der Ursache der Erkrankung, behandeln aber nicht das Fieber. Und Sie können sicher sein, dass ein südländischer Patient seinem Arzt jeden Respekt verweigert, wenn dieser das Fieber außer Acht lässt.

Nehmen wir einmal an, die Lage, in der sich ein Patient befindet, sei ein Puzzle, dessen Bestandteile Wörter sind. Die Helferinnen und Helfer fügen mit Geduld und etwas Glück alles zu einem Bild zusammen und verstehen die einheimischen Patientinnen und Patienten. Bei Fremden hingegen bleibt am Ende ein Haufen ungenützter Puzzleteile übrig und eine große weiße Fläche. Die Helferinnen und Helfer müssten Prophetinnen und Propheten sein, um in dieser Fläche die fehlenden Teile des Bildes richtig sehen zu können. Da sie aber in der Regel Normalsterbliche sind, tappen sie im Dunkeln, enttäuscht und lustlos.

Die Worte der libyschen Patientin blieben, auch nachdem sie übersetzt worden waren, den Helferinnen und Helfern unverständlich. Dem Personal war es gleichgültig, von welchem Geschirr und mit welchem Besteck man essen sollte, Hauptsache, alles war sauber. Der Patientin aber schien jede körperliche Heilung suspekt, für die sie gegen religiöse Grundsätze hätte verstoßen müssen. Für sie war Heilung erst an letzter Stelle eine Sache des Körpers.

Im Fall des Irakers stieß meine Erklärung, der Mann brauche seine Verwandten, denn er sei fest davon überzeugt, dass erst ihre Anwesenheit ihn heile, beim Klinikpersonal zunächst auf Ablehnung. Die Mauer der Ordnung stand lange einer Verständigung im Weg. Die Ruhe hat im deutschen Krankenhaus einen hohen Wert. Ihr kommt in etwa die gleiche Bedeutung zu wie Bildern der heiligen Maria in vielen Krankenhäusern des Mittelmeerraumes.

Wie Sie sehen, hat ein Dolmetscher auch mit guter Kenntnis der deutschen Sprache noch genug Probleme beim Übersetzen. Probleme, die in der Unterschiedlichkeit der Kulturen liegen.

Im Alltag spricht das Personal im Krankenhaus in der Regel die Sprache der Mehrheit. Fremde Patientinnen und Patienten beherrschen diese jedoch nur ungenügend und übersetzen ihre Empfindungen – manchmal allein, manchmal mit Hilfe von genauso unbeholfenen Kindern, Freunden oder der herangezogenen Putzfrau oder Köchin des Krankenhauses – aus der Muttersprache linear, was manchmal zur Erheiterung führt. Wenn ein Araber zu seinem Arzt sagt: »Herr Doktor, ich kann meinen Kopf vom Gartenzaun nicht unterscheiden«, ist das noch kein Fall für die Psychiatrie. Der Satz bedeutet auf Arabisch schlicht und einfach: »Ich bin verwirrt« oder »Ich bin durcheinander«. Mehr nicht.

Auch die fremden Patientinnen und Patienten verstehen ihre Helferinnen und Helfer nicht. Wie sollte da Heilung möglich sein?

Der Einheimische spricht mit dem Fremden oft in der Tarzansprache: »Du verstehen? Hier Spritze, nix viel Aua« und »Jetzt kommt Hamham«. Oder er macht die Ohren und den Verstand dicht und quittiert alle Bemühungen eines Fremden, der mit Not einen Satz formulieren konnte, mit einem herrischen »Wie bitte?«.

Ein Libanese, der wunderbar poetisch, fast akzentfrei,

aber fehlerhaft sprach, beschwerte sich bei mir: »Sie verstehen mich nicht. Ich bereite einen Satz drei Stunden lang vor und bastle ihn zurecht und quäle meine Zunge mit ihren unaussprechbaren Konsonanten. Und dann sagt die Krankenschwester: ›Wie bitte?‹ Mehr nicht.«

Ich bat ihn, mir diesen einen Satz zu wiederholen. Es war ein richtiger Satz mit falschen Adjektiven, ein typischer Fehler von Ausländern, wenn sie zu charmant oder dramatisch wirken wollen. Sein Satz lautete in etwa folgendermaßen: »Ich habe unsensiblen Durst, können Sie mir bitte ein sympathisches Wasser bringen?«

Die Antwort darauf ist ein Glas Wasser und nicht »Wie bitte?«.

Am schmerzhaftesten ist es natürlich, dass Kranke wegen mangelndem Verständnis länger leiden müssen. Aber wenn schon das Leid fremder Patientinnen und Patienten die Entscheidungsträger und Politiker nicht bewegen kann, die Krankenhäuser an der Schwelle zum 21. Jahrhundert aus den Fängen des nationalistischen 19. Jahrhunderts zu befreien und sie zeitgemäß auszurüsten, dann sollten diese Leute doch wenigstens bedenken, dass alle Patientinnen und Patienten, die sich wohl fühlen, die besten Werbeträger für ihr Krankenhaus und ihr Land sind. Man könnte den sparsamen Politikern auch vorrechnen, was die sinnlose Verlängerung der Behandlung fremder Patienten volkswirtschaftlich bedeutet. Man könnte ihnen auch zu bedenken geben, ob es nicht längst an der Zeit wäre, eine Art interkulturelles Mobil-Team für jede Region zu installieren, das wie die Feuerwehr bei Bedarf schnell zur Stelle ist, um qualifizierte Verständigung zu ermöglichen. Das würde dem medizinischen und pflegerischen Personal ihre schwierige Arbeit enorm erleichtern und gleichzeitig zu einer ständigen Weiterbildung beitragen. Die Kosten einer solchen Maßnahme wären mit Sicherheit nicht so hoch wie die Folgekosten einer falschen Diagnose und die Ausgaben für eine langwierige, zermürbende Behandlung, die durch interkulturelle Missverständnisse verursacht wurde.

Ohne die Hilfe sprachlich qualifizierter Fachleute werden wir es schwer haben, Fremde in Krankenhäusern zu heilen.

Wir bilden uns ein, Weltbürger geworden zu sein, nur weil wir schon zweimal Karibik, einmal Ägypten und dreimal Südafrika gebucht haben. Und am Ende müssen wir feststellen, dass wir das Abc dieser Kulturen nicht verstanden haben.

Kultur ist das gesamte Gemälde eines Lebens, das sich von den Gemälden anderer Gesellschaften unterscheidet. Krankheit gehört ebenso wie ihre Ursachen zu diesem Gemälde und drückt sich von Gesellschaft zu Gesellschaft verschieden aus.

Es gibt auch Krankheiten, die nur bestimmte Völker befallen. Die Mittelmeeranämie, eine Armut an roten Blutkörperchen, ist erblich und in der Regel harmlos. Angeblich ist diese hämolytische Anämie eine biologische Reaktion auf die Malaria. Die Veränderung durch sie macht das Blut resistenter gegen Malaria. Meine Erklärung aber lautet: Die Mittelmeeranämie ist der genetisch eingespeicherte Hunger der Mittelmeervölker. Ich kann das medizinisch nicht beweisen, wohl aber historisch.

Nicht nur die jeweilige Erkrankung ist ein Bestandteil vom Kulturgemälde eines Volkes, sondern auch die Gesundung. In der Art und Weise, wie Menschen heilen, sind sie so unterschiedlich wie in ihrer Sprache. Viele Krankheiten, etwa bakteriell bedingte, vergehen in Europa schneller als in den ärmlichen Ländern. Hier weist die Schulmedizin bei ausreichender Auswahl an Medikamenten ihre besten Erfolge auf. Andere Erkrankungen wie die Schizophrenie heilen, wie eine

WHO-Studie zeigte, in südlicher Sphäre viel effektiver als in den hochmodernen Gesellschaften Europas.

Ob diese Gesellschaften im Süden über ein Zaubermittel verfügen, auf das die reichen Mediziner im Norden nicht zurückgreifen können? Die Antwort lautet: Ja. Die Kranken werden in südlichen Gesellschaften von ihren Verwandten, Freunden und Nachbarn weniger abgelehnt. Die Trennlinien zwischen Realität und Wahn werden in diesen Ländern weniger streng gezogen, die Anforderungen an Leistung und Ordnung sind dort nicht so hoch. Das alles und noch mehr erlaubt den Kranken eine schnellere Rückkehr in den Alltag und die Wiedereingliederung in die Gesellschaft.

In unserer perfekten Welt genügt manchmal ein Ausrutscher, und schon ist man für immer aus der Bahn geworfen.

Erinnern Sie sich an den irakischen Patienten und seine Schwester? Wochenlang hatte er Probleme gemacht, bis die Leitung des Krankenhauses einlenkte und seiner Schwester erlaubte, bei ihm zu übernachten. Von da an war er ganz selig, die Heilung erfolgte in einem solchen Eiltempo, dass er bald nach Hause gehen und seine Arbeit wieder aufnehmen konnte.

Hier war nicht nur die Sprache das Hindernis. Denn auch nachdem ich alles wortgetreu übersetzt hatte, verstanden die Mediziner nichts. Natürlich konnten weder der Patient noch ich den gesamten mythischen, religiösen, kulturellen Hintergrund erklären, um verständlich zu machen, wie ein Orientale seine Krankheit auffasst und warum er sie immer mithilfe seiner Nächsten am besten besiegen kann. Im naturwissenschaftlichen Studium der Medizin und in der auf Rationalität und Kostendämpfung gerichteten Ordnung der Krankenhäuser gab es zunächst keinen Platz für solch ein magisches, ganzheitliches Verständnis von Krankheit und Heilung.

Leider ist die Reaktion auf die Fremden in der Regel nicht das mutige Eingeständnis, dass man keine Ahnung von der Ursprungsgesellschaft hat, aus denen die fremden Patienten stammen, sondern eine Flucht nach vorne. Man kaschiert sein Unwissen schnell mit Überheblichkeit. Und Fragen wie »Was soll es mit den heilenden Händen? Was soll der Quatsch mit dem bösen Blick? Warum wollen die da nicht aus unserer Küche essen?« hörte ich oft, auch böse Kommentare zu kranken Fremden, die alle, aber wirklich alle, darin mündeten, die Südländer seien wehleidig und jammerten zu viel. Und ich musste zurückfragen, ob diese armen Teufel hier im Hospital liegen oder in einer Kaserne für harte Männer der Fremdenlegion. Hospital stammt sprachlich vom lateinischen *hospitalis* ab, was so viel bedeutet wie gastlich. Historisch liegt der Ursprung im kirchlichen *Xenodocium*, einem Heim für Fremde. Im Französischen hieß das Krankenhaus *Hôtel Dieu*, Haus Gottes, und im Arabischen *Mustaschfa*, Ort der Heilung.

Unsere heutige Medizin beschäftigt sich hauptsächlich immer noch zu stark mit dem Befund und nicht mit dem Befinden des Patienten. Der Befund selbst zeigt aber selten den vielschichtigen Weg der Erkrankung.

Die Herkunft des fremden Patienten bestimmt sein Verständnis von Krankheit und deren Behandlung, und dieses Verständnis steht nicht selten diametral zu der heutigen Schulmedizin, die in der Mehrheit der Krankenhäuser praktiziert wird.

Ein Ägypter erzählte mir, er habe zwar die Fragen der Oberärztin verstanden, aber er weigerte sich, ihr Antworten zu geben, die mit seiner Sexualität zusammenhingen. Eine Libanesin war entsetzt, dass man ihr »kiloweise Blut ausgesaugt« hatte. In der arabischen Volksmedizin nimmt der Arzt nie Blut ab. »Schau mich an, Bruder«, sagte die Frau entsetzt, »ich habe keine Farbe mehr, weil sie mich leer gepumpt haben. Sie müssen mir doch Blut geben, statt mir meines zu nehmen.«

Ein Libanese beschwerte sich immer wieder über das Essen. Denken Sie nicht, er war ein Feinschmecker, der etwa von seinem hohen Anspruch keinen Deut abrücken wollte. Der Mann glaubte, wie die Mehrheit der Araber, dass einem Kranken eine kräftige, schmackhafte Mahlzeit mehr hilft als alle Spritzen. Das hat historische Gründe. Die Menschen im Süden hungerten oft, und die meisten Erkrankungen wurden durch den Hunger verursacht.

Andererseits muss ich gestehen, dass das Essen in den meisten Krankenhäusern allein durch seinen Anblick krank macht. Möge man das mit dem Personal-, Zeit- und Gewürzmangel erklären, aber keiner soll versuchen mir zu erklären, dass dieses Essen, das in der Mehrheit der Krankenhäuser serviert wird, gesund macht. Also hat der Patient Recht.

Hier könnten ethnomedizinische und ethnopsychiatrische Studien das Personal darin unterstützen, die Krankheitsbilder in den verschiedenen Kulturen kennen zu lernen. Hier wären die fähigsten Dolmetscher gerade gut genug, um die Worte zwischen Patientinnen und Patienten und Helferinnen und Helfern zu einer Brücke zusammenzufügen.

Name, Vorname – Blut und Urin abnehmen – ein paar Kästchen im Fragenkatalog des Computers ankreuzen – Warten Sie hier, der Herr Doktor kommt gleich. – Der Nächste bitte.

Mag dieser alltägliche Gang der Medizin oberflächlich und vorübergehend helfen, lösen kann er kein einziges Problem. Erst wenn wir fähig sind zuzuhören, werden wir mit der Würde des Verstehens belohnt. Doch die größte Belohnung werden nicht die Patienten erhalten, sondern wir. Im selben Maß, wie wir es lernen, einen Fremden zu verstehen, werden wir das Eigene verstehen und zu uns finden.

Die Heilung eines Patienten hängt nicht nur von der richtigen Diagnose ab. Die Heilung hängt in noch viel größerem Maße vom täglichen Umgang mit dem Patienten ab. Und hierbei spielt das Pflegepersonal eine entscheidende Rolle. Hier gibt es die größten Berührungsflächen, und hier braucht es den meisten Mut. Mut zum Ruf nach einem adäquaten Dolmetscher, Mut zum Zuhören und vor allem Mut zum Verstehen. Ich bin mir sicher: Nichts auf der Welt hilft besser, einen ausländischen Patienten zu heilen, als das Zuhören.

Und wenn Sie zuhören, werden Sie eine reiche Welt kennen lernen und vielleicht sich selbst und uns allen helfen, unsere kalt gewordene Medizin zu ihren Wurzeln zurückzuführen, zu der Medizin, die einst eine Tochter der Weisheit war.

HÜRDENLAUF

oder Von den unglaublichen Abenteuern, die einer erlebt, der seine Geschichte zu Ende erzählen will

Für Emil,

damit er weiß, wie es war

Vor genau fünf Tagen bin ich fünfzig geworden. Auf meinem Ausweis steht das Geburtsdatum: 23. 6. 1946. Aber so sicher ist das nicht. Warum? Das ist eine kleine Geschichte. Sicher bin ich in der ersten Hälfte des Jahres 1946 geboren. Das ist das Jahr der Unabhängigkeit meines Landes Syrien nach 400 Jahren osmanischer und über fünfundzwanzig Jahren französischer Besatzung. Die Franzosen trieben als erfahrene Kolonialisten Keile zwischen die Religionsgemeinschaften. Sie privilegierten die Minderheiten der Drusen, Alawiten, Juden und Christen mit etwas mehr Bröseln von ihrem Tisch, um das Rückgrat der muslimischen Mehrheit zu brechen. Meine Eltern sind urchristliche Aramäer und hatten weder unter osmanischer noch französischer Besatzung Vorteile. Meine Vorfahren waren mehr oder weniger erfolgreiche Handwerker, Händler, Bauern, ja sogar Räuber, aber niemals hatte einer von ihnen in den letzten siebenhundert Jahren ein Amt inne. Trotzdem hatten meine Eltern große Angst. Gerüchte machten die Runde, dass die Muslime sich nun rächen und alle Christen umbringen würden. Meine Eltern flüchteten also im Frühsommer 1946 von Damaskus nach Malula in die Berge. Mein Vater kehrte schnell nach Damaskus in seine neu erworbene Bäckerei zurück und ließ mich, meine Mutter und meine zwei älteren Brüder in dem christlichen Dorf zurück.

Er holte uns im Herbst nach Damaskus zurück, als es in der Hauptstadt endgültig ruhig wurde und sich zeigte, dass die Muslime keinem Christen auch nur ein Haar krümmten.

Mein Vater hatte, wie gesagt, eine heruntergekommene Bäckerei gekauft, und er renovierte sie, ohne die Brotproduktion zu unterbrechen. Ich habe später eine solche Phase bei einer anderen Bäckerei miterlebt. Es ist eine wahre Hölle aus Staub, Mehl und schreienden Menschen.

Erst kurz vor Weihnachten 1946 hatte mein Vater Zeit und ging zur Behörde, um mich eintragen zu lassen. Als der Beamte ihn fragte, wann das Baby geboren wurde, antwortete mein Vater: »Gerade!« Er hatte Angst, dass er, wenn er dem Beamten sagen würde, ich sei bereits sechs Monate alt, eine Strafe für die Verzögerung zahlen müsste.

»Was heißt gerade?! Vor einem Tag, einem Monat oder einem Jahr?«, fragte der Beamte routiniert.

»Vor ein paar Tagen«, antwortete mein Vater und zitterte.

»Das sagen doch alle«, brummte der Beamte und trug willkürlich den 23. 6. 1946 ein. Und in diesem Vorgang steckt der ganze Orient, nicht nur, dass man dort sogar mit Daten handelt, sondern auch die Angst, die Lüge und die Willkür.

Sicher ist: Am 18. 3. 1971 flog ich nach dreimonatigem Aufenthalt in Beirut nach Ost-Berlin und von da am nächsten Tag nach Westdeutschland. In diesem Jahr also feiere ich nicht nur das Glück, dass ich fünfzig werden durfte, sondern mein Leben teilt sich in diesem Jahr genau in zwei Hälften. Fünfundzwanzig Jahre in meiner Heimat und genauso lang im Exil.

Nie hätte ich gedacht, dass ich so lang im Ausland leben würde. Ich träumte als Kind, vor allem wenn es mir schlecht ging, oft von Reisen, aber das führte ich in meiner Phantasie klug wie alle Kinder der Welt blitzschnell aus, um mich gleich wieder bei Oliven, Thymian und Schafskäse aus Mutters Händen in Sicherheit zu fühlen. Ich war eine Schwalbe, und Damaskus ist eine der schönsten Städte der Welt. Ich leide unter der Liebe zu dieser Stadt seit genau fünfundzwanzig Jahren.

Doch so feierlich die Zahl Fünfzig mich berührt, verpflichtet sie mich zu einem Rückblick, zu einer kritischen Betrachtung meiner Erfahrung auf der langen Reise der Schriftstellerei. Ich überlegte mir eine Rahmenhandlung, ein Bild, das zu meinem Weg passt. Ich fand, obwohl ich alles andere als sportlich bin, den *Hürdenlauf* als die beste aller Metaphern für meine literarische Arbeit. Ich könnte wohl viel dramatischere Bilder wählen, vom Schreiben als Balanceakt über einem Abgrund oder als ständigem Kampf im Käfig der Einsamkeit, aber das würde die Betrachtung fälschen, denn diese Bilder entsprechen nur kurzen Phasen in meinem Leben.

Mein Weg führte ins Exil, in dessen Labyrinth ich immer noch und nicht ohne Vergnügen lebe. Von dessen Eingang habe ich noch eine Erinnerung, vom Ausgang träume ich, doch in dessen Mitte bin ich nicht nur verloren. Ich bin wie im Bauch der Mutter geborgen.

Zwei Quellen geben mir heute die Kraft, diesen Rückblick ohne Verbitterung zu vollziehen. Es sind einmal das Glück im Privatleben mit meiner großartigen Frau Root Leeb und meinem Sohn Emil. Zum anderen mein traumhafter Erfolg, der ja sehr viel mit Wärme spendender Anerkennung zu tun hat.

Erfolg ist nicht so schlecht wie sein Ruf. Aber dazu noch später.

Die erste Hürde, die ich auf meinem Weg überwinden musste, heißt:

Der Vater

Mein Vater stammt aus einer wohlhabenden christlichen Familie. Er wurde, obwohl hoch begabt, mit Gewalt aus der Schule gerissen und trauerte dieser Niederlage sein Leben lang nach. Er las wie besessen und quälte sich wie viele Araber damit, Gedichte, philosophische und theologische Lehrsätze auswendig zu lernen. Er kannte die Bibel in- und vor allem auswendig.

Meine ersten dichterischen Versuche führte ich unter seiner Aufsicht durch. Ich war gerade zwölf. Wir saßen auf der Terrasse, und er sagte mir, dass er von den Lehrern gehört habe, ich sei sehr begabt, vor allem in der Sprache, und das hätte ich von ihm. Nun, mein Vater hatte alle angesehenen Eigenschaften immer auf seine Gene zurückgeführt und jedwedes schlechte Benehmen auf die meiner Mutter. Deshalb achtete ich ihn und liebte meine Mutter.

»Lass uns mit Gedichten spielen«, schlug er vor, »ich sage einen Vers auf, und du musst dann einen aus dem Gedächtnis vortragen, dessen erstes Wort mit dem Buchstaben anfängt, mit dem mein Vers endet, und dann bin ich wieder dran.«

Das war das erste Mal in meinem Leben, dass man mit mir nicht mit Dattelkernen, Murmeln oder Karten, sondern mit Gedichten spielte. Das war sein Verdienst. Also spielten wir, und er achtete auf Pathos und Aussprache, und bald legte ich ihn rein. Ich reimte geschwollene Worte und schob sie Dichtern in die Schuhe. Er war oft verwundert.

»Was, wirklich? Hat Alma'ari das gesagt? Habe ich noch nie gehört, aber es hört sich schon nach Alma'ari an«, sagte er und bemühte sich, einen Vers als Antwort zu finden. Vater schummelte nie. Er war sehr gläubig und schwitzte vor Aufregung. Heute bin ich nicht mehr sicher, ob er nicht schummelte und ob er meine ersten Nachdichtungen nicht doch durchschaut hatte, aber sicher bin ich heute noch, dass ich in seinen Augen als Dichter galt, und Dichter betete mein Vater an. Und darunter musste ich leiden.

Von nun an achtete er bei mir wie bei keinem anderen seiner sechs Kinder darauf, was ich lesen sollte. Er verachtete Krimis, und ich liebte sie. Ich las sie heimlich und massenhaft. Er wollte mit mir dann zu den jeweiligen christlichen Feierlichkeiten dichten. Wir saßen in seinem Zimmer, und keiner durfte uns stören, denn wir dichteten. Es waren Lobgedichte auf Jesus und Maria. Eines davon könnte etwa so gelautet haben:

Jesus, Du lieber Gottessohn
wegen mir ertrugst Du Schmerz und Hohn
Deine Gnade ist der Buße Lohn
und bringt mich einst zu Gottes Thron.

Dabei suchten wir fieberhaft nach allem, was mit »o(h)n« endete, und stießen auf die exotischsten Begriffe. Wir zwängten sie mit Gewalt zu einem Irrsinn, der eher mit Dada als mit Jesus zu tun hatte.

Bald wurde es unerträglich. Ich hatte die anfängliche Freude verloren, weil die Themen immer wieder in religiöse Dichtung mündeten; auch wenn ich über Sonne und Mond dichten wollte, fügte mein Vater spätestens nach zehn Minuten einen Vers über die Schöpfung hinzu, und von da war es nicht mehr weit, bis wir bei Jesus, seiner Kreuzigung und Auferstehung landeten.

Mein Vater glaubte dermaßen an meine Begabung, dass er aus mir einen Pfarrer machen wollte. Er schickte mich in ein Kloster, den strengen »Orden des Erlösers« im Libanon. Fast drei Jahre blieb ich dort, und ich wurde kein Pfarrer, sondern ein Büchernarr. In diesem Kloster gab es eine der schönsten Bibliotheken der Welt. Sie wurde etwa dreißig Jahre später im Bürgerkrieg zerstört. In dieser herrlichen Bibliothek wurde ich büchersüchtig.

Dann jedoch erkrankte ich an einer gefährlichen eitrigen Meningitis. Die strengen Patres hielten meine Ohnmachtsanfälle für gespielt, um mich von der Erntearbeit zu drücken. Der unerwartete Besuch meines Vaters rettete mir das Leben. Als er meinen Zustand sah, tobte er. Ich wurde eiligst nach Beirut in das französische Krankenhaus *Hôtel Dieu* gebracht. Ich lag Wochen auf der Intensivstation, bis die Gefahr gebannt war.

In dieser Zeit hatte ich ein Erlebnis, das meinen literarischen Stil bis heute beeinflusst.

In einer dieser Nächte besuchte mich der Tod. Ich fieberte stark, und im Dämmerzustand sah ich ihn. Er saß an meiner Bettkante und schaute mich an.

»Woran denkst du?«, fragte er.

»An eine Geschichte, die ich im Kloster erfunden habe und meiner Mutter erzählen wollte.«

»Lass mal hören«, sagte der Tod neugierig.

Ich erzählte ihm fast eine Stunde, und da erreichte die Geschichte einen Höhepunkt. Ich hielt inne.

»Und? Wie geht die Geschichte weiter?«, fragte er.

»Ich weiß es nicht, ich muss es noch erfinden«, antwortete ich.

»Gut«, seufzte der Tod, »erzähl deine Geschichte weiter, und solange du etwas zu erzählen hast, lasse ich dich hier. Oben bist du ab heute abgeschrieben, aber ein bisschen mogeln kann ich schon. Ich nehme einen anderen, und der Herr kontrolliert nicht immer. Ich werde ab jetzt immer in deiner Nähe sein und deinen Geschichten zuhören. Also, vergiss nicht, du lebst nur durch meine Gnade. Wehe dir, du langweilst mich oder wiederholst eine einzige Geschichte. Augenblicklich verwirkst du dein Leben. Verstanden?«

Ich nickte, und der Tod verschwand.

Ich kehrte vom Krankenhaus nach Damaskus zurück, und bald darauf sagte ich meinem Vater, dass ich keine Dichtung mehr mochte und mich nur noch für Naturwissenschaft interessiere. Er war traurig und flüsterte: »Aber ich sage dir, du bist ein Dichter.«

Von nun an dichtete ich heimlich, las Romane, die ich als Schulbücher tarnte, und suchte schreibend nach meinem Stil. Wäre ich unter den Fittichen meines Vaters geblieben, so wäre ich nie Schriftsteller geworden.

Doch dies war nur eine Hürde, die zweite war:

Die Schule

Arabisch ist eine komplizierte Sprache, und wird sie von Idioten unterrichtet, so umgibt sie aus Notwehr ihre zauberhaften Gärten mit einer undurchdringlichen Mauer. Als ich sechs wurde, bekam mein Vater große wirtschaftliche Probleme. Ich wurde in eine Schule für arme Christen geschickt und hatte in den ersten Jahren sehr schlechte Lehrer, solche, die aus irgendeiner Besatzungsarmee zurückgelassen worden waren – und weil sie Buchstaben entziffern konnten und einen Anzug mit Krawatte trugen, nannte man sie Lehrer. Ich könnte einen ganzen Tag über ihre Schläfrigkeit, Dummheit und ihren Sadismus erzählen.

Doch bald erholten sich die Finanzen meines Vaters, und er konnte mich und meinen Bruder Mtanios (Antonius) in eine der drei Eliteschulen von Damaskus schicken.

Da hatte ich gute, aber strenge Sprachlehrer, die keinen Spaß verstanden, wenn ein Schüler im Aufsatz das Thema etwas ausweitete. Wer das beging, wurde mit der schlechtesten Note bestraft. »Thema verfehlt«, hieß es als Kommentar. Ich erinnere mich an einige geniale Aufsätze, die durchfielen, weil sie Witz, Frechheit und einen Hauch vom Genialen hatten und weil unsere Lehrer, bei zunehmender Militarisierung des Staates unter der Diktatur, ihre wichtigste Aufgabe darin sahen, uns die Flügel zu stutzen, noch lange bevor wir flügge waren.

Ich führte unter diesem Damoklesschwert ein Doppelleben: In der Schule schrieb ich konventionelle Aufsätze, und da ich ein gutes Gedächtnis hatte, wurde ich bald zum Rezitator der Klasse und von den Lehrern mit besonderer Achtung angeschaut und weitergereicht. Ich verbrachte ganze Nächte, um ein Poem von 30 Seiten aus dem 7. oder 10. Jahrhundert auswendig zu lernen. Und dies trug ich dann mit großem Pathos vor den Schülern vor und hatte für die nächsten Monate die besten Noten und meine Ruhe. Diese Rezitationen waren meine Feuertaufe. Die Mehrheit meiner Zuhörer empfand die Sprache als Bedrohung und war verführt, jedem, der angab, die Sprache leicht zu finden, Hindernisse zwischen die Beine zu werfen, bis er stotterte und sie ihn zu ihresgleichen rechnen durften.

In dieser Zeit hatte ich ein zweites Erlebnis, das mein Leben, meine Entscheidung für meinen Beruf und meinen Stil geprägt hat: Die Nächte mit Scheherazade.

Radio Kairo verkündete die Sensation, die Geschichten der Scheherazade 1001 Nächte lang auszustrahlen. Nacht für Nacht hörten wir, meine Mutter und ich, die zauberhaften Geschichten.

Über zwei Jahre und acht Monate dauerte das. In jenen Nächten wuchs mein Wunsch, Menschen durch Erzählungen in Rausch zu versetzen, damit sie wie ich süchtig nach Geschichten würden.

Die Jahre vergingen, und ich blieb ein Musterknabe in der Schule. Zu Hause aber las ich wie besessen Weltliteratur und schrieb Märchen und surrealistische Texte, die ich aber niemandem vorzulesen wagte. Mein erstes Theaterstück schrieb ich mit fünfzehn Jahren. Mein Bruder Mtanios war mein Helfer. Er war ein Gagschreiber par excellence, und er konnte aus jeder Situation eine witzige Episode machen.

Das Stück mit dem Titel *Die Buchstaben* schickte ich einem Redakteur, der immer wieder Jugendliche aufforderte, Theaterstücke und Hörspiele zu schreiben. Er war begeistert und lud mich in die Redaktion ein. Drei Monate später wurde mein Stück, etwas verfälscht und verwässert, gespielt. Es war ein Riesenerfolg, nur der Redakteur hatte es unter seinem Namen herausgegeben. Obwohl mehrere solcher Taten des Plagiators bekannt waren, war ich rechtlos. Dass viele Schüler und ein Lehrer von diesem Raub wussten, störte den mächtigen Redakteur nicht im Geringsten. Er hatte enge Beziehungen zum damaligen Militärregime und zu allen späteren Herrschern Syriens.

Ich aber lernte bald einen aufrichtigen und außergewöhnlichen Mann, einen Fliesenleger namens Amin Mardini kennen. Und weil er mir von Amado, Gorki und Camus vorschwärmte, wagte ich eines Abends, ihm meine Texte zu zeigen. Er lachte viel beim Lesen und kommentierte, lobte und kritisierte. Diesen einen Abend werde ich mein Leben lang nicht vergessen, weil er meine Überwindung der Hürde Schule einleitete. Er fragte mich, ich war gerade 16, warum ich meine Fähigkeiten nicht im Dienste unseres Volkes einsetzte. Er kenne viele Jugendliche, die gerne meine Texte lesen würden. Amin Mardini war Kommunist. Ein Jahr darauf war auch ich einer.

Von nun an schaffte ich das Doppelleben ab. Zu Hause schrieb ich engagierte Texte, die immer verständlicher wurden. Von Amin nämlich lernte ich: Je revolutionärer ein Text, umso verständlicher muss er sein. Ein heikler Grundsatz, der mir später Probleme machte. Ich aber rezitierte in der Schule nicht mehr, schrieb, wie es mir gefiel, und kassierte durchschnittliche Noten. Meine Schulaufsätze waren nicht besonders gut, weil ich bei jedem Thema nach drei Zeilen das Wort Kampf einflechten musste. Ich lebte nur noch mit diesem Vokabular.

Anfang der sechziger Jahre rollte die Befreiungsbewegung von Lateinamerika bis Afrika über die Erde und durch die Köpfe. Und nun passierte das, was ich nicht einmal im Traum erwartet hatte. Die Kraft, die mich von der Schule befreit hatte, wurde mir zum Verhängnis und zur dritten Hürde:

Die Partei

Der sympathische, witzige und belesene Amin Mardini betreute mich nur eine kurze Weile, danach ging ich durch die verschiedenen Parteizellen im Untergrund. In dieser Zeit kreierte ich mir den Namen *Rafik Schami*, eine Erfindung, die aus der Notwendigkeit des Untergrunds entstand und mich bis zu dieser Stunde begleitet. Rafik bedeutet Freund, Genosse oder

Kamerad, und Schami heißt Damaszener. Der Name wurde mir in gewisser Hinsicht vertrauter als mein bürgerlicher Name, Suheil Fadél, der etwa bedeutet: der tugendhafte Morgenstern. Der Morgenstern war nicht übel, weil er in der arabischen Dichtung oft gelobt wird, aber tugendhaft wollte ich nie sein, aber das ist eine andere Geschichte.

Doch bald kam es zur Konfrontation mit der kommunistischen Partei. Ich hatte einen nach allen Utopien fiebernden Kopf und eine unstillbare Sehnsucht nach dem Schreiben.

Und ich glaubte, dass nur das engagierte Wort, das aufrichtig und furchtlos ausgesprochen wird, Arabien aus seinem Tiefschlaf retten könne. Und an diesem Glauben hat sich bis heute nichts geändert.

Mit zwei anderen Jungkommunisten gründete ich eine kommunistische Jugendzeitschrift. Wir hatten nämlich die Nase voll von der Langeweile des Parteiorgans *Kampf des Volkes*. Mit mir heute unverständlicher Naivität und einem unerschütterlichen Glauben an die Aufrichtigkeit der Partei konzipierte ich mit meinen zwei Freunden eine freche, lebendige und aufklärerische Jugendzeitschrift von acht Seiten. Wir reichten das Heft bei der Lokalführung von Damaskus ein, nicht ahnend, dass diese zittrigen Blätter das Zentralkomitee erschüttern würden.

Die Parteiführung tobte und schickte innerhalb einer Woche ein Mitglied des Zentralkomitees zu mir, um die Redaktion vor den Folgen einer solchen Anarchie zu warnen. Wir drei ausgemergelten Neunzehnjährigen zitterten, bis der mächtige Genosse sprach, da verschwand unsere Angst. Über seiner Krawattenbinde schaute uns ein Dummkopf entgegen.

»Zu viel über Sexualität«, sagte er.

»Zu wenig«, antworteten wir. Er erblasste.

»Rücksichtslos gegen die Religion«, sagte er.

Wir fragten ihn, ob er als Vertretung von Kirche und Moschee oder der KP-Führung gekommen sei.

»Der Literaturteil«, sagte er, »ist zu elitär.« Wir staunten, denn es waren einfache, kurze Geschichten von uns. Hier stritten wir bitter, bis Rasuk, einer von uns, ihm ins Gesicht schrie: »Einfacher, einfacher. Alles soll so einfach sein, dass sogar die Esel es verstehen können, ja, hat die Partei nur noch Esel als Leser?«

Das war es! Der Genosse unterbrach abrupt die Debatte, erteilte uns ein Verbot der Zeitschrift im Namen des ZK, stand auf und ging.

Dies war die tiefste Wunde, die ich bis dahin in der Partei erlebt hatte. Im selben Jahr trat ich einer oppositionellen Gruppe innerhalb der Partei bei, und Jahre später bildete diese Opposition eine alternative KP, und ich musste bald erkennen, dass diese neue Partei schnell zu den gewohnten Intrigen und Machenschaften zurückkehrte, mit denen sie aufgewachsen war. Mein späterer Austritt war eine bittere Notwendigkeit.

Aber diese kleine Zeitschrift, die nie das Licht sehen durfte, war der Vorläufer der Wandzeitung *Al Muntalak*, die ich außerhalb der Partei 1966 gegründet und bis zu ihrem Verbot 1969 geleitet habe.

Mit dieser Zeitung lernte ich zum ersten Mal die professionelle Arbeit in einer Redaktion kennen. Zweimal im Monat gaben wir diese literarische, politische, satirische Zeitung heraus. Sie wurde in einem schönen Holzrahmen hinter einer Glasscheibe in unserer Gasse ausgehängt und nachts von einer Neonlampe beleuchtet. Sie war etwa 2 × 1,5 Meter und hing so, dass Erwachsene oben und Kinder unten lesen konnten. Die Zeitung wurde vielleicht nur von ein paar hundert Bewohnern der Gasse und Passanten gelesen, aber wir feierten jede Geburt einer Nummer erschöpft und glücklich.

Die Leute in der Gasse lachten und stritten mit und über uns. Die Zeit war bewegt und bewegend. In dieser Zeit stieg die PLO von einer unbedeutenden Randgruppe zum wichtigsten politischen Faktor in Arabien auf. Die Amerikaner steigerten ihren mörderischen Krieg gegen Vietnam. Die Revolte der unterdrückten Schwarzen, Frauen und Studenten und die Befreiungsbewegungen in der so genannten Dritten Welt erschütterten das Bewusstsein der Menschen. Im Sommer 1967 griff Israel die Araber an und zerstörte ihre Armeen innerhalb weniger Tage.

Angesichts der Weltlage und der Niederlage gegenüber Israel erlaubten die arabischen Regime etwas mehr Freiheit, so lange, bis sie die Spuren der Niederlage von ihrem Ansehen beseitigt oder vertuscht hatten. Aber nach zwei Jahren, etwa im Spätsommer 1969, bekamen wir in der Redaktion die erste Warnung.

Ich hatte nun die vierte Hürde vor mir:

Die Zensur

Kurz und mit fast englischer Höflichkeit verbot mir ein junger Beamter die weitere Herausgabe der Wandzeitung.

Dieser Albtraum bleibt für immer in meiner Erinnerung. Damaskus ist im Herbst eine Perle. Ich lief damals weinend und verzweifelt durch die Stadt. Vielleicht ahnte ich schon, was alles noch kommen sollte. Denn Worte rauben und verbieten heißt nichts anderes als entwurzeln, und je mehr das geschieht, desto lockerer wird die Bindung des Menschenbaumes an seine Heimat, entweder er geht ein oder wandert aus, um seine Wurzeln in frische Erde zu schlagen. *Der fliegende Baum* in meinem Buch tut nichts anderes. Ich habe also meine

Seele durch die Flucht gerettet, aber ich möchte nicht behaupten, dass alle, die im Land blieben, schlechte Schriftsteller wurden. Das ist eine typische Arroganz von Emigranten gegenüber daheim gebliebenen Schriftstellern. Diese Überheblichkeit kennt keine Nuancen. Sie heiligt und verdammt absolut. Der Ort, an dem ein Autor lebt, ist weder ein Bonus noch ein Indiz seiner Schuld. Es zählt nur das, was er schreibt. Und unter Emigranten und Exilautoren gibt es prozentual genauso viele Dummköpfe wie in der Ursprungsheimat.

In jenem Herbst wusste ich also, dass ich wegrennen und bald meine geliebte Stadt Damaskus verlassen musste, um nicht an meinen verbotenen und entrechteten Worten zu ersticken, und heute bin ich sicher, diese Flucht hat mich gerettet.

Doch damals wusste ich nicht, was auf mich wartete. Ich sah einen Ausgang und rannte, nicht ahnend, dass dies gleichzeitig der Eingang zu einem Labyrinth voller Hürden war:

Das Exil

Exil trägt in sich zugleich Tod und Neugeburt. Und beide Pol-Enden des Lebens sind ihrer Einmaligkeit wegen nicht erlernbar. So auch das Exil, ein Chaos der höchst geordneten Gänge, in denen andere Hürden auf mich lauern, die im Gegensatz zu denen, die ich in meiner Heimat überwunden hatte, sich mehrmals und immer wieder vor mir auftürmen können.

Die erste Hürde, die sich mir im meinem Labyrinth entgegenstellte, war die Hürde der *Sprache*. Doch darüber habe ich bereits ein ganzes Buch* geschrieben, und nicht nur deshalb

---

* Rafik Schami, *Vom Zauber der Zunge*. Frauenfeld: Verlag im Waldgut, 1991.

verschone ich Sie hier mit weiteren Ausführungen, denn Sie wissen inzwischen, dass ich mich, wenn ich das Leben liebe, nicht wiederholen darf.

Das Leben eines arabischen Autors im deutschen Exil ist aber nicht nur wegen der Sprache kompliziert. Kaum hatte ich mich an der ersten Hürde der Sprache so recht und schlecht vorbeigemogelt, da türmte sich schon die nächste Hürde vor mir auf:

Das Leben als Ausländer

Beim Eintritt in ein fremdes Land bekommt ein Fremder einen für ihn unsichtbaren, doch für Einheimische faszinierenden Spiegel auf die Stirn geklebt, und so schauen sich alle, die an ihm vorbeigehen, ihre Gesichter in diesem Spiegel an, manche rücken die Haare zurecht und gehen ungerührt vorbei, andere sehen all das Hässliche an sich und hassen dafür den Spiegel samt Träger. Über die verschiedenen Aspekte des Lebens eines Fremden in Deutschland habe ich auch bereits geschrieben* und möchte aus den Ihnen und mir bekannten Gründen nichts wiederholen.

Nur ein gewisses Spezifikum, das ich noch nicht behandelt habe: Solange ich in Syrien gelebt habe, war ich ein Mitglied der christlichen Minderheit, und wenn einer den Islam angegriffen hat, hat mich das kaum interessiert, denn es waren viele, die ihm eine Antwort gaben, aber hier fühle ich mich angegriffen, wenn das Fernsehen rassistische Filme gegen den Orient und vor allem den Islam ausstrahlt und wenn jeder drittklassige Schreiberling sich gegen den Islam versucht. Er

* Rafik Schami, *Der brennende Eisberg*. Frauenfeld: Verlag im Waldgut, 1994.

rechnet weder mit Strafe noch mit Verteidigern, und das ist es, was mich müde macht. Wollte ich all den Schwachsinn beantworten, der täglich produziert wird, so käme ich zu nichts anderem mehr. Also lasse ich es und beruhige meine Magenkrämpfe mit der Hoffnung, dass die für ihre Sensibilität berühmten deutschen Humanisten irgendwann einmal auch noch aufwachen und erkennen, dass der Hass gegen den Islam der Zwillingsbruder des Antisemitismus ist.

Mein Leben im Exil ist aber auch voller Überraschungen, und die angenehmste darunter ist die Freundschaft zu einigen Menschen, die mir seit über zwanzig Jahren zur Seite stehen.

Und hatte ich lange Misserfolg für eine lästige Hürde gehalten, so stellte sich mir der unerwartet große *Erfolg* als fast lebensgefährliche Hürde in den Weg.

Am Anfang meines literarischen Weges in Deutschland fragten mich Lektoren und Verleger, wenn sie meine Märchen überflogen hatten: »Wer soll denn so etwas lesen?«

Ich fing mit meinen gewaltigen Erzähltourneen an, und zu Anfang saßen vielleicht fünf Zuhörer da. Später bis zu fünfhundert.

Als die Märchen über Nacht Erfolg hatten und ihre Lesergemeinde bildeten, wollte mein Verleger nur noch Märchen. Ich bot ihm den Roman *Eine Hand voller Sterne* an, doch er winkte ab. »Zu spröde«, sagte er, ich solle den Roman in Form von Märchen aufbauen und keine Angst vor Wiederholung haben. Leser und Buchhändler vertragen das. Und er ermunterte mich mit Namen von Autoren, die das zehnte Buch mit demselben Thema und Schema machten.

»Ich darf mich nicht wiederholen«, antwortete ich und dachte an den Tod.

Eine Hand voller Sterne wurde zu einem Welterfolg. Bald

fragten alle Freunde nach einem Nachfolger für *Eine Hand voller Sterne,* und ich sah den Tod.

Erzähler der Nacht wollte die Lektorin um die Hälfte kürzen, und ein Jugendlicher als Held sollte auch darin vorkommen. Sie war vernarrt in *Eine Hand voller Sterne.* Ich lehnte ab, nicht weil ich arrogant wurde, sondern weil ich nicht sterben wollte. Und nun schlug *Erzähler der Nacht* alle möglichen Rekorde und sicherte mich finanziell ab, doch bald wollte der Verleger einen Nachfolgeband. Ich versuchte zu erklären, dass ich weder für ihn noch für Jesus Christus eine Wiederholung machen würde.

Der ehrliche Lügner ist ein ziemlich einfaches Buch, das von Lüge und Wahrheit erzählt und eine Liebeserklärung an den Circus macht. Doch der Verleger war enttäuscht, dass es keine Fortsetzung von *Erzähler der Nacht* war, und wollte es dann mit Gewalt über den Umschlag zu einer solchen machen. Ich hatte fürchterliche Angst. Was, wenn der Tod beide Bücher nebeneinander sah und wütend meine Seele raubte, bevor ich ihm erklären konnte, dass das nur der Umschlag war. Deshalb widerstand ich vehement und drohte mit dem Zurückziehen des Manuskripts. Der Verlag gab nach, und das Buch erschien mit einem anderen Einband. Danach gab es nur noch Misstrauen auf beiden Seiten, und ich verließ den Verlag.

»Alle Achtung, Junge«, rief mir der Tod bei der nächsten Begegnung auf einer Autobahn aus einem sich überschlagenden Auto entgegen, das wie ein Geschoss Funken sprühend auf dem Dach an mir vorbeiraste und auf ein anderes Auto prallte. Die Insassen beider Autos waren auf der Stelle tot.

Nach fünfundzwanzig Jahren kenne ich nun viele Fallgruben, Sackgassen, tödliche Ecken, aber auch freundliche Nischen meines Exils. Ich habe sie markiert und viele Gänge mit Schildern versehen, damit ich mich nicht nur zurechtfinde, sondern meine knappe Zeit auf Erden nicht durch sinnlose Wiederholung verliere. Zeit ist der höchste Preis, den ein Schriftsteller für seine freiwillige Disziplin bekommt.

In meinem Labyrinth werde ich oft von einer Fata Morgana heimgesucht, die die unbesiegbare und allgegenwärtige Herrscherin in meinem Irrgarten ist. Sie ist in jedem Regentropfen, in jedem nach Kardamom duftenden Kaffee, in jedem Windhauch und blauen Himmel, in jedem Telefongespräch mit Damaskus, und sie meldet sich sofort, wenn ich mit ihr nicht mehr rechne. Die Fata Morgana meines Labyrinths heißt: »Ausgang«. Und sie rückt manchmal so nahe, dass ich Damaskus fast sehe. So viel Sehnsucht erweckt sie, und genauso viel Bitterkeit lässt sie zurück, wenn der Weg in eine Sackgasse, einen anderen endlosen Gang dieses gewaltigen undurchdringlichen Labyrinths mündet.

Nachdem ich alle Hürden bis zu meinem Exil ein für alle Mal überwunden habe, renne ich immer noch im Labyrinth des Exils umher, habe oft das Gefühl, einzelne Hürden hinter mir zu haben, die sich mir unversehens und jederzeit in einem der vielen Gänge aufs Neue in den Weg stellen können.

Aber hier bin ich angelangt und muss nun gestehen, ich bin weder Kinder- noch Jugendbuchautor. Ich bin Erzähler, und ein mündlicher Erzähler wie ich lernt sehr früh die Regel, vor allem wenn Kinder oder Jugendliche dabei sind, nicht zu langweilen. Kinder sind nicht nur die besten Zuhörer. Ich glaube, die erste Geschichte ist von einem Kind erfunden worden. Nur ein Kind kann Welten und Zeiten, Wunder und Wirklichkeit miteinander versöhnen. Nur Kinder können Gott nachahmen und aus dem Nichts Welten erschaffen. Kleine Götter können sie sein.

Welche Ehre empfinde ich manchmal, wenn einer mich Kinderbuchautor nennt, welche Freude!

Daher werden Sie verstehen, warum ich kein Verständnis für Verächter dieser Literatur habe. Und wenn Sie mir erlauben, gebe ich Ihnen den Rat: Glauben Sie keinem, der für die Zukunft der Menschheit eintritt und Kinderliteratur verachtet. Er ist einer dieser Schnösel der wohlhabenden Gesellschaft, die über Zukunftsprobleme parlieren, aber in der Tiefe ihrer Seele Menschenverächter sind. Wer Kinderliteratur verachtet, verachtet Kinder, die Zukunft der Menschheit.

Kinderliteratur, die ich liebe, ist lehrreich, ohne zu belehren, zeigt nicht *den* Weg, sondern Wege, deshalb kommt sie ohne erhobenen Zeigefinger aus. Vor allem aber kitzelt sie mit der Leichtigkeit einer Feder das Lachen der Kinder hervor, das Berge versetzen kann. Leichtigkeit ohne Seichtheit ist das Problem und zugleich dessen Lösung in der Kinderliteratur.

Oft höre ich Unkenrufe über die Zukunft der Kinderliteratur in diesem Land. Ich bin ein »Peptimist«, um mit Emil Habibi zu sprechen, einer, der, von seinem Pessimismus gepeitscht, alles macht, um den Optimismus zu ermöglichen. So gut wie in den letzten Jahren war die Kinderliteratur noch nie. Es gibt mehrere Gefahrenmomente, doch es gibt keinen Anlass für Niedergeschlagenheit.

Im Vergleich zu anderen Ländern sind wir hier im Paradies der Kinderliteratur, und ich kann meine deutschen Freunde nicht genug daran erinnern, dass Paradiese isoliert betrachtet oft so öde wirken, dass man sie bald für die Hölle hält, erst durch Vergleich mit anderen Höllen und Paradiesen wird das eigene richtig eingeschätzt.

In Arabien, einer Gegend, in der Kinder und alte Menschen im Zentrum der Liebe und Achtung standen, wurde die jahrtausendalte Erzählkultur innerhalb dreier Dekaden zerstört. Die Qualität der arabischen Kinderbücher ist miserabel und der Erzählstoff oft aus dem Ausland unkritisch importiert. Fernsehen ist heute die dominierende Quelle der Erzählungen. Durch den Satellitenempfang sind die Kinder imstande, über hundert Programme des gesamten Horror- und Pornospektrums zu empfangen, und dies noch bevor sie einen einzigen Buchstaben gelesen haben. Fügt man hinzu, dass die arabische Kultur ein Übergewicht an Wortkultur hat und kaum Erfahrung mit Bildern besitzt, so kann man sich den Sturz der arabischen Kinder in die bodenlose neue Schnellbilderkultur vorstellen.

Unsere Vorfahren konnten zum größten Teil nicht lesen, aber sie waren keine Analphabeten. Sie hatten durch die mündlich überlieferten Weisheiten Antworten auf die Fragen ihrer Zeit. Die neuen Analphabeten Arabiens besitzen weder die Poesie der Erzählkunst, noch besitzen sie genügend entwickeltes Vokabular, um der Zeit gerecht zu werden. Sie haben einen primitiven Bildervorrat, der nur ihre Misere und sonst nichts zum Ausdruck bringen kann. Auch Kinder und Jugendliche hier in Deutschland sind durch die Flut dieser Bilder gefährdet, aber das Buch hat hier eine lange Entwicklung und Blütezeit erlebt, ja, in den letzten drei Dekaden kann man von einer Hochkonjunktur des Buches sprechen. In Arabien hat das Lesen, hat das Buch, keinen festen Halt. Bei einem Analphabetenanteil von 50 bis 70 Prozent wird die Herrschaft durch das Bild gesellschaftlich und politisch gefährliche Folgen haben.

Doch die Feststellung, wie schlecht es woanders ist, legitimiert nicht den Schlaf der Gerechten angesichts gefährlicher Tendenzen in der deutschen Kinder- und Jugendliteratur. Sie spiegeln den Zeitgeist. Spätestens seit dem Zusammenbruch der Ostblockländer nämlich avancierte der Islam hier im Westen zum Hauptfeind. Noch nie waren sich in diesem Land so viele Menschen aus den unterschiedlichsten politischen Lagern so einig wie in der Feindschaft gegen den Islam. Und ich als Angehöriger einer Minderheit bekomme nie so viel Angst, wie wenn sich die Mehrheit so einig ist.

Weniger gefährlich sind Moden, und zwar deshalb, weil sie eine Gnade besitzen: Sie verschwinden so schnell, wie sie gekommen sind. Wie alle Literaturgattungen, so ist auch die Kinderliteratur nicht frei von Modeerscheinungen. Manch eine ist harmlos und bedarf nicht einmal der Erwähnung, manch eine aber hat mit dem Zustand der Gesellschaft in den Metropolen zu tun und verdient eine nähere Betrachtung.

In den Kinderbüchern der so genannten Dritten Welt finden Sie nur übersteigert schöne Bilder und Figuren, die mitten im Elend pausbackig, blauäugig und blond heile Welt suggerieren. Hier, wo die Kinder schöner als die Werbebilder sind, sind zum einen offensichtlich nur noch schräge Figuren von Interesse, und die Schrägheit ist nicht kritisch, sondern so harmlos modisch, dass sogar die Industrie sie in ihrer Werbung einsetzt. Auch die inhaltsloseste Geschichte wird schräg und skurril illustriert. Dazu gesellt sich immer mehr die Vorliebe einer übersättigten Gesellschaft für das Hässliche und Abstoßende. Bei einem der begabtesten Zeichner erscheinen die Kinder nur noch debil und gnomenhaft. Kein einziges Kindergesicht seiner vielen Bücher ist frei von offensichtlicher Idiotie, gepaart mit Verschlagenheit und Verbitterung. Als Identifikationsmodelle für Kinder halte ich diese grotesken Greise in Kinderkleidern für fragwürdig.

Das Hecheln hinter dem Ungewöhnlichen fördert Mittelmaß ans Licht. Anscheinend können sich viele Lektoren im Lärm des Einmaligen nicht mehr vorstellen, dass eine Geschichte für Kinder leise und spannend, lustig und weise ablaufen kann. Fetzig muss es sein und schrill und schräg, aber wehe, wenn Kinder und Jugendliche im wirklichen Leben dann auch so werden.

In den letzten fünf Jahren erfuhr die Kinderliteratur der Bundesrepublik eine gewaltige Expansion. Der Kampf auf dem Markt wird härter, und da die Zahl der guten Autoren und Autorinnen aus biologischen Gründen nicht mitexplodieren kann, wird nun noch mehr Schrott auf den Markt kommen. Das wusste Walter Benjamin bereits 1931.*

Die guten Autoren, und das ist das Absurde an dieser wunderbaren Expansion, werden es nicht leichter, sondern schwerer haben, um aus der Flut der neuen Erscheinungen noch herauszuragen, und es hilft nur eins: Besser schreiben!

Bleibt am Schluss eine Frage: Was darf und soll man in Zukunft erzählen? Diese Frage meldet sich immer lauter, und die Antwort darauf wird immer schwieriger. Die letzten dreißig Jahre veränderten das Gesicht der Erde und ihrer Bewohner wie früher zwei Jahrhunderte. Viele Heiligtümer stürzten, neue tauchten aus dem Nichts auf, die Moral eilt mit hängender Zunge hinter den massiven chirurgischen Eingriffen der Elektronik an der Seele der Gesellschaft her.

Die bedrohliche Misere unserer Welt lässt das Erzählen nicht mehr zu, ohne auf Terror, Umweltkatastrophen, Diktatur, Rassismus und Krieg zu kommen. Und ich denke, man soll den Kindern von der Welt erzählen, ohne ihnen den Atem zu rauben, ihnen auch vom Krieg erzählen, damit sie nicht feige friedsam werden, sondern mutig den Frieden als einzige

---

* Walter Benjamin, *Das Kunstwerk im Zeitalter seiner technischen Reproduzierbarkeit*. Frankfurt a. M.: Suhrkamp, 1963.

Alternative lieben. Von der Angst anderer Kinder muss man ihnen erzählen, damit sie Mut zum richtigen Handeln bekommen, von unterdrückten Kulturen, damit sie die große Kugel der Erde und nicht nur das Segment ihrer eigenen Stadt kennen lernen.

Dies ist die Herausforderung. Unterhaltsam etwas erzählen, nicht nur um aufzuklären. Aufklären ist mir zu wenig in unserer gefährdeten Welt. Unterhaltend einbeziehen möchte ich. Die jungen Leseratten können bei äußerst spannender Lektüre die Misere, die Gefahr und den Widerstand begreifen, und ist die Geschichte glaubwürdig, so ist die Hoffnung berechtigt, dass Kinder lesend viel mehr als fernsehend eine globale Sensibilität entwickeln, die die Erde als Ganzes einbezieht.

Das ist die Herausforderung.

Und ich werde sie annehmen und immer neue Wege gehen. Und selbst wenn ich bei einem Buch Erfolg haben sollte, erwarten Sie bitte keine Fortsetzung. Sie wissen schon Bescheid.

Oft vergesse ich ihn, doch der Tod ist nicht vergesslich.

Vor einem halben Jahr kam er wieder. Es war eiskalt, und ich fuhr gegen Mitternacht von Mannheim nach Hause zurück. Durch Glätte geriet das Auto plötzlich in einer kurvenreichen Straße außer Kontrolle. Plötzlich erschien mir der Todesengel wieder, und ich bat ihn um Verlängerung, bis ich die Geschichte zu Ende geschrieben hätte, an der ich zu der Zeit arbeitete. Das Auto erstarrte mitten in der Bewegung, mit zwei Rädern bereits über dem Abhang. »Erzähl mir die Geschichte«, sagte er, und ich erzählte ihm eine halbe Stunde und unterbrach dort, wo die Geschichte am spannendsten wurde.

»Und weiter?!«, fragte er.

»Nix weiter. Ich brauche noch Zeit, bis ich sie zu Ende erfunden habe.«

Mit einer leichten Handbewegung setzte er das Auto sanft auf die Straße zurück und rief mir nach: »Aber immer wieder werde ich dich aufsuchen, und du erzählst mir, bis deine Geschichte fertig ist, länger nicht, denn du weißt, du bist auf der Erde ab- und oben angemeldet. Wehe dir, du wiederholst dich ein einziges Mal!«, sagte er und lachte so eiskalt, dass die Windschutzscheibe klirrte. Ich fror und fuhr langsam nach Haus.

Und wenn ich sechzig geworden und ich immer noch am Erzählen, das heißt am Leben bin, dann werde ich Ihnen gerne erzählen, was ich dem Teufelskerl inzwischen alles erzählt habe.

Bis dahin, leben Sie wohl!

EINE HAND KANN ALLEIN
NICHT KLATSCHEN

Über die Lage der arabischen Literatur

Für Felicitas Feilhauer

Der beste Platz auf Erden
ist ein schwebender Sattel
und der beste Gesprächspartner
unter den Lebenden
ist ein Buch.

Arabische Weisheit

Meine Entscheidung, für keine arabische Regierung und schon gar nicht für ihre Liga aufzutreten, stand bereits 1970 fest, als ich gezwungen wurde, meine Mutter, meine Familie, meine Freunde und die schönste Stadt der Welt, Damaskus, zu verlassen. Das ist 34 Jahre her, und seitdem hat sich die Welt sehr verändert, aber die Diktatur in Arabien, die mich vertrieb, ist wie die Sippe, die sie erzeugte, unverändert an der Macht.

Es fällt mir nicht schwer, auf solche offiziellen Auftritte zu verzichten – in Verbundenheit mit all den Autorinnen und Autoren, Journalistinnen und Journalisten, die bis heute noch wegen ihrer Meinung in Gefängnissen sitzen, gefoltert und gedemütigt oder vertrieben werden, und dies in allen arabischen Ländern. Mich erschüttert eher, dass nach all dem, was geschah, Autoren nach Bedarf bei jedem Regime auftreten und Preise entgegennehmen können, ohne an Scham zu ersticken.

Die Entscheidung der Buchmessenleitung war richtig und klug. Längst war es fällig, dass die arabischen Literaturen und ihre Autorinnen und Autoren zum Thema gehört werden. Das Buch und diese Messe sind aber nicht imstande und sollten es auch nicht sein, die Lage in den arabischen Ländern zu verändern. Das ist die primäre Aufgabe der arabischen Völker.

Der Gesprächspartner der Deutschen ist leider die Arabische Liga. Das ist so, als würde man in Deutschland eine Kulturgruppe Effenberg-Bohlen beauftragen, eine Diskussion über Adorno und Arendt zu leiten.

Buchzauber

Meine Beziehung zum Buch fing sehr früh an. Zu den ersten Bildern, die sich in mein Gedächtnis einprägten, gehört das meines Vaters. Täglich las er im Schneidersitz in einem großen Buch, das vor ihm auf einem Schemel lag. Er sei ein sehr lebenslustiger Mann in seiner Jugend gewesen, erzählte meine Mutter. Der Kampf gegen seinen Vater hatte ihm jedoch Lachen und Leichtigkeit geraubt. Er verhärtete und wurde sehr religiös, wortkarg und jähzornig, doch sobald er vor einem Buch saß, strahlte sein Gesicht in einer seltsamen Seligkeit, wurde glatter, jugendlicher. Er schien seine Umgebung zu verlassen. Als kleines Kind näherte ich mich ihm in solchen Stunden und streichelte ihm die Hand, und er zog sie nicht zurück, wie er es sonst tat. Ich hatte das Gefühl, er fühlte meine Hand kaum, und ich fragte ihn, ob das stimme. Er nickte. »Und warum?«, fragte ich.

»Der Text nahm mich mit«, sagte er.

Das war es also. Ein Zauber kommt aus dem Buch und verwandelt diesen Löwen, meinen Vater, in einen sanften Menschen, den man ohne weiteres streicheln kann. Ich glaubte damals fest an diesen Zauber.

An diesem Glauben hat sich bis heute nichts verändert. Aber damals wollte ich nicht nur lesen, ich wollte selbst diese Zauberbücher machen, und damit habe ich mich auf ein lebensgefährliches Abenteuer eingelassen. Das selbstverständliche Recht eines Menschen, frei eine Geschichte, ein Gedicht oder allgemein seine Gedanken anderen zugänglich zu machen, war und ist in meinem Land unter der Herrschaft der Militärregime verboten, die Syrien seit dem ersten Putsch 1949 mit absoluter Gewalt unterjochen. Freiheit und Demokratie sind seit damals Feind Nr. 1 der Regierungen, und sosehr die arabischen Herrscher zerstritten waren und sind, in einem sind sie sich alle einig, dass Freiheit und Demokratie für Sippe, Religion, Partei und vor allem im Kampf gegen Israel schädlich sind. Ich aber hielt an meinem naiven Glauben fest und musste dem mächtigen Diktator ausweichen. Ich bin heute meinem Exil in Deutschland und der deutschen Sprache dankbar, die mir eine Heimat gegeben hat. Denn obwohl mein Verlust groß war, habe ich meine Zunge gerettet.

Mein Schicksal ist aber mit dem mehrerer tausend arabischer Intellektueller auf einen gemeinsamen Nenner zu bringen, die sich keiner Diktatur unterworfen haben. Und das Traurige ist, die Beraubung der Freiheit ist kein Ausrutscher eines launischen Diktators, sondern eine systemimmanente Erscheinung der arabischen Gegenwart, deren Wurzeln tiefer liegen. Wagen wir eine kurze Reise zu dem Ursprung.

Um die heutigen Araber zu verstehen, muss man etwas zurückgehen. Die Wüste prägte als Urheimat die Menschen, sie nahm im Positiven wie im Negativen Einfluss auf ihre Kultur. Und sosehr sich Araber heute hinter Anzug und Handy tarnen, die Wüste trägt jeder von ihnen noch tief im Herzen. Und es war die Wüste, die in den Arabern eine unvergleichliche Liebe zum Wort und seinem Klang erzeugte.

Das Wort Gottes wurde im europäisierten Christentum zu »Fleisch«, zu Jesus. Im Islam ist das Wort Gottes zum Buch, zum Koran, geworden. Hier liegt eines der eindrucksvollsten Zeugnisse der Verehrung des Wortes bei den Arabern.

Die arabische Sprache ist das Herz des Islam. Sie war das Medium, durch das Gottes Wort zu den Menschen kam: »Wir haben ihn als arabischen Koran herabgesandt« (Sure 12, Vers 2). Zugleich ist ebendiese Sprache das Fundament der Annäherung zwischen Christen und Muslimen in Arabien. Meines Erachtens war die arabische Sprache das Rettende für die Identität der christlichen Araber. Es ist daher kein Zufall, dass Fundamentalisten das Arabische hassen und die Sprache herunterspielen und die von den Nationalisten besungene Nähe aller Araber unabhängig von ihrer Religion als künstlichen, von Ungläubigen erfundenen Betrug beschimpfen, denn sie betonen nicht ihre arabische, sondern ihre islamische Zugehörigkeit; insofern musste die CIA nicht viel Überzeugungsarbeit leisten, um arabische Islamisten nach Afghanistan zu locken.

Was die arabische Sprache schwächt, ist ihre Lähmung gegenüber der Zeit. Die Grammatik ist seit dem Koran festgelegt, und es gibt keinen Reformer, der den Mut hat zu sagen: »Die Sprache des Korans ist göttlich, und sie soll ihre Form bis zum Ende der Welt behalten, aber lasst uns das profane, menschliche Arabisch mit den Bedürfnissen der Zeit in Einklang bringen.«

Bis heute gibt es keine einheitliche Arabisierung der wissenschaftlichen Begriffe. In der Übersetzung, vor allem von technischen Begriffen, herrscht das absolute Chaos.

Der Bedeutung der Sprache im Arabischen steht eine Schwäche der Malerei gegenüber. Man versteckt sich gern hinter dem Bilderverbot des Islam und verheimlicht die Tatsache, dass die Araber auch vor dem Islam keine bedeutende Malerei oder Bildhauerei zustande gebracht haben, dafür eine der reichsten Sprachen. Keine andere Sprache hat ein solch verspieltes Verhältnis zu den Dingen der Welt wie die arabische, die fast 30 Synonyme für den Löwen, 40 für Wein, 90 für das Kamel und fast soviel für die Liebe erfunden hat. Allein das Wort Gott besitzt 99 Synonyme.

Aber ein schneller Vergleich mit der göttlichen Bildhauerei Griechenlands und Roms lässt die historischen Fundstücke arabischer Völker wie Erzeugnisse eines VHS-Kurses erscheinen. Die unendliche Weite, der äußerst langsame Farbwechsel ließen die Neigung zur Malerei schon vor dem Islam verkümmern. Der Islam lehnte die Malerei aus der philosophischen Überlegung heraus ab, dass es unmöglich sei, das Unendliche, das Göttliche, auch in allen seinen Geschöpfen, mit den endlichen Mitteln der Farbe und Gestaltung darzustellen, ohne sie herabzusetzen, zu beleidigen.

Doch selbst durch strengste Verbote konnte der Islam vorhandene Neigungen und kulturell gewachsene Künste nicht austilgen. Persien war immer schon Zentrum des streng religiösen Schiismus, und trotzdem hat Persien der Welt die schönsten Miniaturen und Buchillustrationen geschenkt.

Und was hassten der Islam und sein Prophet Muhammad noch offener und direkter als die Dichtung? Eine große vernichtende Sure (Nr. 26) widmet der Koran den Dichtern und mahnt am Ende, die Dichter zu meiden, denn:»Die Dichter lügen und sagen, was sie nicht tun.« Keinen Beruf hat der Prophet Muhammad trotz der Verehrung des Wortes mehr verdammt als den des Dichters, und was hat das bewirkt? Die Araber haben in der islamischen Zeit Werke geschaffen, die zu den Dichtungen der Welt gehören. Ähnlich wie das Christentum hat der Islam eine zwiespältige Beziehung zur Sprache. Auf der einen Seite verehrte er die Schrift (Sure 96, *al Alak*), und auf der anderen Seite warnte er vor ihren Verführern. Das war bei Paulus nicht anders:»Der Buchstabe tötet« (2. Brief an die Korinther 3,6).

Das Wort besaß also eine zentrale Stelle in der arabischen Kultur, die Araber pflegten auch seine künstlerische Gestaltung. Unter allen Völkern der Erde haben nur die Japaner eine ähnlich entwickelte Philosophie der Schriftkunst wie die Araber.

Die Kalligraphie zählte zu den angesehensten Künsten. Erst diente sie der Verbreitung von religiösen Sprüchen auf Moscheen und anderen Bauten, später verselbständigte sich diese Kunst und emanzipierte sich vom Zwang der Religion.

»Schrift« heißt auf Arabisch *Chatt*; das Wort bedeutet zugleich Bartflaum, und beide werden verehrt. Sie ist kompliziert, weil jeder Buchstabe auf vier verschiedene Weisen geschrieben wird, je nachdem, ob er am Anfang, in der Mitte oder am Ende steht; die vierte Form hat ein Buchstabe, wenn er alleine steht. Arabisch wird gebunden geschrieben. Beit, geschrieben *BIT*, Haus, kann man bei richtiger Buchstabenfolge auf 64 Weisen schreiben, aber nur eine ist richtig. Bei einem Wort mit sechs Buchstaben sind das unzählige Möglichkeiten.

Aber die arabische Schrift wirkt allein durch ihre Form wie Musik für das Auge. Sie bietet Abstraktion, Ruhe, Eleganz, Rhythmus, Symmetrie, Reflexion und Wiederholung. Auch wirkt die Geometrie, die offensichtlich oder verborgen sein kann, beruhigend auf die Seele.

Das Buch

Das Wort Buch, arab. *Kitab*, stammt vom Verb *Kataba*, geschrieben *ktb*, ab. Die drei Buchstaben versammeln je nach Nuancen die Tätigkeit des Schreibens und die des Zusammenbindens.

Im Bewusstsein der Araber hat das Wort Buch seit Anfang der islamischen Zeitrechnung eine feste sakrale Bedeutung und bezeichnet den Koran. Die anderen Religionen wurden vom Islam in zwei Kategorien eingeteilt: diejenigen, die eine heilige Schrift, *Ahl al Kitab*, besitzen, also Juden und Christen, die allein dadurch weit höher standen als jene Religionen, die kein Buch besaßen.

Um die heutige Lage des arabischen Buchs und der arabischen Autoren zu verstehen, muss man die Anfänge der mündlichen Dichtung beachten. Und die liegen in Arabien lange vor der Erfindung der Schrift. Das Alphabet, das größte Geschenk der Mittelmeervölker an die Menschheit, ist verhältnismäßig jung. Es vergingen etwa 50 000 Jahre, bis der Mensch zu dieser bedeutendsten Erfindung aller Zeiten überhaupt kam, der Schrift. In Mesopotamien hat sie die ersten unsicheren Schritte um 3500 Jahre vor Christus unternommen, und sie brauchte fast 2000 Jahre, um vollkommen zu werden.

Die Buchstaben trugen den Keim der Demokratie in sich. Mit weniger als 30 Buchstaben konnte man nun alles ausdrücken. Bei den alten Ägyptern konnte nur eine Elite das komplizierte Werk der Hieroglyphen erlernen, und ein Minimum von 1800 *han* ist notwendig, um Chinesisch zu schreiben.

Trotzdem, von den ca. 6000 Sprachen der Welt liegen nur etwa 100 in schriftlicher Form vor. Die Sprachen nomadisierten also lange in der Stimme, bevor sie etwa 1500 vor Christus im Mittelmeerraum in der Schrift sesshaft wurden.

Die Araber dichteten und erzählten in ihren Dialekten, die sippen- und ortsgebunden waren. Erst der Koran und in dessen Folge die Sprachgelehrten befestigten die Säulen einer einzigen Hochsprache und verwiesen die lokalen Dialekte auf den zweiten Rang. Viele vorislamische klassische Dichtungen, die wir in der Schule gelernt haben, wie die legendären *Mu'alakat*, können niemals so von deren Dichtern in der Hochsprache gesprochen worden sein. Sie wurden erst nach dem Siegeszug des Islam im Nachhinein »arabisiert«. Ihre Sprache ist ähnlich wie die des Korans kompliziert und für viele heutige Araber unverständlich.

Dichter und Erzähler hatten lange vor dem Islam hohes Ansehen, aber unter den unbarmherzigen Bedingungen der Wüste musste sich der Dichter an den Sippenfürsten, lokalen König oder Emir halten, um zu überleben, und diese nahmen die Dichter und Erzähler gerne unter ihre Fittiche. Sie waren, um ein heutiges Wort zu gebrauchen, seine Werbeträger. Je mehr Dichter ein Herrscher um sich scharte, umso besser konnte er seine Macht demonstrieren. Sie besangen seine Heldentaten, seine Großzügigkeit und seinen Mut und machten seinen Namen über die Grenzen seiner Sippe bekannt.

Das veränderte sich auch nicht unter den Omaijaden und

Abbassiden und den späteren lokalen Herrschern des zerteilten Arabiens.

Der syrische Gelehrte Muhammad Said al Qasimi hatte 1843 ein großes Nachschlagewerk aller Berufe in Damaskus zusammengestellt. Dort steht auch die wenig schmeichelhafte, aber ziemlich präzise Definition:

Dichter ist, wer seine Literatur zum Beruf macht, er dichtet Verse des Lobes auf die Prinzen und Reichen, und sie spenden ihm dafür, was ihre Seele erlaubt.

Die Beziehung zwischen Dichter und Fürst war genau festgelegt. Es ist die eines Bediensteten zu seinem Herrn. Der Dichter hat seinen Herrn zu loben und dessen Feinde zu schmähen, deshalb sind diese zwei Abteilungen der Lyrik die umfassendsten neben der der unerfüllten Liebe. Aber sobald der Herr besiegt wurde oder nicht mehr zahlen konnte, wandten sich die Dichter ab und dem nächsten Meistbietenden zu.

Aber die Araber haben auch viele freie und Freiheit liebende Dichter gekannt, deren Spuren jedoch fast restlos verloren gingen.

Nun lebt die Mündlichkeit vom Augenblick, sie ist ätherischer Natur, verflüchtigt sich augenblicklich, und nur ein selektives Erinnern bleibt zurück. Die Stimme stirbt im Augenblick ihrer Geburt. Schrift erhält sich dagegen präzise und unerschütterlich, schwarz auf weiß.

Und kurioserweise brauchte die Mündlichkeit Strukturen, deren Parallelen in der arabischen Herrschaftsstruktur vorhanden waren. Eine Art Symbiose ließ beide gedeihen.

Die Mündlichkeit braucht immer einen großen Helden, um die Aufmerksamkeit auf sich zu ziehen, der Erzähler gruppiert die Ereignisse um diese zentrale Figur. Denn die Aufmerksamkeit der Zuhörer ist bedroht. Jeden Augenblick könnten sie den Faden verlieren. Daher treffen wir in den alten

Geschichten oft, und dies ohne jeden pädagogischen oder politischen Hintergedanken, auf starke Helden wie Odysseus, Sindbad oder Aladin. Es ist viel leichter, sich an einen Zyklop zu erinnern als an einen starken Mann mit normalen Augen, und ein Zerberus ist viel beeindruckender als ein gewöhnlicher Hund.

Die Schrift und später die Druckkunst haben dem Alleinanspruch dieser Helden eine vernichtende Niederlage bereitet. Wer vergaß, konnte ab jetzt zurückblättern, und so war es die Schrift, die erlaubte, dass auch kleine Helden die Romane bevölkerten. Auf diese Weise hat die Schrift die Geschichten demokratisiert. Doch zugleich bestätigte sie die Herrschaft der Mächtigen, denn nur die Hofdichtung wurde durch professionelle Schreiber auf Papier gebracht und damit verewigt. Wer abseits stand, hatte kaum eine Chance, seine Zeit zu überleben. 95 Prozent der Dichtung, die uns überliefert ist, stammt aus diesen Kreisen. Geschrieben wurde in unmittelbarer Nähe des Herrschers, das Volk oder besser gesagt die Völker draußen blieben der mündlichen Kultur verbunden und kommen daher in der überlieferten Dichtung kaum vor.

Die Wurzeln einer kranken Gesellschaft

In der Diktatur arabischer Prägung herrscht ein Mann über Untertanen, die ihm wie eine Schafherde folgen. Das Wort Bürger, *Muwaten*, hat kaum noch Realität. Häufiger werden die Menschen *Ra'ija* genannt, was zugleich Herde bedeutet.

Der Diktator bekommt nicht einmal einen Regulator durch die Interessen einer Schicht oder Klasse. Er ist einsam wie Gott. Bei manchen Herrschern habe ich den Eindruck, dass ihre Einsamkeit so perfekt ist, dass sie wie Autisten ihre Umgebung nicht wahrnehmen. Sie leben nur in ihren eigenen Vorstellungen.

Es ist nicht richtig, dass die arabische Diktatur Intellektuelle an sich hasst. Sie hasst die aufmüpfigen Menschen.

Mu'awija I., der Gründer der Omaijadendynastie, die fast 90 Jahre herrschte, leitete die Unterdrückung ein, die bis heute andauert. Bis dahin herrschten die Nachfolger Muhammads noch bescheiden und ließen viele Freiräume. Er, der erste moderne Despot der Araber, beherrschte ein Weltreich und verkündete offen seinen Umgang mit Intellektuellen: »Wer nicht zwischen uns und der Herrschaft trennen will, dem trennen wir nicht die Zunge.«

Auch der legendäre Saladin, der in jedem europäischen Gedächtnis in einem freundlichen Licht steht, nur weil er dem Abenteurer Richard Löwenherz gnädig war, war ein Ausbund an Intoleranz. Man erzählt weder in Europa noch in Arabien, dass er ein gnadenloser sunnitischer Fanatiker war, der Schiiten in Ägypten und Syrien verfolgt und dezimiert hat und der Sufis gehasst hat wie kein anderer vor ihm.

Als der Islamgelehrte al Sahrurdi seine Herrschaft kritisierte, befahl Saladin seinem Sohn, al Saher, dem König von Aleppo, den Gelehrten eigenhändig zu töten. Der Sohn zögerte aus Achtung vor al Sahrurdi. Da ließ Saladin seinen Sohn wissen, wenn er den kritischen Gelehrten nicht töten wolle, würde er mit sofortiger Wirkung abgesetzt. Der Sohn gehorchte.

Das Unglück der Intellektuellen lag darin, keinen Fluchtpunkt zu finden. Die arabische Stadt war ein Zentrum der Macht: Dort und nur dort pulsierte die Kultur, aber dort herrschte auch ein gnadenloser Kalif, Sultan oder König. Das war so in Damaskus, Bagdad, Kairo und Istanbul, und dieser

Zustand war das Damoklesschwert über den Köpfen der arabischen Intellektuellen. Es gab nur die Alternative zwischen der absoluten Unterwerfung unter den Herrscher und dem Verlust der Zunge oder des Lebens. Alle bekannten Denker gingen durch diese Krise. Der Despot hatte keinen Respekt davor, dass die in Ungnade Gefallenen großartige Werke über den Islam (Abu Hanifa, Malik), über Philosophie (Ibn Ruschd), dass sie bedeutende Übersetzungen (Ibn al Mukafa') oder Dichtung (al Mutanabi, Baschar ibn Burd) geschrieben hatten. Er ließ sie öffentlich demütigen und einige nach bestialischer Folter töten.

In der Stadt waren und sind der Herrscher und seine Handlanger überall. Die Menschen sahen und sehen bis heute aus unmittelbarer Nähe die Brutalität, mit der ganze Familien, Sekten oder Parteien vernichtet werden, die noch bis gestern dem Despoten nahe standen. Das erzeugt permanente Angst und Opportunismus und macht die Bevölkerung schizophren: Sie gehorcht öffentlich – im Geheimen jedoch leistet sie Widerstand, und zwar eine Variante des Widerstands, die der Diktator erfährt und insgeheim erlaubt. Und das ist bis heute so. Man lügt in allem, was man tut, man fälscht Statistiken und verwandelt wirtschaftliche Katastrophen in Erfolgsmeldungen, man stiehlt, lässt sich bestechen und faulenzt auf Kosten des Staates, man hält sich für schlau und erzählt Witze über den Diktator, die bisweilen wirklich verletzend für Mensch und Würde sind, aber der Diktator betrachtet sie samt und sonders nur als Blöken seiner Schafe.

So ist diese Art von gegenseitiger Lüge neben der arabischen Sprache eine der elementaren gemeinsamen Eigenschaften arabischer Länder.

Nur in einer kranken Gesellschaft sehen gedemütigte Männer ihre Ehre nicht in der Verteidigung ihrer Würde, nicht indem sie sich zur Wehr setzen gegen all diese Demütigungen, sondern sie legen ihre Ehre in einen ungewöhnlichen Ort. Sie, die die Frau im Rahmen der despotischen Sippe völlig verachten, legen ihre höchste Ehre in das Jungfernhäutchen der Frau; und wehe, eine versucht, mit diesem intimen Teil ihres Körpers zu verfahren, wie sie will: Dann wird gemordet, und der Staat genehmigt den Mord und sieht mildernde Umstände für die gewalttätigen Männer vor, weil sie angeblich ihre Ehre verteidigt haben. Das ist nicht absurd, das ist krank.

Im Gegensatz zu dem in der Seele eines Arabers tief verwurzelten Begriff der Loyalität gegenüber der Sippe sind Bürgerrechte, Staat, Sozialismus, Vaterland, Freiheit, Demokratie und Menschenrechte verhältnismäßig neu und wurden nie erkämpft, sondern schlecht kopiert.

Das arabische Kind wächst in einer Gesellschaft voller Lüge auf. Eine der Hauptursachen liegt in einer typisch arabischen Krankheit namens »Gesicht wahren«. Die Kinder werden gedrillt, immer und unter allen Umständen nach außen dichtzuhalten, weil die Welt voller Feinde ist, die nur darauf bedacht sind, den Namen der Sippe in den Dreck zu ziehen. Nichts wird schlimmer bestraft als der so genannte Verrat an der Sippe. Das Kind lernt also, zu verheimlichen und mit doppelter Zunge zu sprechen.

Nicht der Fehler, nicht die Sünde selbst ist verachtenswert, sondern die Kunde davon. Nicht die Katastrophen der Gesellschaft sind bedrohlich, nicht einmal eine Epidemie oder die Rebellion einer Armee, sondern das Sprechen und Schreiben darüber. Wie oft musste ich die absurde Kritik hören, meine Kritiken seien im Grunde richtig, aber ich mache das Vaterland schlecht. Ich antwortete trotzig: Ich kritisiere nur die

Dummheit, und wenn meine Kritiker diese als ihr Vaterland betrachten, so trennen uns Welten.

Die Selbstzensur hat also mehr als nur das politische System als Ursache. Jede Kritik gilt als Nestbeschmutzung, als Verrat. Man übergeht Fehler der Angehörigen mit Schweigen. Dieses »Gesicht wahren um jeden Preis« führt zu einer unnötigen Belastung der Denkart bei Kindern und später auch bei Erwachsenen. Das Leben in Arabien hat einen doppelten Boden: Denken und Sprechen. Man sagt nicht, was man denkt, man meint nicht, was man sagt, und glaubt das Gehörte nicht, sondern versucht es zu interpretieren. Um die Ecke zu reden mag eine Kunst sein, aber sie macht auf Dauer krumm, denn wir wohnen nicht nur in der Sprache, sondern werden von ihr bewohnt und entsprechend geformt.

Die Diktatur und die Angst vor Strafe fördern diese Spaltung. Die Diktatur selbst ist ein treues Kind dieser Gesellschaften. Sie spricht auch mit doppelter Zunge, quasselt von Sozialismus und betreibt Clan-, Vettern- und Mafiawirtschaft. Sie plärrt Tag und Nacht gegen den US-Imperialismus und schwärmt von der bevorstehenden Befreiung Palästinas, und insgeheim hält sie Kontakt zu israelischen Militärs, empfängt Gelder aus Saudi-Arabien und lässt die CIA an ihre Archive, die sie über die eigene Bevölkerung angelegt hat.

Da die Freiheit des Wortes mit Füßen getreten wird, kann man primäre Nachrichten nicht über den eigenen Rundfunk oder die Zeitung bekommen. Es war bereits zu meiner Kindheit ein verbreiteter Spruch, der später in viele Theaterstücke Eingang fand: »Schalte auf BBC, um zu erfahren, was bei uns los ist.«

Das Wissen war organisch mit dem Palast verschmolzen, mit der herrschenden Schicht. Hier wurde auf höchstem Niveau diskutiert, musiziert, geforscht, geschrieben, erzählt und gedichtet. Wir können uns heute kaum vorstellen, was für Schätze an Büchern die Araber in ihren Bibliotheken hatten. Die Palastbibliothek von Córdoba hatte 400 000 Bücher, von denen nur ein einziges Buch vor der Vernichtung der spanischen Truppen nach Marokko gerettet wurde. Es liegt heute in der Bibliothek der Karawijinmoschee. Da Bücher langsam brennen, beschlossen die ungeduldigen Mongolen, die Bagdad 1258 eroberten, sie in den Tigris zu werfen. Die Tinte löste sich auf, und der Fluss trug lange Trauer.

Die Wissenschaftler, Philosophen und Dichter waren also von der Gnade und dem Brot des Herrschers abhängig. War der Herrscher offen und hatte Visionen, so trieb er das Wissen und die Kultur vorwärts, verdüsterte sich der Palastgeist, traten die Kulturträger auf der Stelle und beteten leise zu Allah, er möge dem Herrscher einen geeigneten Mörder schicken.

Es gab schon früher Übertragungen aus dem Griechischen und Persischen, aber das goldene Zeitalter ist mit Sicherheit die Zeit der Abbassiden. Al Mansur erkannte mit der Gründung Bagdads als Hauptstadt eines Weltreiches die Notwendigkeit der Öffnung für andere Kulturen. Das bedeutete aber einen radikalen Bruch mit dem bisherigen Weg einer in sich gekehrten, rein arabischen Lokalmacht. Der Entschluss zur Systematisierung der Übersetzungen aus anderen Kulturen war weise, strategisch richtig und folgenreich. Arabische Christen und Juden und des Arabischen mächtige Perser spielten eine ungeheuer große Rolle als Vermittler. Sie waren die ersten Übersetzer. Al Mansur, sein Sohn al Mahdi, sein Enkel, der legendäre Harun al Raschid, und vor allem sein weiser Urenkel al Ma'mun ließen all das damalige Wissen der Religionen, der Sternkunde, Chemie, Mathematik, Philosophie, Logik, Landwirtschaft und anderer Wissenschaften übertragen. Sie verlangten beste Qualität und zahlten großzügig. Man merkt bis heute, wie bei allen historischen Werken, dass die Übersetzer Zeit hatten. Übersetzer zählte zu den gehobensten Berufen, und ein guter Übersetzer verdiente nach heutiger Währung ca. 10 000 Euro im Monat. Einige exzellente Lieblingsübersetzer des Kalifen wie der berühmte Hunein bin Ishaak bekamen Seiten der Übersetzungen in Gold aufgewogen, deshalb schrieben sie deutlich und mit großem Zeilenabstand und Rand.

Hunderttausende von Büchern wurden übertragen, und ein Heer von Beamten war damit beschäftigt, sie zu ordnen und Kataloge herzustellen, um den Gebrauch der Bücher zu erleichtern.

Die Vielfalt der Themen und Fragen, die in den Palästen debattiert wurden, war erstaunlich, aber sie beschäftigte nur diese Elite. Die bürgerliche Revolution und ihre Entsprechungen in den benachbarten europäischen Ländern verwandelten das Denken zu einem Gesellschaftsdenken. Das heißt, es handelte immer mehr von den Bedürfnissen und Zielen der Gesellschaft. Das passierte in Arabien nicht. Was dort gedacht wurde, war das, was den Herrscher interessierte, und deshalb kam es dort zu verschiedenen Entwicklungsphasen je nach Persönlichkeit des Herrschenden.

Unsere heutigen Diktatoren sind allesamt schlechte Leser und schlechte Schüler gewesen. Sie kompensieren ihre Minderwertigkeitskomplexe durch einfältige philosophische, wirtschaftliche und politische Lösungen, die ihren Gesellschaften nur Katastrophen bringen. Dabei verfügen sie manchmal über ein Wissen, das dem eines Schülers mit mittlerer Reife gleicht. Ihre Reden und Meinungen sind in Worte gefasster Schwachsinn. Doch die Elite des Landes überschlägt sich in Lobeshymnen. Dabei sind das bisweilen Professoren der Sorbonne, habilitierte Philosophen, Atomphysiker oder auch Politologen, denen die Sippe befahl, dem Präsidenten ein Loblied zu singen.

Die arabische Elite wächst unter der Diktatur heran und kennt nur oben und unten. Deshalb ist sie auch gegen die Demokratie, die sie als Gleichmacherei verachtet. Deshalb schafft die Elite die Rückständigkeit nicht ab, sondern vertieft sie.

Dieser Zustand der Rückständigkeit wird jedoch durch den Erdölfluch gut getarnt. Man fährt das neueste Modell der amerikanischen und deutschen Limousinen, telefoniert pausenlos per Handy und kommt sich supermodern vor.

Buchdruck

Ägyptische wie auch frankophile Intellektuelle neigen dazu, die Anfänge des Buchdrucks in Arabien mit der Expedition Napoleons nach Ägypten in Verbindung zu bringen. Und man wiederholt das, was man in der Schule auswendig gelernt hatte, als hätte es davor keinen Buchdruck gegeben. In Wirklichkeit hatte Napoleon kaum Einfluss, denn lange vor seiner Geburt lernten die Araber die Technik des Buchdrucks auf weniger spektakuläre Weise kennen.

Der Buchdruck nach Gutenberg gelangte verhältnismäßig schnell nach Arabien und machte zunächst einmal einen schlechten Eindruck. Die ersten Proben waren nicht ermutigend, Koran und Bibel kamen hässlich gedruckt und voller

Druckfehler aus Europa an. Verglichen mit den Kunstwerken arabischer Kalligraphen, hatte das gedruckte Buch zunächst keine Chance. Es dauerte mehrere Jahrhunderte, bis man in Arabien die Druckkunst annahm.

Doch dieser Schritt veränderte das Buch in revolutionärer Weise. Es blieb nicht mehr nur einer Elite und deren Herrscher vorbehalten, sondern wurde zu einem Produkt für die Allgemeinheit. Man fürchtete seinen Einfluss, und deshalb wurde es nun viel strenger als die Handschriften der Paläste kontrolliert. Auch veränderte der Buchdruck die arabische Schrift. Er vereinfachte sie.

Die erste arabische Druckerei wurde 1610 im maronitischen Kloster des heiligen Antonios im Libanon eingerichtet. 1706 gründete der Syrer Abdallah Sacher die erste offizielle und kommerzielle Druckerei der arabischen Welt im Libanon. 1723 gründete er die zweite Druckerei, die ein besser lesbares und klareres Druckbild erzielte.

Die ansteigende Zahl der Schulen im 18. Jahrhundert förderte die Druckkunst. Dabei spielte der Libanon eine führende Rolle, zumal das Land durch die französische Einmischung etwas freier vom osmanischen Joch war. Hier entstanden auch die wichtigsten Universitäten: die amerikanische Universität (AUB) unter dem Einfluss der evangelischen Kirche und die Universität Sankt Joseph unter französischem Einfluss.

Doch es dauerte bis Anfang des 19. Jahrhunderts, bis so etwas wie Verlage entstanden, die auf eigenes Risiko Bücher druckten und verbreiteten.

In Ägypten begann der Buchdruck erst mit dem Einmarsch der französischen Truppen unter Führung Napoleons 1798. Doch der richtige Anfang kam fast ein Vierteljahrhundert später. 1822 gründete der große Muhammad Ali die erste arabische Druckerei in Kairo (Bulak-Viertel), deren Direktor ein Libanese namens Nikola Masabki war. Ihre Produktion belief sich auf 12 Bücher im Jahr.

Syrer und Libanesen hatten in Ägypten einen entscheidenden Einfluss auf die Gründung von Verlagen, Zeitschriften und Zeitungen.

Und heute? Die Bilder kehren sich um. In einer einzigen Bibliothek im Bagdad des 9. Jahrhunderts gab es mehr Bücher und Handschriften als im gesamten Europa. Heute druckt Spanien, um nicht den noch traurigeren Vergleich mit Deutschland zu machen, so viele Bücher im Jahr wie die arabischen Länder in den letzten 1000 Jahren. Und ein französischer oder deutscher Verlag verbraucht im Jahr mehr Papier für seine Bücher als alle arabischen Länder zusammen. Der Verbrauch von Papier dient uns als Indiz. In Europa 14 Kilo pro Person, in Arabien 0,3 Kilo.

Problem zeitgenössischer Autoren

Diktatur allein erklärt vielleicht lateinamerikanische Zustände. In Arabien werden dem Autor noch zwei weitere mächtige Schlingen um den Hals gelegt: die der Sippe und die der Fundamentalisten.

In dieser Atmosphäre schreiben die Schriftsteller. Wie aber soll ein Roman oder ein Film in Arabien Weltformat bekommen, wenn er alle Verbote von Marokko bis Oman und von Syrien bis zum Sudan berücksichtigen muss.

In keinem arabischen Roman darf ein kritisches Wort über den Islam stehen, keine Christen und Muslime, die sich beleidigen, dürfen vorkommen. Sie tun das tausendfach im Alltag, aber es darf nicht darüber geschrieben werden. Ein Jude darf grundsätzlich nicht Recht haben. Der Diktator und seine Sippe dürfen niemals kritisiert werden, es sei denn, er herrschte in einem anderen, verfeindeten Land. Keine Frau und kein Kind darf die geltende Moral verletzen, ohne dass sie danach elend und tränenreich zugrunde gehen.

Was genehmigt wird, ist ein lauwarmer Brei, der nach nichts schmeckt.

Ich bin meinem Exil dankbar. All meine Bücher, all meine Geschichten hätte ich in meiner Heimat nicht schreiben und erzählen können. Ich wäre im Gefängnis oder in der Psychiatrie zugrunde gegangen.

Autoren im Exil leiden unter dem Verlust ihrer Kindheitsorte. Das kann bis zum Selbstmord führen. Staatsautoren der Diktatur müssen dagegen mit dem Verlust ihres Charakters leben. Und das führt bekanntlich nicht zum Suizid, sondern eher zur Skrupellosigkeit.

Und werden sie nicht beachtet, so eignen sie sich die Erklärungen ihres Brotgebers an. Auf die Frage, warum arabische Exilautoren anders als die Staatsautoren im Ausland beachtet werden, antwortete General Tlas, der langjährige syrische Verteidigungsminister und Möchtegerndichter: »All diese berühmten Exilautoren werden vom Zionismus unterstützt.«

Man könnte über diese antisemitische Lächerlichkeit lachen, wenn sie nicht von Intellektuellen übernommen würde. Und wenn die europäischen Makler der Kultur Ähnliches von sich geben, dann muss man sich die Sache näher anschauen.

Im Grunde setzt ein Exilant sein Leben aufs Spiel, wenn er beschließt zu flüchten. Das Gefühl hatte ich beim Überqueren der Grenze Syriens. Ich hatte plötzlich kein Zurück mehr, und mir gegenüber stand eine beängstigende Fremde, auf die ich überhaupt nicht vorbereitet war. Exil und Tod kann man nicht üben.

Ins Exil gehen heißt verschollen sein, bis man entweder als junger Autor tragisch stirbt oder Weltruhm erringt, und da ich das Leben liebe, beschloss ich also, weltberühmt zu werden.

Vor allem Araber macht die Trennung von der Sippe sehr einsam. Das wissen die Autoren unter der Diktatur und trösten sich mit einer Liste der im Exil Gescheiterten, und sie kommen sich weise und klug vor. Und dann erfahren sie vom ungeheuren Erfolg der arabischen Exilautoren. Eine ganze Welt bricht für die arabischen Staatsdichter zusammen, wenn sie jetzt überall Tahar ben Jallouns, Amin Maaloufs, Edward Saids oder meinem Namen begegnen müssen.

Nicht nur die Diktatur, sondern auch die Staatsautoren selbst sind verantwortlich für den Niedergang der Literatur in ihrem Land. Die Zensur ist schlimm, doch sie hat noch nie zum Niedergang einer Literatur geführt. Nicht in Russland und auch nicht in Lateinamerika. Erst wenn der Druck von außen den inneren Zensor hochgezüchtet hat, hat die Literatur keine Chance mehr, irgendetwas im In- oder Ausland zu gelten.

Und da er sich ausschließlich vom Selbstbewusstsein ernährt, wächst der Selbstzensor arabischer Züchtung parallel zum Ruhm, statt zu verschwinden. Nagib Mahfus zeigte immer eine Art Schizophrenie in der Offenheit seiner Romane einerseits und den anbiedernden Essays und Interviews in den Zeitungen andererseits, die kein Wort der Kritik enthielten. Als er 1988 den Nobelpreis erhielt und damit auf dem Zenit seiner öffentlichen Macht war, lehnte er es, ab, dass eine Zeitung zu seiner Ehrung seinen verbotenen Roman *Kinder unserer Gasse* in Fortsetzung veröffentlichte. Jusuf Idris, einer der originellsten ägyptischen Autoren, griff, als er unbekannt war, mit seinem Buch *Geist der Armut und Armut des Geistes* den einflussreichen Scheich al Scha'rawi von der Azharmoschee an. Als er später berühmt wurde, entschuldigte er sich beim

Scheich für das Missverständnis. Es sei ein Druckfehler gewesen, sagte er. Der Druckfehler betrug ganze fünf Seiten.

Kein einziger arabischer Staatsautor hat es bis heute fertig gebracht, eine selbstkritische Würdigung der Emigranten auszusprechen. Nicht ein Einziger hat sich öffentlich bei den Opfern der Regime entschuldigt, denen er gedient hat. Das macht für mich die Komplizenschaft der Autoren mit der Diktatur so unverzeihlich.

Und während syrische Journalisten und Schriftsteller im Kerker mit mittelalterlichen Foltermethoden, allerdings mit Stromanschluss, gequält wurden, saß der Schriftsteller Hanna Minah täglich in seinem Büro im Kultusministerium und protzte mit seiner Freundschaft zur Kultusministerin Attar. Er sprach mit seinen Besuchern nicht über die Freiheit, sondern über die Stifte, mit denen er seine Romane schrieb.

Der arabische Schriftsteller ist ein Diener des Sultans und des Diktators. Das ist eine Kategorie der Haltung und nicht der Qualität. Unter diesen Hofdichtern waren Genies wie al Mutanabi, Abu Nuwas und Ibn Hazm ebenso wie ein Heer von langweiligen Nachahmern.

Ich kenne keinen der heute »groß und bedeutend« genannten arabischen Staatsdichter, der in einem arabischen Land lebt und nicht vor dem Diktator gebuckelt hat. All diese Autoren wussten und wissen von den Foltern in den Gefängnissen ihres Brotgebers. Sie protestierten nicht, sondern hielten zu den Herrschern. Mir schienen sie immer als Wunderwesen mit einem Gewissen aus Panzerglas. Eine der witzigsten Zungen Arabiens, der Ägypter Mahmud al Sa'dani, ein Satiriker und Journalist ersten Ranges, diente allen ägyptischen Regimen von Nasser bis Mubarak, und als er mit Sadat in Streit geriet, diente er bei Saddam Hussein, Gaddafi, den Katar-, Bahrain- und Kuwaitherrschern. Sein Liebling blieb, wie er in seinen Memoiren schreibt, Saddam Hussein. Nizar Kabbani, ein Genie der Sprache und des erotischen Gedichts, diente, obwohl mehrfacher Millionär, nachdem er jahrzehntelang Botschafter Syriens in Madrid war, bis zum Ende seines Leben Saddam Hussein. Er ist derselbe Dichter, der folgende Verse formulierte:

> *Erhebe deine Stimme nicht*
> *und du bist in Sicherheit.*
> *Diskutiere nie mit einer Pistole*
> *oder einem Diktator*
> *und du bleibst in Sicherheit.*
> *Sei farblos,*
> *schmecke nach nichts*
> *und hab keine Meinung*
> *oder große Sache*
> *und du bist in Sicherheit.*
> *Schreib über das Wetter*
> *und – wenn du willst –*
> *über die Antibabypille*
> *und du bist in Sicherheit.*
> *Das ist das Gesetz des Hühnerstalls*

Kapriolen der Zensur

Die Misere ist total, und noch im Jahre 2004 gibt es in der arabischen Öffentlichkeit keinen Platz für Kritik, Niederlagen und Epidemien. Die Zeit aber lässt das nicht unbestraft: Ägypten, Syrien, Algerien und der Irak sanken in den letzten zwanzig Jahren unaufhaltsam immer tiefer im kulturellen Leben. Heute haben Marokko, Jordanien und sogar Katar bessere Medien und höhere Bücherproduktionen als diese ehe-maligen Hochburgen der »Aufklärung«. Die Herrscher dieser Länder erstickten jahrzehntelang die Stimmen mit der Parole »Keine Stimme erhebt sich über die der Schlacht mit Israel«.

Manchmal schlägt die Zensur Kapriolen. In Jordanien herrscht zurzeit eine milde Zensur, die Autoren können dort verhältnismäßig frei schreiben. Die Zensur verbot trotz-dem im Jahre 2002 den Roman *Schagari A'la* des jordanischen Schriftstellers Musa Hawamde, obwohl das Gericht in Amman ihm das Recht auf Veröffentlichung zusprach. Die Zensur ver-suchte bis Anfang 2003 fünfmal, das Urteil anzufechten, sie verlor fünfmal – und verbot den Roman trotzdem. Hawamde bemerkte dazu: »Die arabischen Regime sind in allen Punk-ten zerstritten, nur nicht in der Zensur und Verachtung der Meinungsfreiheit.«

In Syrien versuchte ein Chefredakteur, die zensierten Sei-ten leer zu lassen. Am nächsten Tag wurde er verhaftet, weil er mit den blanken Seiten angeblich den Eindruck erwecke, dass in Damaskus zensiert werde, was ja israelische Propaganda sei, und insofern diene der Journalist dem Feind. Man könnte über so viel Dummheit lachen, aber man kann es nicht, weil hinter einer derart stupiden Anschuldigung lange Gefängnis-strafe oder vielleicht der Tod lauert.

Buchmarkt

Ein miserables Bild bietet sich auf dem arabischen Buch-markt. Er existiert als solcher nicht. Das ist auch eine Art Zen-sur. Um einen saudi-arabischen Dichter kennen zu lernen, ist es nicht selten erforderlich, sein Buch über London oder Paris zu beziehen.

Jede deutsche Vertriebsleiterin, jeder deutsche Vertriebsleiter würde in Arabien nach drei Tagen mit einem Herzinfarkt im Krankenhaus liegen. Nicht nur dass die Verlage am helllichten Tag erfolgreiche Titel und Übersetzungen klauen, die Bücher werden nicht gepflegt. Nicht selten werden in einem Roman drei Sorten Papier verwendet, die mit Metallklammern geheftet oder unzulänglich geklebt sind. Einmal durchgelesen, muss man oft die einzelnen Seiten vom Boden zusammensammeln.

Nicht so bei den von Saudi-Arabien finanzierten grässlichen Büchern, die in der Regel Christen und Juden beschimpfen und auf offener Straße in allen arabischen Ländern verkauft werden. Sie sind auf Glanzpapier gedruckt und ledergebunden.

Es gibt in ganz Arabien keinen einzigen Vertrieb, der Bücher zuverlässig ausliefern kann. Die Post ist eine Katastrophe geworden. Sie war es nicht immer. Erst als die Diktaturen die Bürger erniedrigt haben, verloren auch die Postbeamten jeden Respekt vor dem intimen Charakter einer Postsendung. Ich habe seit Jahren alle dicken Briefe verloren, die mir von Arabien gesandt wurden – allerdings enthielten sie nur Fotos. Päckchen mit wertvollem Inhalt kann man der Post nicht mehr anvertrauen.

In dieser Atmosphäre gedeiht ein anderes Lesen, ein Lesen, das eher verdunkelt, das über Geister und Zauber, über Glück und Glücksspiele informiert. Bücher, die versprechen, dass man von weniger Lesen mehr hat: *Französisch in drei Tagen, Muskeln in vier Tagen, Wie Frauen Männerherzen erobern in einem Tag, Die wichtigsten Prüfungsfragen der Mathematik, Chemie und Physik.* Auch antisemitische Bücher und simple Erklärungen der Welt in aller Kürze erlaubt der Zensor.

Auch die Buchmessen mutieren in der Hand arabischer

Diktatoren zur Farce. Kritische Autoren und Verlage sprechen nicht von arabischen Buchmessen, sondern von den »Messen der erlaubten Bücher«, denn, ob in Kairo, Damaskus, Kuwait oder Amman, die Bücher müssen, bevor sie zum Verlagsstand kommen, zum Zensor, und dieser kann, ohne mit der Wimper zu zucken, innerhalb von drei Tagen 1200 Bücher als gefährlich erkennen und verbieten. Er ist kein Lesewunder, sondern er verfügt über schwarze Listen von Autoren, Verlagen und verbotenen Themen.

Ich stehe auf allen schwarzen Listen, und dies ist der höchste arabische Literaturpreis, den ich erhalten habe.

Alle Gespräche mit mir über Übersetzungen meiner Werke ins Arabische enden schnell. Da ich die Rechte auf meine Muttersprache für all meine Bücher behalte, müssen die arabischen Verleger mit mir sprechen. Nach ein paar Höflichkeitsfloskeln folgt dann unvermeidlich der erste ernsthafte Satz: »Sie wissen, wir müssen einiges streichen, sonst haben wir keine Chance.«

Ein opportunistischer syrischer Autor flüsterte mir vor Jahren auf der Buchmesse zu, er könne schreiben, was er wolle, weil er das verbotene Dreieck meide: Religion, Sex und Politik bilden die Ecken der verbotenen Zone.

Der Größenwahn und das Nichts

Der arabische Diktator fängt irgendwann an, sich als omnipotente Ausnahmeerscheinung unter den Arabern zu fühlen. Saddam Hussein hatte es bis zur Spitze getrieben, als er, der aus dem bitteren Elend einer sunnitischen zerrütteten Familie stammte, sich über seine propagandistische Hydra als Nachfahre Alis verkaufte.

Der Diktator und seine unmittelbare Umgebung fühlen sich inmitten eines knienden Volkes ohnehin groß. Sie toben ihre spießigsten Gelüste in der Einrichtung ihrer Häuser wie auch im Anhäufen von Luxusgütern (z. B. pro Person bis zu 200 teuerste Limousinen, die sie nie fahren) aus. Sie halten sich für omnipotent und allwissend. Sie diskutieren mit kopfnickenden Atomphysikern, korrigieren lokale und ausländische Philosophen, und zuletzt schreiben sie auch noch Gedichte und Romane.

Diese Diktatoren kamen aus dem Nichts und trugen das Nichts in sich, und wohin sie kamen und was sie anlangten: Es blieb nur das Nichts zurück.

Diktatoren als Heuchler

Spätestens seit der iranischen Revolution spielen die arabischen Diktatoren den heuchlerischen Frömmler. Nicht nur Saddam Hussein pflegte nun öffentlich vor laufender Kamera zu beten, sondern auch alle anderen Herrscher. Das ist zunächst einmal lächerlich, aber die Frömmlerei bekam ein gefährliches Element. Plötzlich wurden die Moscheen und ihre Scheichs zusätzliche Zensurzentralen und fällten täglich Urteile über Literatur, Nahrung, Medizin, Ehe und Sexualität. Der mutige, liberale Faraj Fuda wurde zuerst durch die Scheichs in Kairo zum Tode verurteilt, bevor zwei Mörder ihn erschossen. Die ägyptische Regierung reagierte prompt: Sie verbot seine Bücher.

Es nimmt einen nicht wunder, dass arabische Autoren davon träumen, in eine europäische Sprache übersetzt zu werden. Manche zahlen sogar Geld dafür, um überhaupt, und sei es in einem winzigen Verlag, zu erscheinen. Die Ursache für diese Sehnsucht ist vielschichtiger Natur. Mögen Eitelkeit, Europahörigkeit und Sucht nach Weltgeltung mit eine Rolle spielen, aber der Wunsch, ernst genommen und gelesen zu werden, bildet bei den meisten die Hauptursache. Sie wissen wohl, dass ihre Bücher in der erstickenden Atmosphäre zu Hause, wo über 60 Prozent Analphabeten sind und auch die Lesemächtigen selten lesen, keine Chance haben.

Die Aussicht eines arabischen Autors, in eine europäische Sprache übersetzt zu werden, war immer gering und wird in der Zukunft immer geringer.

Die national bedingten Probleme arabischer Bücher sind:

1. Die Autoren befinden sich immer noch in starker Abhängigkeit von Herrscher und Tradition. Bis heute gibt es zum Beispiel keinen einzigen Roman über den Diktator arabischer Prägung, wie wir das aus der lateinamerikanischen Literatur kennen, von Miguel Angel Asturias' *Der Herr Präsident* bis Márquez' *Der Herbst des Patriarchen*. Erst im letzten Jahr erschien ein Roman über Saddam Hussein, allerdings unter Pseudonym. – Und wo? Im Kölner Exilverlag al Kamel.

2. Das, was die Autoren sowie selbsternannte Experten Postmoderne und Erneuerung nennen, entpuppt sich bei näherer Betrachtung als schlechte Nachahmung erst französischer, dann russischer, amerikanischer und zuletzt lateinamerikanischer Literatur. Darin sehe ich eine der größten Schwierigkeiten.

Meiner Meinung nach ist es, um wahrgenommen zu werden, unerlässlich, dass man selbst Konturen, ein Gesicht hat. Ich sah und sehe heute nur eine einzige Möglichkeit. Die arabischen Autoren müssen sich auf das zurückbesinnen, was es bei uns an Erzählerfahrung gibt, was uns nahe steht, in uns bereits existiert, verwurzelt ist. Dann erst ist es möglich, von arabischen Literaturen zu sprechen.

Zu diesen Problemen kommen andere auf internationaler Ebene hinzu.

Die Aufnahme arabischer Autoren in eine europäische Sprache wird immer schwerer, je mehr der Markt von großen Verlagen, Buchhandlungen und Vertrieben beherrscht wird. Während fünftklassige Autoren aus den USA ihren Weg in die Bücherregale der Welt finden, haben sogar erstrangige europäische Autoren und Verlage kaum eine Chance, mit einem Buch auf die Büchertische in Amerika zu gelangen. Die Situation ähnelt immer mehr der des Fernsehens. Die Zahlen sprechen eine deutliche Sprache. In Großbritannien beträgt der Anteil der Bücher nichtenglischer Herkunft 3 Prozent, in den USA nur 2,8 Prozent, und die Übersetzungen aus dem Französischen nehmen ein Drittel davon ein. Ganze Kontinente bleiben vor der Tür stehen.

Drei große Ketten (Barnes & Noble, Borders und Book-A-Million) beherrschen den Markt mit einem Jahresumsatz von 8 Milliarden Dollar. Diese Macht beeinflusst die Entscheidung der Verlage. Es bleibt kaum eine Möglichkeit für fremdsprachige Literatur, die sensible Annäherung, Geduld und großzügiges Verständnis verlangt, um dann ihre Gastgeber zu bereichern.

Natürlich gibt es immer noch kleine unabhängige Verlage und Buchhandlungen wie die Mitglieder des Verbands *American Book Association*, aber sie sind viel zu schwach.

Die Lage in Deutschland ist noch paradiesisch im Vergleich zum Buchmarkt in Osteuropa, den arabischen Ländern, Italien oder Spanien. Hier bemühen sich noch Verlage um ein buntes Bild der Weltliteratur, hier werden Übersetzungen noch finanziell gefördert.

Und merkwürdigerweise, und das schreibe ich nach über dreißigjähriger Leseerfahrung, sind die deutschen Verlage in der Regel neugieriger und weltoffener als die Feuilletonisten, die, wenn sie sich vom Geist Goethes leiten ließen, sehr wohl zur Erziehung des Geschmacks beitragen könnten. Das von der Schule zu verlangen ist eine Illusion, die ich für eine realisierbare Utopie gehalten hatte, als ich noch jung war. Aber dem Feuilleton in diesem Land traue ich diese Rolle doch zu. Leider herrscht in den Räumen der Zeitschriften und Zeitungen nicht Goethes Geist, sondern dessen Gegenteil. Erst kommen deutschgeborene Autoren (wohl bewusst nicht deutschsprachige, da hier auch Araber, Italiener, Spanier, Türken, Griechen und andere Nationalitäten mitmischen würden). An zweiter Stelle kommen die Amerikaner, seien es Stars und Starlets, die über Ghostwriter ihre letzten Zuckungen auf Papier bringen lassen, bevor sie vom Bildschirm oder dem CD-Markt verschwinden. Danach kommen die Berühmtheiten aus Italien, Frankreich, Holland, Lateinamerika, Spanien, den skandinavischen Ländern und Polen, dann das übrige Ost- und Südeuropa. Der Anteil der oben aufgezählten Kulturkreise nimmt ca. 95 Prozent der Literaturseiten in Anspruch. Um einen Platz auf dem kümmerlichen Rest drängen sich Tausende von Autoren aus aller Welt. Ganze Kontinente und Kulturkreise wie Afrika, Australien, China, Indien, Japan, Arabien und Ostasien verschwinden für Monate und Jahre aus dem Blickwinkel der Leser.

Weltweit verkehrt sich der Inhalt des Wortes Weltliteratur, dieser wunderbaren Erfindung deutscher Humanisten von

Herder bis Goethe. Goethe, dieser große Deutsche, wusste mit seiner kosmopolitischen Seele, wie und warum man sich fremden Literaturen annähert, und er war ein Vorbild. Er beschäftigte sich nicht nur mit Italien und Griechenland, sondern auch mit dem Islam und mit der persischen Dichtung, vor allem mit Hafis, und übte sich in der Kunst der Einfühlung. Damit gab er dem Wort Weltliteratur einen bis heute nicht übertroffenen Horizont: Weltliteratur ist eine Einladung an die Besten zu sich nach Hause. Das »Andere« ist nicht bedrohlich, sondern bereichernd. Heute ist »World Literature« die genaue Umkehrung der humanistischen Idee. Eine Literatur – und in der Regel die billigste – geht von einem Land (USA) aus und walzt die Bücherregale anderer Länder platt.

Eine Hand kann allein nicht klatschen

Trotz der oben erwähnten günstigen Bedingungen und der Freundlichkeit der Deutschen bleiben die meisten Übersetzungen aus dem Arabischen den Lesern unbekannt und werden nicht selten schnell verramscht. Es liegt aber nicht nur an der Literatur, sondern auch an ihrer Vermittlung.

Leider haben die arabischen Literaturen nicht das Glück ihrer lateinamerikanischen Schwestern, die durch solche kongenialen Übersetzer wie Curt Meyer-Clason dem deutschen Lesepublikum näher gebracht werden; ein ähnliches Glück widerfährt der italienischen Literatur mit Burkhard Kroeber oder der schwedischen mit Wolfgang Butt. Die arabischen Literaturen dagegen haben ein schweres Los mit ihren Übersetzern, die weder Arabisch noch Deutsch oder gar beides nicht gut beherrschen. Das Resultat sind schwerfällige und nicht selten falsche Übersetzungen. Ein Beispiel von vielen: Sieben

Übersetzer und Übersetzerinnen nahmen sich die schönste Satire der modernen arabischen Literatur zur Brust und verwandelten sie in ein deutsches Amtsblatt.

Statt aufmüpfige Autorinnen und Autoren zu suchen, übersetzen einige inzwischen die Machwerke der Diktatoren. Als ob die Verbrechen des Massenmörders Saddam Hussein nicht reichten, müssen wir auch noch seinen literarischen Mundgeruch ertragen. Doris Kilias, die brave DDR-Seele, übersetzte als Beitrag der Völkerverständigung zur Buchmesse 2004 Saddam Husseins Roman. Auch der ehemals kritische Grüne Gernot Rotter übersetzte vor Jahren den Roman Gaddafis. Armes Papier!

Statt aber besser Arabisch zu lernen und noch besseres Deutsch zu schreiben, verwandeln sich diese braven Übersetzer in Experten für die arabische Psyche und den deutschen Buchmarkt. Ihre Diagnosen lassen jeden Azubi im Buchhandel Tränen lachen.*

Manchmal habe ich den traurigen Eindruck, die arabischen Literaturen sind nicht von Freunden und Liebhabern, sondern von »Medizinern« umgeben, und solange das so ist, hat die arabische Poesie keine Chance auf dem deutschen Buchmarkt.

Eine Vision überfiel mich im ICE Utopia. Eine noch zu gründende arabische Liga demokratischer Staaten finanziert mit der astronomischen Summe, die das geförderte Erdöl in ganz

---

* Es war aber anfangs, in den achtziger Jahren, überhaupt nicht lustig, dass die Mehrheit dieser selbsternannten deutschen Experten, bestehend aus Opportunisten gegenüber den arabischen Regimen, uns Exilautoren, sowohl hier als auch in Arabien, attackierte. Heute, da die Brutalität der arabischen Despoten allseits bekannt ist, wirkt diese freiwillige Unterwerfung der deutschen Experten nur noch lächerlich.

Arabien an einem einzigen Tag im Jahr bringt, ein »Haus der Weisheit«. In diesem Haus sitzen die besten Übersetzer der Weltsprachen und übertragen mit Buddhas Ruhe Texte von einer Sprache in die andere. Sie haben ausreichend Zeit, und jede gelungene Übersetzung wird in Gold aufgewogen. Alle Welt ist hier zu Gast, man diskutiert und feilscht um die Rechte.

Das Haus wird weltweit geachtet, und die Buchhändler prüfen genau, bevor sie ein Buch aus dem Arabischen kaufen, ob es vom Haus der Weisheit abgesegnet wurde.

Diese Vision wäre gar nicht unmöglich, aber mit der bestehenden Arabischen Liga ist sie in unendliche Ferne gerückt.

EIN GARTEN FÜR DIE JUGEND

Als ich kurz davor war, meine Rede zu schreiben, musste ich noch schnell Blumen für eine Feier besorgen. Der Blumenladen war voll, also wartete ich und beobachtete dabei die Floristin, wie sie genießerisch einen prächtigen Strauß band. Ihre Begeisterung wuchs mit dem Umfang ihres Werks. Die linke Hand hielt das vorläufige Ergebnis fest, während die rechte, einem Schmetterling gleich, immer neue Blumen platzierte. Hin und wieder schaute sie den Strauß versonnen an, und ich sah ein Lächeln über ihr Gesicht huschen. Fast unwillig gab sie ihn der wartenden Kundin.

Meine Rede für euch sollte auch ein Blumenstrauß werden, zum Dank dafür, dass ihr mir den begehrten Weilheimer Literaturpreis zugesprochen habt. Die Idee mit dem Strauß gefiel mir im ersten Augenblick sehr, aber dann kam ein merkwürdiges Unbehagen auf. Ich wusste nicht, warum.

Da ich die Gnade habe, mit einer Malerin und Autorin zu leben, und wir beide nicht gerade zur Gattung der stillen Grübler gehören, sondern erzählend an Gedanken und Ideen schleifen, berichten wir uns gegenseitig von unseren Projekten. Wir begleiten einander und diskutieren leidenschaftlich. Die Entscheidungen muss aber jeder für sich treffen.

Ich erzählte also mir und meiner Frau von meiner Rede als Blumenstrauß. Sie fand die Idee »gut«. Bei meiner Frau bedeutete das, es fehlte noch etwas an diesem Einfall, etwas, das ihm das i-Tüpfelchen aufsetzen würde.

»Warum ein Strauß? Der ist schnell vergänglich. Warum

schenkst du der Jugend keinen Garten?«, sagte sie zu mir am nächsten Morgen beim Teetrinken – ungefragt, als hätte sie sich die ganze Nacht mit der Rede beschäftigt.

Sie schenkte mir also die Idee mit dem Garten, und ich krempelte die Ärmel hoch und holte mir einen Spaten.

Ich möchte euch nun einen blühenden Garten anlegen, einen Garten mit Geheimnissen, in dem ihr, heute mit mir und hoffentlich auch in Zukunft, spazieren gehen könnt.

Dunkle Damaszener Rosen setze ich gleich an den guten sonnigen Platz rechts vom Eingang. Die ersten Blätter strecken ihre Arme aus dem erstarrten Winterholz, als würden die Blumen beim Aufwachen gähnen.

Die Damaszener Rose, die Mutter aller europäischen Rosen, kam mit den Kreuzfahrern nach Europa und brachte hier unzählige farbenprächtige und wohlriechende Enkel hervor, die die Ahnherrin nicht selten an Duft und Anmut übertrafen.

Wenn ich diese Rose sehe, die einst in die Ferne ging, um sowohl sich als auch die Fremde zu bereichern, denke ich daran, wie wenig begründet auch meine Ängste vor der Fremde waren. Ich war ein glücklicher Junge in meiner Heimatstadt Damaskus und halte sie noch heute für die schönste Stadt der Welt. Damals dachte ich, ich könnte nicht zwei Wochen in der Fremde überleben. Und heute? Ich bin seit zweiunddreißig Jahren hier.

Ich denke beim Anblick einer roten Rose an erster Stelle an Onkel Salim, den weltweit berühmtesten Kutscher.

Eines Tages verriet er mir, warum er weder Schafs- noch Kuhmilch, sondern ausschließlich Ziegenmilch trinkt.

»Schafe sind gehorsam«, sagte er. »Und Kühe sind gleichgültig«, fügte er hinzu und erklärte mir, wie die Milch den Charakter ihrer Trinker verändert. Schafe halten ihre Köpfe immer tief und nehmen bescheiden nur das, was man ihnen erlaubt. Salim trinkt jedoch Ziegenmilch, weil diese Teufelstöchter aufmüpfig sind und immer das nehmen, was sie wollen. Nicht selten stehen sie sogar senkrecht auf den Hinterbeinen und fressen die Rosen der Gärten und Hecken, an denen sie vorübergehen. »Die Milch dieser Ziegen schmeckt nicht nur nach Rosenblättern, sondern sie macht auch mutig.«

Zwei, drei Schritte weiter pflanze ich für euch einen jungen Mandelbaum. Mandelbäume bekommen als Erste Blüten und geben erst spät im Herbst, fast als Letzte, die Früchte.

Für meinen Vater war der Mandelbaum ein negatives Sinnbild der Jugend, da er zu früh aufblüht, viel verspricht und dann zu spät Früchte trägt.

»Aber was für Früchte!«, hielt meine Mutter dagegen, die den Mandelbaum liebte.

Mein Vater hatte keine Jugend. Zu seiner Zeit war man entweder Kind oder Erwachsener. Mit siebzehn war er bereits verheiratet und musste eine Familie ernähren.

Als ich ihm eines Tages feierlich eröffnete, ich sei nach den Worten meines Lehrers der geborene Erzähler, lächelte er abweisend. »Erlerne erst einmal einen anständigen Beruf«, sagte er. Mein Vater las gerne und viel. Er verehrte aber nur die alten arabischen Philosophen und Lyriker, und natürlich die Bibel. Mit einem »anständigen Beruf« meinte er solide Finanzen. Er kam wieder auf den Mandelbaum zu sprechen.

Es war Anfang März, ein sonniger, aber sehr kalter Nachmittag. Als mein Vater ins Café ging, um sich mit seinen Freunden zu treffen, sagte meine Mutter zu mir: »Komm, ich möchte dir unbedingt etwas zeigen.«

Sie nahm mich mit in einen nahen Garten, der uns in seiner ganzen Blütenpracht empfing.

»Das sind die Mandelbäume«, sagte sie.

Ich beschloss an diesem Tag, Schriftsteller zu werden. Ich kehrte zurück und schrieb mein erstes langes Gedicht. Heute weiß ich, dass es kitschig, sentimental und dilettantisch war, aber ich behalte es gerne. Es riecht nach Mandeln.

Nicht weit vom Mandelbaum entfernt, setze ich einige rote und weiße Nelken für euch. Nelken gelten seit Mitte der siebziger Jahre als Symbol einer friedlichen Rebellion gegen die Diktatur. Die portugiesischen Soldaten und jungen Offiziere stürzten 1974 die brutale Diktatur, die schon seit über vierzig Jahren in ihrem Land andauerte, ohne einen einzige Schuss abzugeben, anschließend steckten sie Nelken in den Lauf der Gewehre. Das Bild ging um die Welt.

Bei Nelken denke ich immer an unsere Nachbarin Nadime, die Hebamme. Sie blieb bis zu ihrem Tod jung. Noch mit zweiundachtzig war sie neugierig, voller Anteilnahme, und sie liebte das Abenteuer … und die Nelken.

Mit dreizehn wagte ich es, ihr von meiner flammenden Liebe zu einer Freundin zu erzählen, und ich erwartete Tadel, denn ich bin Christ, und meine Angebetete von damals war Muslimin. Solch eine Liebe war, und ist es heute noch, von Staat und Gesellschaft strengstens verboten. Es kann das Leben kosten.

Als ich Nadime mein Geheimnis anvertraute, atmete sie erleichtert auf. »Die ganze Zeit«, sagte sie, » habe ich mir Gedanken darüber gemacht, warum du dich noch nicht verliebt hast.«

Nadime pfiff auf das Verbot. »Liebe«, sagte sie, »fragt nie nach einer Genehmigung, und wenn sie fragt, so ist sie keine.«

Von nun an war sie meine treue Beraterin.

Als ich ihr einmal aus Goethes *Divan* den Vers » Jugend ist

Trunkenheit ohne Wein« vorlas, rief sie aus: »Dann bin ich Alkoholikerin.« Nadime war eine Genießerin, die gerne und viel lachte. Die Erwachsenen mieden sie – manche aus Angst, weil sie sich angeblich auf Zaubersprüche verstand, mit denen sie jeden Erwachsenen in einen Esel verwandeln konnte.

»Das stimmt«, sagte sie, als ich sie etwas ängstlich danach fragte. »Aber mein Zauber gelingt nur bei Erwachsenen, die nicht lachen können. Und das«, fügte sie hinzu, »ist sehr leicht, weil diese auch ohne meinen Spruch bereits halbe Esel sind.«

Ich grabe euch ein paar Narzissen-, Tulpen- und Schneeglöckchenzwiebeln ein, und in die Mitte setze ich eine weiße Rose.

»Die weiße Rose« gilt in Deutschland als Symbol für die aufrichtige und mutige Jugend. Mich erinnert eine weiße Rose an Onkel Munir. Er hatte einen winzigen Garten, wo er nichts als weiße Rosen züchtete. Er war Buchhalter in der staatlichen Tabakfabrik. Wenn er nach Hause kam, legte er Anzug und Krawatte ab – die Kleidung, die bei uns in den sechziger Jahren in Anlehnung an Europa aufgekommen war. Er legte sich sein arabisches Gewand an. »Mit dem Anzug verdiene ich mein Geld«, sagte er mir eines Tages und lächelte. »Manchmal möchte ich ihn aus purer Dankbarkeit ins Restaurant einladen, ihm die Speisekarte zeigen und dann bestellen. Und jeweils wenn der Ober Suppe, Vorspeise, Hauptgericht, Nachtisch und den obligatorischen Mokka danach serviert, möchte ich leise ausrufen: ›Genieße es, mein Anzug. Du hast es ja verdient!‹ und die Speisen seelenruhig auf das gute Tuch kippen. Aber ich glaube, an jenem Abend würde ich in der Klapsmühle übernachten, und das hat mein Anzug wirklich nicht verdient«, fügte er hinzu und lachte.

Onkel Munir war ein engagierter Mensch, und deshalb kam er beruflich nicht weiter. Dreimal saß er im Gefängnis. Einmal, weil er öffentlich addierte, was beim Industrieminister, einem Schwiegersohn des Präsidenten, innerhalb von drei Jahren an Gehalt zusammenkam, und die Summe mit dem ungeheuer großen Vermögen verglich, das der Politiker in der kurzen Amtszeit zusammengerafft hatte. Und zweimal saß der Onkel wegen politischer Witze.

Als ich mich der Jugendorganisation einer oppositionellen illegalen Partei angeschlossen hatte, wollte ich mich bei Onkel Munir noch ein bisschen beliebter machen und flüsterte ihm bedeutungsvoll zu: »Seit heute bin ich Mitglied der Jugendorganisation.«

Sein Gesicht verdüsterte sich. »Ich dachte, du bist klug«, sagte er traurig. »Mein Junge, wer die Jugend politisiert, will sie sich verfügbar machen, ihr Gehorsam und Unterwürfigkeit beibringen. Von heute an bist du nicht mehr jung und frei, sondern ein gefesseltes Parteimitglied.«

Ich war bitter enttäuscht.

Ich brauchte Jahre, um meinen weisen Onkel Munir zu verstehen. Er hatte Recht: Sowohl der, der die Jugend politisiert, als auch der, der sie aus allem heraushält, betrügt die Jugend. Beide, so unterschiedlich sie sind, haben eines gemeinsam: die Angst vor der Sensibilität der Jugend, welche diese unbestechlich und insofern unberechenbar macht. Sensibilität ist eine Wildkatze, die auf samtenen Pfoten daherkommt und dann losschlägt, wenn man gerade anfängt, sich an sie zu gewöhnen.

Nichts auf der Welt wird so gefürchtet wie die unbestechliche Sensibilität der Jugend.

Jetzt möchte ich euch noch Pflaumen-, Aprikosen-, Kirsch-
und Quittenbäume einsetzen, die in eurem Garten ein Sinnbild für den Dialog zwischen Orient und Okzident sein sollen – wie sie es in der Geschichte schon immer waren. Ich habe
hier aber weniger die jeweilige Symbolik im Auge als vielmehr
eure leiblichen Genüsse. Allein von den süßen Erzeugnissen
der Quitte kann ich euch mindestens drei himmlische Genüsse versprechen.

Was aber in keinem Garten, den ich verschenke, fehlen darf,
ist ein großes Kräuterbeet. Ich teile es genau auf und setze
Thymian, Basilikum, Pfefferminze, Petersilie, Kamille, Koriander, Schnittlauch, Estragon und Zitronenmelisse nebeneinander. So können die Pflanzen sich da unten, nahe dem Boden, miteinander unterhalten.

Minze war das Lieblingskraut meines Freundes Hadi. Er
lebte bescheiden wie ein wahrer Sufi. Er war zufrieden und
strahlte vor Glück, wenn er nur ein Stück Brot mit Olivenöl,
Thymian und Salz zu essen hatte. Er war einer der wenigen
aufrichtigen Rebellen, die Arabien hervorgebracht hat, und
obschon Muslim, liebte er Jesus, den er für den größten Rebellen aller Zeiten hielt.

Hadi war der erste Mensch in meinem Leben, der mich
lehrte, die Sprache genau zu gebrauchen. »Rebellion«, sagte
er, »wird genau wie viele andere Begriffe falsch verstanden.
Wen auch immer du fragst, was er unter einer Rebellion versteht, wird dir sagen, dass eine Rebellion mit Gewalt zu tun
hat. Eine Rebellion aber ist nichts anderes als eine Sehnsucht
nach Veränderung, eine Ablehnung des Stillstands. Das Leben selbst ist eine fortdauernde Rebellion gegen den Tod. Ein
Rebell«, sagte er, und sein Gesicht hellte sich auf, »bleibt nie
still. Sein Zuhause ist der stete Wandel, deshalb rostet sein

Herz nicht. Es bleibt jugendlich. Unsere Erde braucht viele solche Jugendliche.«

»Aber schau dir an, was aus all den Revolutionen geworden ist«, wandte ich ein.

»Eben, hier ist auch die Genauigkeit der Sprache gefragt. Ein Revolutionär will im Gegensatz zum Rebellen an die Macht, damit er von oben her die Menschen beglückt. Aber auch wenn er ehrlich ist, klappt das nicht, deshalb altert er schnell. Und wenn er an die Macht kommt, wird er selber ein Hindernis für jede Veränderung.

Ein Rebell jedoch hat keinerlei Ambition in diese Richtung, darin liegt der Unterschied.«

Nur ein paar Schritte vom Kräuterbeet entfernt möchte ich euch eine Sitzecke einrichten, vielleicht aus rötlichem Sandstein mit einem verwitterten runden, weißen Steintisch in der Mitte. Der Tisch soll so stehen, dass ihr auch einmal eine Partie Schach spielen könnt, wenn ihr wollt.

Das Schachspiel ist uralt und hat bis heute nichts von seiner Anziehungskraft verloren. Immer wenn ich ein Schachbrett sehe, muss ich an meinen Nachbarn Samuel denken. Er brachte mir das Schachspiel bei.

Er wohnte mit seiner Frau in einem kleinen Haus uns schräg gegenüber. Schlechter als diese zwei konnten Eheleute nicht zueinander passen. Beide aber ertrugen die Misere mit Geduld. Seine Frau war eine fromme Katholikin. Sie ging jeden Morgen in die Messe und tadelte ihren Mann, weil er lieber Schach spielte. Sie war liebenswürdig, höflich und bescheiden, aber sehr geizig, deshalb mieden die Nachbarinnen sie.

Meine Mutter erzählte, sie erlaube niemandem – nicht einmal Samuel –, im Salon zu sitzen, denn die Sessel und Sofas dort sollten nur dann belüftet und benutzt werden, wenn der Bischof einmal im Jahr, kurz nach Ostern, kam.

Samuel war beliebt. Er scherzte gerne und lachte viel, und wenn er nicht im Café Schach spielte oder sich mit Passanten auf der Straße unterhielt, stand er Sommer wie Winter auf dem Balkon und zog an einer Zigarette. Er durfte in der Wohnung nicht rauchen. Seine Frau hielt Rauchen für eine Sünde, eine Geldverschwendung, und auch den Gestank konnte sie nicht ertragen.

Er rauchte also nie in der Wohnung, bis zu dem Tag, an dem seine Frau durch einen Herzinfarkt im Schlaf starb.

Einen Tag später besuchten ihn die Nachbarn, um nach ihm zu schauen. Sie fanden ihn im Salon. Er saß im bequemsten Sessel, hatte seine Füße auf den Tisch gelegt und rauchte. Die Nachbarn mussten sich durch eine dichte Rauchwolke zu ihm durchkämpfen, um ihn ein wenig zu trösten. Er aber hustete und wiederholte mehrmals fast heiter: »Ich weiß, ich weiß. Sie war eine liebe Frau.«

Zwei Tage später holte er Handwerker ins Haus und ließ es renovieren. Dann riss er alle Fenster auf, und von der Straße aus sah man ihn im bunt gestrichenen Salon vergnügt seine Zigaretten rauchen.

Von nun an ging er nicht mehr ins Café, sondern lud alle Freunde zu sich nach Hause ein.

Liebt ihr das Wasser? Für Araber ist Wasser etwas Göttliches. Und so will ich für euch auch einen großen Teich in eurem Garten anlegen, nicht so eine unförmige Salatschüssel, sondern einen großzügigen Teich. Er wird Libellen anziehen und viel anderes Leben. Und er wird euch immer wieder einladen zum Beobachten und Nachdenken.

Solch ein Wasser kann den Himmel einfangen und widerspiegeln. Und ich wünsche nur, dass euer Himmel frei sein möge von jeglichen Militärmaschinen.

Manchmal denke ich, ich bin immer noch der Junge von der Gasse, der bei den ersten Tieffliegern 1956, während des Suezkanalkrieges, zusammenzuckt. Doch die Zeit verändert uns. Damals hatte ich nur Angst.

Später, als ich erwachsen wurde und die Kriege nicht weniger, sondern mehr wurden, spürte ich neben der Angst auch Scham. Ich schämte mich, einer Menschheit anzugehören, die sich mit der Gewalt der Waffen verständigt.

Heute, bei diesem Krieg gegen den Irak, stellt sich bei mir neben Angst und Wut zum ersten Mal in meinem Leben ein neues Gefühl ein, ein Gefühl, das mich beglückt. Zum ersten Mal in der Geschichte der Menschheit verbinden sich Kriegsgegner zu einer weltweiten Demonstration.

In diesen Demonstrationen erkenne ich neben dem Willen zum Frieden noch etwas anderes: Es ist der fast jugendliche, leichtherzige Glaube, man könne einen Diktator stürzen und ein Imperium bei seiner strategischen Planung hindern, wenn man friedlich auf der Straße demonstriert.

Doch dieser scheinbar blauäugige Glaube ist beim genaueren Betrachten das einzig vernünftige zivile Gebot der Stunde. Es handelt sich also um ein neues, sich weltweit bildendes Bewusstsein einer Zivilgesellschaft und nicht um Leichtsinn und Blauäugigkeit, wie die Kriegswilligen uns weismachen wollen. Es sind vorwiegend Jugendliche in den ersten Reihen, weil sie zu allem sich Erneuernden ein inniges Verhältnis haben. Jung sein heißt ja in Bewegung bleiben. Viele Stehengebliebene verwechseln die eigene Trägheit mit Vernunft. Aber nicht die Jahre, die man hinter sich bringt, machen einen alt, sondern allein die Zahl der Träume, die man aufgibt.

Beim Anblick der Demonstranten versöhne ich mich mit

der Menschheit und denke, es lohnt sich schon, ein Tropfen auf dem heißen Stein zu sein, denn auch der reißende Fluss besteht am Ende nur aus vielen Tropfen.

Zum Schluss möchte ich euch eine einzige Kübelpflanze in euren Garten stellen. Einen kleinen Olivenbaum, als Zeichen für den Frieden. Seit Picasso die streitsüchtige Taube zu einem Friedenssymbol erhoben hat, leben wir mit einem Missverständnis. Der Ölzweig und nicht die Taube war das biblische Zeichen für den Frieden, so wie ein Flugzeug niemals ein Friedenssymbol sein kann, bloß weil es eine Friedensdelegation zur Verhandlung transportiert hat.

Die Taube ist sehr kriegerisch, der Olivenbaum niemals.

Um ihn vor Kälte zu schützen, müsst ihr ihn im Winter ins Haus nehmen, ihm sozusagen Asyl gewähren.

Liebe Jugend, das ist also euer Garten, und ich wünsche euch lebenslange Neugier, Zeit und Ruhe, um immer wieder den Eingang zu diesem Garten zu finden und einige seiner Geheimnisse zu entdecken.

Ich danke euch fürs Zuhören.

Eine kritische Bemerkung sei hier gewürdigt. Bärbel Malmberg, eine treue Leserin meiner Literatur, schrieb mir, der Garten wäre noch schöner gewesen, wenn ich der Jugend auch eine Fläche gelassen hätte, auf der sie hätte experimentieren können.

Sie hat Recht, deshalb soll diese Bemerkung bei jeder weiteren Veröffentlichung an die freie Fläche erinnern – und ebenso daran, wie unerfahren ich als Gärtner bin.

FERNE, NAHE KOLLEGEN ...

Ich muss mein Exil, diese dressierte Bestie, loben, denn meine Romane hätte ich niemals in meiner Heimat schreiben können, und auch die vielen Preise, Ehrungen und Liebeserklärungen, die mir das Exil in Deutschland brachte, zwingen mich dazu.

Eine dieser Ehrungen kam vom Hanser Verlag, ich sollte für die Jugend ein Buch über Goethe schreiben.

Man muss sich diese Ehre wie Schokolade auf der Zunge zergehen lassen, da Goethe für die Deutschen, gäbe es Literaturgötter, ein Gott wäre. Und Hanser beauftragt von Goethes Geist geleitet einen Ausländer mit dieser Aufgabe. Es ist der erste Roman über Goethe in der deutschen Literaturgeschichte, der von einem Ausländer in deutscher Sprache für den Buchmarkt geschrieben wurde.

Im Herbst 1999 wurde ich zum 250. Geburtstagsfest im Goethehaus nach Weimar eingeladen, wo ich drei Tage lang mitfeierte und über Goethe und den Orient referierte.

VON DER FLUCHT
EINES PROPHETEN

Zu Goethes Liebeserklärung
an den Orient

Oft bleiben die Gründe für die Entwicklung eines Kunstwerks im Verborgenen, und je mehr Schichten der Boden enthält, aus dem das Kunstwerk hervorgeht, umso schwerer ist zu bestimmen, welche Schicht den größten Einfluss auf die Entstehung hatte. Monokausale Werke werden selten zu Kunst.

Der *West-östliche Divan*, mein Favorit unter den lyrischen Werken des größten Meisters deutscher Zunge, ist ein vielschichtiges Kunstwerk. Es ist eine der größten Liebeserklärungen, die je ein Europäer dem Orient gemacht hat. Ein Kuriosum nebenbei: In arabischer Schrift steht auf dem Titel der ersten Ausgabe von 1819 nicht *West-östlicher Divan*, sondern *Der östliche Divan vom westlichen Verfasser*. Der Titel ist nicht falsch, denn es sind östlich empfundene weise Gedichte eines westlichen Dichters. Merkwürdig ist nur die Wahl des Wortes Verfasser, arabisch *Mu'allef*, das man in Arabien eher für Prosaschriftsteller benutzt, statt des Wortes *Scha'ir* für Dichter.

Goethe hat sich seit seiner Straßburger Zeit mit dem Orient beschäftigt. Unter dem Einfluss Herders versuchte er sich 1772 an einem Drama über den Propheten Muhammad; es blieb jedoch Fragment. Etwas später las er die arabische Dichtung *Mu'allaqat*, und bis 1800 studierte er eingehend den biblischen Moses und Voltaires Drama *Mahomet*, das er 1799 übersetzte. Ab 1813 beschäftigte er sich mit der orientalischen Poesie. Vor allem der persische Dichter Hafis hat ihn tief beeindruckt. Und sicher wissen wir die Zeit der Entstehung des *Divan*: 1814 bis 1819.

Seit dem Abdanken Napoleons 1814 herrschte Frieden in Europa, doch die Napoleonischen Kriege hatten Goethe tief erschüttert. Kein Friedensvertrag konnte seine Unruhe beschwichtigen. Auch die Enge der Weimarer Verhältnisse trieb ihn wieder zur Suche nach Rettung. Man kann vieles an Goethe leichter verstehen, wenn man sich vor Augen hält, dass der begnadete Dichter sein Leben lang einen poetischen Bildungshunger spürte, der ihn rastlos machte. Goethes Suche wurde zur Sucht und war im Grunde die Geburtshelferin vieler gewagter Schritte, die er unternahm. Doch wie sehr musste es den Dichter schmerzen, dass er »nur« als der Autor des *Werther* galt, sosehr er sich auch um andere Themen bemühte und was auch immer er sonst schrieb.

Der *West-östliche Divan* wurde beim Erscheinen von der Fachwelt sehr unterschiedlich aufgenommen. Die Gebrüder Schlegel verübelten es Goethe, dass er im *Divan* die indische Literatur nicht beachtete. Der Orientalist Johann Gottfried Kosegarten lobte das Werk. Der Romantiker Achim von Arnim äußerte ironisch bissige Kritik. Von Platen, Rückert und Heine waren dagegen begeistert. Grabbe machte sich in einer Komödie über Goethes Werk lustig. Ludwig Börne ging in seiner erst 1830 veröffentlichten herben Kritik am weitesten: »Das zahme Dienen trotzigen Herrschern hat sich Goethe unter allen Kostbarkeiten des orientalischen Bazars am begierigsten angeeignet. Alles andere fand er, dieses suchte er; Goethe ist der gereimte Knecht, wie Hegel der ungereimte.«

Das breite Publikum las das Buch jedoch nicht – Goethe blieb zu seinem Ärger der Autor des *Werther*.

Viele seiner schärfsten Kritiker hielten ihm vor, dass sein geistiger Ausflug in den Orient schlicht und einfach Flucht aus der bedrückenden Realität gewesen sei. Nun ist ja Suche an und für sich eine Flucht vor dem, was ist, zu dem, was sein könnte. Im Kern trifft der Vorwurf auch auf Goethe zu, doch ich komme später auf seine Absurdität zurück.

Wichtiger ist jedoch, sich diese Flucht in den Orient genauer anzuschauen. Es ist weniger eine Reise durch die geographischen Breitengrade als vielmehr durch die poetischen Landschaften und Flüsse der arabischen Redekunst, die Quellen der orientalischen Poesie und durch die Stille der Verse, die nur eine Wüste erzeugen kann. Der Reisende begegnet weder Basarhändlern noch Räubern oder edlen Rittern, sondern den Dichtern, Philosophen und anonymen Weisen der Bibel und der Sprichwörter, die Goethe auf seinen Wanderungen reichlich beschenkten. Wen wundert es, dass einem liebenden Dichter wie Goethe – obschon selbst Staatsmann – Protagonisten orientalischer Liebesepen wie Medschnun und Leila, Suleika und Jusuf näher standen als irgendwelche Paschas und Minister seiner Gegenwart?

Goethe suchte auf seiner geistigen Reise den Dialog, und deshalb war nicht die Einsamkeit des Dichters, sondern das Zwiegespräch die Geburtshelferin der meisten Gedichte.

Einen wichtigen Gesprächspartner aber verschwieg er, im Leben wie in der Dichtung: Marianne von Willemer. Heute gilt als sicher, dass die stürmische Liebesaffäre zu Marianne von Willemer eine entscheidende katalytische Wirkung auf den Werdeprozess des *Divan* hatte. Ihre Urheberschaft bei einigen Gedichten, die Suleika im Band spricht, ist ohne jeden Zweifel.

Die Liebe verjüngt das Herz. Und unabhängig davon, wie weit beide ihre Liebe körperlich auskosteten, erreichten sie höchste Höhen durch die poetisch gelebte Liebe. Denn durch die Liebe zu Goethe entbrannte Marianne von Willemer für die Poesie, und sie schrieb wunderschöne Gedichte, die Goethe in den Band aufgenommen hat, ohne die Autorenschaft der großartigen Frau auch nur im Geringsten anzudeuten. Der poetisch-erotische Dialog mit Marianne von Willemer beseitigte andererseits die letzten Barrieren, die dieser dichterischen Schöpfung im Wege standen. Goethe nannte sich in den Versen an sie Hatem, Marianne gab er den Namen Suleika, da er sicher war, dass sie für ihn, so wie die persische Suleika für ihren Geliebten Jusuf, unerreichbar bleiben würde. Der Dichter verschwindet im Herbst 1815 für immer aus ihrem Leben – Marianne verstummt daraufhin.

In seinem literarischen Leben folgte Goethe seinem heiligen Prinzip vom *Sterben und Werden.* Das machte ihn unsterblich. Im Leben aber entschied er sich immer für den Weg des geringeren Widerstandes. Leidenschaft ja, Opferbereitschaft lieber nicht. Darin glich Goethe, sagen wir vom Hals bis zur Fußspitze, 99,9 Prozent aller Männer. Doch einen solchen Kopf erlebt Europa und die Welt nur selten. Wie absurd muten all die Abrechnungen mit Goethes erotischen Zuneigungen und herzlosen Eskapaden an. Man verwechselt – vor allem gerne im deutschsprachigen Raum – nicht selten Werk und Person. Allerdings passiert das im Orient auch. Der beste Dichter aller Zeiten ist dort der verwegene, dem Wein, jungen Männern und Prostituierten verfallene Abu Nuwas, und der beste Mediziner, den der Orient je hervorgebracht hat und den auch die Europäer verehren, war Ibn Sina (Avicenna). Er lebte extrem ungesund und starb durch seine grenzenlosen Ausschweifungen sehr jung.

Goethe versuchte im *West-östlichen Divan* das Denken und Fühlen des Orients und seiner Lyrik aufzunehmen. In diesem Sinne war sein Werk ein Abrücken von der gestaltorientierten griechischen Klassik hin zum geistigen Fluss orientalischer Dichtung. Und um sich in die Kultur des Orients einzufühlen, lernte er auch die arabische Schrift. Der Mann, der so emsig erst unsicher und krakelig und dann immer eleganter von rechts nach links schrieb (und nicht, wie meine eurozentrischen deutschen Kollegen behaupten, von *hinten* nach *vorne*), war zu dem Zeitpunkt bereits 64 Jahre alt.

Man ist geneigt zu denken, Goethe sei während oder vor der Arbeit an seinem kleinen literarischen Juwel in den Orient gefahren, doch er war nur zwischen Weimar, Wiesbaden, Frankfurt und Heidelberg hin und her gependelt. Er vermochte aber durch die Magie der Literatur besser als das Heer heutiger emsiger Journalisten in Kairo, Damaskus oder Tel Aviv den Orient zu verstehen und zu vermitteln. Das ist die unfassbare Magie der Literatur. Und dennoch ist dieses Juwel weder orientalisch noch okzidentalisch geworden. Die Poesie schaukelt zwischen beiden Stühlen und spiegelt so auch meine Seele wider. Ich müsste mein Herz zerreißen, wenn ich trennen wollte, was sich in mir aus dem Osten und dem Westen, aus Orient und Okzident vereinigt hat. Und ich könnte auch nach der tausendsten Wiederholung noch immer ausrufen:

> *Wer sich selbst und andre kennt*
> *Wird auch hier erkennen:*
> *Orient und Okzident*
> *Sind nicht mehr zu trennen.*
> *Sinnig zwischen beiden Welten*
> *Sich zu wiegen laß ich gelten;*

Also zwischen Ost- und Westen
Sich bewegen, sei's zum Besten!

Auffällig bleibt jedoch, dass Goethe, wie er es bei keinem anderen Werk getan hat, zum *Divan* einen Anhang – »Noten zum besseren Verständnis« – geschrieben hat, so als hätte er gespürt, dass den Lesern die Materie fremd war. Die Romantiker werden später noch häufiger den paradiesischen Orient besingen und malen, aber zu seiner Zeit war Goethe fast allein auf weitem Feld. Goethe hatte es, wie alle Genies, nicht nötig, sich einen avantgardistischen Anschein zu geben – er war Avantgarde.

Schaut man aber genau hin, erweist sich der Anhang als viel mehr als nur ein Apparat zur Erklärung der Dichtung. Er ist die selbständige zweite Hälfte des *Divan*, in der das Bild des Orients facettenreicher wird. Sogar der Mongolenfürst Timur-Leng, der Goethe nur ein einziges verachtungsvolles Gedicht wert war, bekommt hier einen Anstrich von Menschlichkeit.

Der *Divan* wäre noch kein typisches Produkt Goethes, wenn der geniale alte Geheimrat nicht die Form des Dialogs vom Anfang bis zum Ende durchgehalten hätte, und nichts auf der Welt spiegelt Goethes Wesen so sehr wider wie der Dialog. Sein Leben lang führte er Dialoge: zwischen Menschen, Kulturen und Jahrhunderten. Vielleicht erscheint meine Feststellung manchem als orientalische Übertreibung. Sie ist für mich aber der Schlüssel zu Goethes Geheimnis gewesen: Goethe führte nicht nur Dialoge – er war selbst ein Dialog.

Sein Gesprächspartner in seinem west-östlichen Dialog war – wenn es nicht gerade um Liebe (Suleika) ging – ein Verwandter im Geist: der persische Dichter Muhammad Schamseddin Hafis aus Schiras, der Gelehrter für Theologie und Sprache und ein Gegner jeglicher Orthodoxie war. Er schrieb viele zarte Liebeslieder. Hafis hat, genau wie Goethe, in einer Zeit des Krieges und der Zerstörung gelebt – eben der der Mongolen unter Führung des erwähnten Timur-Leng. Hafis ist neben Dschalaleddin Rumi und Saadi einer der größten Dichter Persiens. Ihm widmete Goethe ein ganzes Kapitel des *Divan*.

Die Strophen über Hafis ehren nicht nur diesen, sondern auch Goethe selbst. Er, der damals bekannteste und größte Dichter deutscher Zunge, verneigte sich vor einem in Europa so gut wie unbekannten persischen Dichter, einem Lyriker, der fünfhundert Jahre früher gelebt hat.

Goethes Umgang mit Hafis ist immer noch ungewöhnlich progressiv, vergleicht man ihn mit heutigen deutschen Autoren, die ihre erlernten germanistischen Kategorien und Schablonen im Hinterkopf haben, wenn sie über das Werk eines ausländischen Autors schreiben. Selten fühle ich mich isolierter und einsamer als in solchen Augenblicken. Meine Glieder schmerzen durch die Enge des aufgesetzten Korsetts.

Es ist die universelle Seele, die Goethe leitet und ihn in manchen seiner Haltungen konservativ oder desinteressiert erscheinen lässt, weil er sich, statt sich mit lokalen Querelen zu befassen, mit Hafis poetisch und innig unterhält. Man könnte das, wie ich anfangs angedeutet habe, ohne weiteres Flucht vor den erdrückenden politischen Zuständen im Europa jener Zeit nennen. Aber mit dieser Flucht rettete er sich und versetzte zudem seine Seele in prophetische Höhen. Nicht zufällig nennt er das erste Gedicht *Hegire* (arab. *Hidschra*, was den rettenden Ritt des Propheten Muhammad von Mekka nach Medina meint).

Ich wäre froh, würde mancher deutsche Autor der heutigen

Zeit uns seine politischen Kommentare und Verrenkungen ersparen, vor der dauernden Unruhe unserer Zeit flüchten und
nach einem Jahrzehnt Verse wie diese liefern:

> *Was klagst du über Feinde?*
> *Sollten solche je werden Freunde,*
> *Denen das Wesen wie du bist*
> *Im stillen ein ewiger Vorwurf ist?*

WER ZWISCHEN DEN STÜHLEN SITZT, VERTEIDIGT KEINEN

Ein Brief an Adelbert von Chamisso

Lieber Großvater,

Der Erika Klopp Verlag wandte sich an mich, einen Deiner Ururenkel, mit der Bitte, ein Vorwort für Deine Biographie zu schreiben. Ich stimmte sofort zu, obwohl ich mitten in einer Erzählreise bin, die mich durch Hunderte von Orten führte, auch an solche, an denen Du auch einmal verweilt hast. Berlin und Hameln waren zwei dieser Städte, die für Dich entscheidende Bedeutung hatten.

Nun, auf dieser Reise nahm ich alle möglichen Bücher über Dich mit. Die Hotels sind noch langweiliger geworden als zu Deiner Zeit, deshalb vergnügte ich mich mit Dir. Ich studierte Dein Leben und Werk zum zweiten Mal. Damals, als ich den erstmals verliehenen Adelbert-von-Chamisso-Förderpreis bekam, kannte ich nur Deinen *Schlemihl*. Ein Buch erschien danach über Dich und uns. Sein Titel: *Chamissos Enkel*. So kam ich zu Dir, Großvater!

Nun las ich die vorliegende Biographie, eine von Robert Fischer nüchtern, aber spannend geschriebene Würdigung Deiner Person, die weder meiner Fürsprache noch meines Vorwortes bedürfte.

Da ich auch kaum Vorworte lese und nicht gerne schreibe, was kein Mensch lesen will, habe ich meine anfänglichen Entwürfe zu einem ernsten und sehr geschwollenen Vorwort in den Papierkorb geworfen. Am besten, dachte ich, schreibst Du dem Opa einen Brief. Ja, Großvater, Du lebst frischer denn je, und das 152 Jahre nach Deinem physischen Tod. Sei sicher, ich würde Toten nicht schreiben, auch wenn sie noch atmeten. Du aber lebst. Vor einem Jahr noch las ich in einer Literaturzeitschrift Dein Gedicht über den Säufer Hans Jürgen und wie ihn seine listige Frau bestrafte. Ein kluges Gedicht.

Großvater, mein Brief entsteht unterwegs und ist zerstückelt wie mein gegenwärtiger Alltag. Ich schreibe Dir im Hotel, Café und Zug, und ich will den Brief so lassen, wie er entstanden ist. Geschliffene Briefe mag ich nicht.

Donaueschingen, 2.2.90
Die Erde hat sich seit Deinem Tod sehr verändert. Sie ist noch kleiner geworden; Länder und Kontinente rückten zusammen, und doch sind sich die Menschen noch fremder geworden.

Weinheim, 5.2.90
Viele Verdienste hast Du. Eine Insel, ein Platz in Berlin und viele Straßen in Deutschland tragen Deinen Namen, doch das interessiert Dich, wie ich Dich kenne, kaum. Deine Werke werden immer wieder herausgegeben. Viele Deiner Gedichte aber verblassten mit der Zeit, denn auch die Liebe ist anders geworden, nüchterner. Deine sentimentalen Liebeslieder singt heute kaum mehr einer. Sei nicht traurig, auch wenn von Dir alles verschwindet, so bleibt Dein *Schlemihl* unsterblich! Heute lässt sich dieses wunderbare Werk genau so lesen, wie Du es damals den Kindern auf dem märkischen Gut bei Kunersdorf erzählt hast. Kunst ist, was bleibt. Das haben die alten Griechen schon gewußt.

Viele Ururenkel hast Du inzwischen, auf die Du stolz sein kannst. Sie schreiben in fremder Zunge, und ihr Herz wird nicht gespalten, sondern reicher und bunter dabei.

Bad Bevensen, 7.2.90

Deine Menschenliebe und Achtung vor fremden Kulturen haben Dich dazu veranlaßt, die Lieder und Gebräuche auf Ratak aufzuzeichnen und damit ein Zeugnis für die Nachwelt zu hinterlassen, denn bald fielen die Missionare über die Kultur her und walzten sie nieder. Missionare gibt es heute nicht mehr, dafür McDonald's, der die Walze weitertreibt.

Berlin, 15.–16.2.90

In Deiner Stadt Berlin entstand einst eine Mauer. Sei froh, daß Du sie nicht erlebt hast. Du hättest bestimmt keine Erlaubnis bekommen, nach Deinem geliebten Halle zu fahren. So wie Du ausgesehen und Dich benommen hast, hättest Du eine Antwort mit sächsischem Akzent erhalten: »Sie sind in unserer Deutschen Demokratischen Republik unerwünscht!« Ich habe genau diesen Bescheid erhalten, gratis und ohne Grund.

Nun krachte die Mauer zusammen, die die Stadt über 40 Jahre in zwei Teile trennte, doch da ist etwas Wundersames passiert. Dir kann ich es ja erzählen, denn viele deutsche Freunde glauben es einfach nicht.

Statt diese häßliche Mauer beschämt zu begraben, fingen die Deutschen an, sie mit Picke, Hammer und Hacke zu zerteilen. Sie schenkten sie Freunden, als wären die grauen Brocken Blumen oder Muscheln aus exotischen Ländern, ja, es gab sogar regen Handel mit den häßlichen Mauerbrocken. Viele meiner Freunde stellten die Stücke auf ihre Regale, andere hoben sie in mit Samt gefütterten Schachteln auf, als wären sie Juwelen. Die hasserfüllte Mauer rächte sich bald. Mein Freund Herrmann hatte ein solches Stück auf dem Regal. Wir tranken Wein in seinem Zimmer in Kreuzberg. Er saß mit dem Rücken zum Regal und bemerkte nichts. Ich aber sah, wie der Mauerbrocken von Minute zu Minute größer wurde. Seine scharfen Kanten näherten sich dem Kopf meines Freundes. Ich schrie, er solle weg von der Mauer kommen, doch er lachte mich aus. Eine scharfe Kante stieß Herrmann an die linke Schläfe. Er blutete leicht. Plötzlich fing er an, mir mit glänzenden Augen von Deutschland zu erzählen und von der weltweiten Verschwörung, die sich gegen ein großes und friedliches Deutschland gebildet hat.

Ich stand erschrocken da und flehte ihn mit trockener Kehle an, er soll sich vor der Mauer retten, doch er wischte mit seiner flachen Hand das Blut weg und fragte: »Wegen dieser kleinen Schramme?« Und er schimpfte auf die Polen. Ich rannte in die Nacht hinaus, seitdem sehe ich viele Menschen, bei denen die verfluchte Mauer sich – genau wie bei Herrmann – durch eine kleine Wunde in den Kopf hineingeschmuggelt hat; unsichtbar ist sie und dicht wie keine Mauer der Welt.

Gerhard Polt, einer der besten Satiriker dieses Landes, würde Deinen Namen, meinen und das Gefühl einer Minderheit in diesem Land, die genau wie Du immer zwischen allen Stühlen sitzt, in dieser Zeit mit einem Satz beschreiben: I scham mi so!

Verstehst Du Bairisch?

Wolfenbüttel, 19.2.90

Großvater, weißt Du, welche Frage die dümmste ist, die einem ausländischen Autor hier gestellt wird? Warum schreiben Sie auf Deutsch? Wenn man nach dem »Wie« fragen würde, wäre die Frage gar nicht dumm, doch »Warum«! Ich habe mich anfangs bemüht und bekam irgendein Gebrabbel heraus, doch seit ein paar Jahren antworte ich lächelnd: »Weil die Deutschen kein Arabisch können!« Gut, was? Schluss damit. Auch das Geplapper von den gespaltenen Seelen eines Emigranten kann ich nicht mehr hören. Manche haben zwei, andere entdecken drei Seelen in sich, und manch ein Emigrant behauptet bald, er habe gar keine Seele und Identität. Das ist Schwachsinn. Wir haben mehrere Identitäten in einer, der unsrigen, die durch die Emigration nur komplexer und reicher wird, auch in all ihren Brüchen.

Hameln, 20.2.90

Ich liebe Deine Definition des Militärs im Brief an Deine Schwester im Jahre 1800: »... und der Kern unserer Friedenskompanien ist ein abscheulicher Mischmasch des Abschaums aller Nationen ... wenn Du mich nach ihrem Geiste fragtest, so muß ich antworten: sie haben keinen.«

Schade, dass Du so lange mit Dir gerungen hast, bis Du dem Militär den Rücken gekehrt hast. Mit meiner Freundin bin ich heute an der Weser spazieren gegangen. Ich habe dabei an Deine Briefe und verzweifelten Anträge und Bitten um Entlassung aus der Armee gedacht und ihr davon erzählt. Sie kennt Dich gut. Deine Zerrissenheit hat wie bei jedem Emigranten keine Grenzen. Du, derjenige, der nichts zu verteidigen hat, wenn Herrscher Gebiete unter sich aufteilen, wolltest in den Tod gehen. Gott sei Dank ist Dir das nicht gelungen. Ein Vers oder ein Märchen, die Du später für die Nachwelt geschrieben hast, ist wertvoller als der ganze nationalistische Schwachsinn. Deshalb würdest Du mich verstehen, wenn mir Dein Auftritt in Hameln und Deine flammende Rede zur Verteidigung der Ehre der Stadt überhaupt nicht gefällt. Später in

Berlin hast Du Dich vom ganzen nationalistischen Rummel nicht beeindrucken lassen, Du hast Dich angeekelt auf das Landgut bei Kunersdorf zurückgezogen, und wir haben den *Schlemihl* bekommen, wie gut war hier Deine Entscheidung. Großvater! Wer zwischen den Stühlen sitzt, verteidigt keinen.

Vechta, 21.2.90

Dein Satz an Madame de Staël: »Ich bin nirgends am Platz, ich bin überall fremd« gilt für alle Emigranten und Minderheiten noch bis heute. Ich wollte Dir heute viel schreiben, aber ich bin müde. Ich übernachte in einem Kloster. Stell Dir vor, ich in einem Kloster! Die Nonnen sind aber lieb zu mir.

Herford, 22.2.90

Heute bin ich bei meinem Freund Udo. Er ist ein Büchernarr und Verächter aller sichtbaren und unsichtbaren nationalen Grenzen, genau wie Du. Bei einem Spaziergang in der Stadt entdeckte ich einen wunderschönen Spruch auf einer Mauer. Unter einem durchgestrichenen Nazispruch »Ausländer raus!« stand: Liebe Ausländer, lasst uns nicht alleine mit diesen Deutschen.

Toll, nicht wahr, Großvater? Wir bleiben!

Schweinfurt, 6.3.90

Mögen sich die Germanisten, Philologen und Botaniker über die Wichtigkeit Deiner Literatur und botanischen Forschungen die Haare raufen, Deine Größe besteht darin, durch Dein persönliches Unglück zur Größe der Menschlichkeit zu gelangen.

Regensburg, 15.3.90

Ich wußte schon von Deiner Solidarität mit dem Freiheitskampf des griechischen Volkes gegen die osmanische Besatzung und auch von Deiner eindeutigen Haltung gegenüber den Völkern Amerikas, als sie gegen die spanischen Kolonisatoren kämpften. Du bist wirklich durch die Emigration zum Weltbürger geworden. Man entzog Dir die französische Heimat, da wurde die Welt Dein Zuhause.

Heute habe ich aber genau erfahren, wie Du zu Heinrich Heine gestanden hast, als er in diesem Land verhasst war. Alle Achtung, Großvater! Hast Du je gelesen, was er über Dich geschrieben hat? Hier ist es: »Sein Herz ist ja so jung und blühend; in ihm ist der Mensch nicht geschieden von dem Dichter, sein Wort ist sein Herz ...« Freust Du Dich? Ich liebe Heine!

Marnheim, 31.3.90

Heute ist meine Erzählreise zu Ende. Das Wetter draußen ist herrlich, und ich sitze trotzdem gerne hier drinnen am Schreibtisch, um meinen Brief an Dich abzuschließen. Großvater, Du hast in allem noch Glück, dass Du ein paar gute Freunde bis zum Ende Deines Lebens gehabt hast, die Dich anerkannt und geliebt haben. Diese Anerkennung und Achtung in ihren Herzen gaben Dir eine Heimat. Sie ist die einzige Heimat unserer Erde, die niemals Rassenhass oder Nationalismus hervorruft. Diese Heimat habe ich bei Freunden gefunden, und ich werde ihr und Dir verbunden bleiben.

Lebe wohl!
Dein Urenkel
Rafik

ZU BESUCH BEI HARRY HEINE

Ein Hörspiel

Zum 200. Geburtstag des Dichters bat der SDR ausländische Autoren, u. a. A. Szczypiorski, R. Bécousse und mich, ihre ganz persönliche Sicht Heinrich Heines darzustellen. Es ist eine Liebeserklärung an den Dichter, den Hans Mayer treffend »europäisches Ereignis und deutscher Skandal« nennt.

RAFIK SCHAMI (R. S.) (Schritte auf einer Treppe, dann Stille): Es ist wirklich dumm, zu Heine nach Paris zu kommen mit nur hundert französischen Wörtern, davon siebzig hinkende und zwanzig verwahrloste, und was ist, wenn die Bediensteten mich nicht verstehen und mich nicht zu ihm lassen? Am besten den Selbstsicheren herauskehren. Hier steht es (Papiergeräusch, dann lieblich gekünstelt): Guten Tag, Madame, könnte ich bitte schön … Oh nein, das hört sich nach Klinkenputzer an. (Noch gekünstelter, so wie in der Werbung) Ja, Madame, hier habe ich ein Parfum, sehr schön die Verpackung, und riecht erotisch. (Ernst und herrisch) Jetzt genug gequasselt. Nimm dich zusammen. Du musst und du kannst zu ihm hineinkommen. (Schritte auf der Treppe, und wie auswendig gelernt wiederholend) Ich bin ein Urenkel von Adelbert von Chamisso … Schami … Chamisso … So, so, was heißt Urenkel auf Französisch? … Einem Freund von Herrn Heine. (Klopft. Man hört Schritte, dann geht die Tür auf.)

MATHILDE: Bonjour, Monsieur.

R. S. (etwas hastig): Guten Tag, Madame, könnte ich Herrn Heine sprechen?

MATHILDE (höflich): Wen darf ich melden?

R. S.: Rafik Schami ... sagen Sie Herrn Heine, ich bin ein Urenkel seines Freundes Chamisso.

MATHILDE: Einen Augenblick bitte! (Schritte ...) Enri (die Stimme rückt immer ferner), ein Herr aus Deutschland, ein Urenkel von Chamisso.

R. S.: Mein Gott, das ist also Mathilde. Sie ist wirklich schön. Etwas mollig, aber eine bezaubernde Erscheinung.
(Man hört die Stimme Heines, freundlich und ungeduldig: Treten Sie ein mein Herr, treten Sie ein.)

MATHILDE (kommt zur Tür): Entschuldigung, das Personal ist gerade unterwegs, kommen Sie herein. Bitte.

R. S.: Merci, Madame. (Schritte) Guten Tag, lieber Herr Heine. Mein Name ist Rafik Schami, ich komme aus Damaskus und bin ein Urenkel Chamissos.

HEINRICH HEINE (H. H.) (verwundert und belustigt): Was? Hat der alte Weltenbummler auch in Damaskus Kinder gezeugt?

R. S. (verlegen): Nein, nein! Nicht im leiblichen, sondern im dichterischen Sinne.

H. H.: Ach so! Wie auch immer, wenn Sie in Verwandtschaft zu ihm stehen, welcher auch immer, sind Sie mir sympathisch. Ich liebe den Kerl. Das Herz dieses Mannes hat sich in der letzten Zeit so wunderbar verjüngt, dass er in ganz neue Tonarten überging und sich als einer der eigentümlichsten und bedeutendsten modernen Dichter geltend machte (hält kurz inne) und erst recht sein *Schlemihl*!!! Aber sagen Sie, Sie sind doch nicht etwa im Exil, wie, mein Freund?

R. S.: Doch, doch, seit 25 Jahren: die Hälfte meines Lebens ...

H. H.: Das ist ja allerhand. In Deutschland? Ja, geht es Ihnen zu Hause so schlecht, dass Sie ausgerechnet nach Deutschland ... (Hält inne) Man geht nach Frankreich, in die Schweiz, nach Amerika, aber nach Deutschland?

R. S.: Die Deutschen sind besser als ihr Ruf ...

H. H.: Ich weiß, ich weiß. Eine große Vorliebe für Deutschland grassiert in meinem Herzen, sie ist unheilbar. Aber wie finden Sie es?

R. S.: Andere Völker mögen gewandter sein, und witziger und ergötzlicher, aber keines ist so treu wie das deutsche Volk. Wüsste ich nicht, dass die Treue so alt ist wie die Welt, so würde ich glauben, ein deutsches Herz habe sie erfunden.

H. H. (lacht): Das ist von mir.

R. S.: Gewiss, diese Diagnose gilt bis heute im Guten wie im Schlechten.

H. H.: Und Sie sind Syrer, welch ein Glück für Sie. Die Orientalen sind ein gescheites Volk, sie verehren einen Verrückten wie einen Propheten, wir aber halten jeden Propheten für verrückt.

R. S.: Das war zu Ihrer Zeit vielleicht. Im Orient von heute verfolgen sie jeden Vernünftigen, bis er wahnsinnig wird, und stecken ihn dann in die Psychiatrie. Überhaupt ist unser Jahrhundert ein Jahrhundert der Vertreibung und des Exils geworden.

H. H.: Und was haben Sie verbrochen?

R. S.: Ich bin für die Versöhnung zwischen Arabern und Juden eingetreten. Etwa zwanzig Jahre zu früh. Dafür muss ich bis heute zahlen.

H. H.: Ich kam immer in der Welt überall zu früh; dieses und meine falsche Position, die das Exil mit sich führt, waren mein Unglück. Aber, was führt Sie zu mir?

R. S.: Sie werden in diesem Jahr zweihundert und sind so lebendig wie noch nie. Man feiert Sie überall, und ich habe die Ehre angetragen bekommen, Sie zu interviewen.

H. H. (verwundert, fast stotternd): Man feiert mich in Deutschland? In meinem geliebten Vaterland?

R. S.: Ja, und zwar groß. Sie haben alle Ehrungen bekommen, die einen Dichter unsterblich machen. Straßen, Literaturpreise und sogar die Universität Ihrer Stadt Düsseldorf heißt Heinrich Heine Universität. Na ja, Sie sind auch ein so öffentliches Gut geworden, dass sogar Agenten des Geheimdienstes als Deckname Heinrich Heine wählen.

H. H. (lacht): Sie scherzen wohl, aber es ist Ihnen gelungen, mich zu überraschen. Ich habe beinahe alles geglaubt.

R. S.: Nein, nein (lacht), das ist kein Scherz. Sie haben es mit 29 Jahren frech prophezeit. Sie sind über die Jahrzehnte und Jahrhunderte mit nur wenigen Dichtern wie Goethe und Schiller bekannt geblieben. Ihr *Wintermärchen* kennt jeder vierte Deutsche und jeder achte kennt die *Lorelei*, aber von meinem ersten Erlebnis mit der *Lorelei* erzähle ich Ihnen später. Ich muss, bevor ich mit dem offiziellen Interview anfange, Ihnen meine Verwunderung zum Ausdruck bringen. Ich hörte während der Vorbereitung meiner Reise, dass Sie furchtbar wohnen, aber wie ich sehe, die Wohnung ist ja herrschaftlich.

H. H.: Ja, das ist wahr. Wir wohnen hier in der Rue Matignon, in der Nähe des Rond Point auf den Champs-Élysées erst seit November. Sechs Jahre lang haben wir zu sechst mit einem kreischenden Papagei in einer düsteren Wohnung in der Rue d'Amsterdam gewohnt. Hier ist es schön. Ich habe mir gestern das Opernglas meiner Frau hierher an mein Lager reichen lassen und sah mit unglaublichem Vergnügen einem Pastetenbäckerjungen nach, der zwei Damen seine Pastetchen anbot, und einem kleinen Hund, der daneben auf drei Beinen an einem Baum stand und sich erleichterte! Da machte ich das Glas zu; ich wollte nichts mehr sehen – denn ich beneidete den Hund.

R. S.: Wenn Sie erlauben, fange ich nun mit meinen vorbereiteten Fragen an? Aber davor möchte ich wissen, wie ich Sie nennen soll, Harry, Heinrich, Henri?

H. H.: Heinrich, Harry, Henri oder Enri, wie die Franzosen mich nennen. Alle diese Namen klingen gut, wenn sie von schönen Lippen gleiten. Am besten freilich klingt Signor Enrico. So hieß ich in jenen hellblauen, mit großen silbernen Sternen bestickten Sommernächten jenes edlen und unglücklichen Landes, das die Heimat der Schönheit ist und Raffael Sanzio von Urbino, Joachimo Rossini und die Principessa Christina Belgiojoso hervorgebracht hat.

R. S.: Aber ich hörte, Sie mögen am liebsten Ihren Jugendnamen, Harry?

H. H.: Ja, aber dieser Name ist mit einer unguten Erinnerung verbunden. In meiner Vaterstadt wohnte ein Mann, welcher der Dreckmichel hieß, weil er jeden Morgen mit einem Karren, woran ein Esel gespannt war, die Straßen der Stadt durchzog und vor jedem Hause still hielt, um den Kehricht, welchen die Mädchen in zierlichen Haufen zusammengekehrt, aufzuladen und aus der Stadt nach dem Mistfelde zu transportieren. Der Mann sah aus wie sein Gewerbe und der Esel, welcher seinerseits wie sein Herr aussah, hielt still vor den Häusern oder setzte sich in Trab, je nachdem die Modulation war, womit der Michel ihm das Wort Haarüh zurief. War solches sein wirklicher Name oder nur ein Stichwort? Ich weiß nicht, doch so viel ist gewiss, dass ich durch die Ähnlichkeit jenes Wortes mit meinem Namen Harry außerordentlich viel Leid von Schulkameraden und Nachbarskindern auszustehen hatte. Um mich zu ärgern, sprachen sie ihn ganz so aus, wie der Dreckmichel seinen Esel rief, und war ich darüber erbost, so nahmen die Schälke manchmal eine ganz unschuldige Miene an und verlangten, ich sollte sie lehren, wie mein Name und der des Esels ausgesprochen werden müssten, stellten sich aber dabei sehr ungelehrig.

MATHILDE (schaut zur Tür): Enri, ich gehe mit Pauline spazieren. Brauchst du noch etwas?

H. H.: Man soll mich aus den Matratzen heben.

MATHILDE: Gut, ich schicke dir die Mulattin. (Zu mir) Auf Wiedersehen, Monsieur.

R. S.: Auf Wiedersehen, Madame.

H. H.: Ich will am Fenster im Liegestuhl sitzen. Hier in dieser Matratzengruft ist es zu heiß. (Der Papagei krächzt in der Ferne.) (Brummend) Der verfluchte Teufel könnte auch mal ins Jenseits spazieren.

(Die Haushälterin kommt herein, grüßt kaum hörbar und hebt Heine von seinem Lager. Sie geht mit ihm durch das Zimmer zum Liegestuhl am Fenster. Er lacht und ruft:) Vergessen Sie nicht bei Ihrem Bericht, der Welt zu erzählen, wie man mich hier in Paris auf Händen trägt (lacht schallend).

R. S.: Lieber Harry Heine, bevor ich die offiziellen Fragen stelle, möchte ich noch etwas für mich wissen. Erlauben Sie auch unangenehme Fragen?

H. H.: Bitte, bitte.

R. S.: Wie konnte es passieren, dass der Dichter, der sich vor Königen und Despoten nicht verneigte, sich von einem Vetter namens Carl Heine zensieren ließ? Dabei haben Sie vor seinem mächtigen Vater Salomon nicht so viel Angst gehabt. Erinnern Sie sich? Sie sagten ihm: »Weißt du, Onkel, das Beste an dir ist, dass du meinen Namen trägst.« Und dann kapitulierten Sie vor seinem dummen Sohn. Ist das die jüdische Familie? Ist das die Sorge um die Rente Ihrer Witwe, die der schwachsinnige Cousin von Ihrem Schweigen abhängig machte?

H. H.: Das alles und noch mehr, doch von Selbstzensur kann nicht die Rede sein, ich …

R. S. (unterbricht): Haben Sie nicht Campe im März 1854 über die Memoiren geschrieben; ich zitiere: »Da ich jetzt weiß, was ich nicht sagen darf, so schreibe ich mit großer Sicherheit.« Und Sie wollten die Memoiren noch zu Lebzeiten herausbringen.

H. H.: Aber Jehova hatte keine Geduld mehr mit mir. Ist das etwa meine Schuld? Ich war fast fertig, aber das war ja nicht mehr schwer, sie herauszubringen. Mathilde …

R. S.: Nein, nein. Nichts gegen Mathilde. Aber sie hat womöglich dem Schwachkopf Carl, Ihrem Cousin, das Manuskript angeboten, und nun wütete die Schere Ihrer Familie, und was geblieben ist, ist ein verstümmelter Text.

H. H.: Sie scherzen! Mathilde macht das nicht.

R. S.: O doch, in ihrer Unwissenheit machte sie mehr. Sie bot Ihre unveröffentlichten Schriften Ihrem Erzfeind, dem Fürsten von Metternich, an, ob er sie nicht kaufen wolle, da sie sehr gefährlich seien. Und beinahe wäre es dazu gekommen. Doch am Ende winkten die Österreicher ab. Carl aber machte Mathilde und ihrem schmierigen Advokaten ein Angebot.

H. H. (traurig): O Mathilde, mein armes Kind. (Pause) Doch was verändert das? Was ich sagen wollte, hatte ich längst in Prosa und noch besser in meinen Gedichten gesagt. Und niemandem blieb ich einen Hieb schuldig. (Etwas resigniert) Was soll noch in den Memoiren stehen?

R. S.: Das stimmt. Womöglich wartete die Welt nur noch auf Skandale der Familie Heine, denn alle Ihre anderen Abrechnungen haben Sie mehr als genug abgeschlossen. Aber nebenbei bemerkt, wenn ich Ihre bösen Angriffe gegen die Dummheit, Unterdrückung, Korruption, Unterwürfigkeit, Despotie und Unaufrichtigkeit lese, dann finde ich unsere heutigen Dichter viel zu brav und höflich, dabei hattet Ihr im Vergleich zu unseren Diktatoren wirklich noch harmlose Herrscher.

H. H. (aufgeregt): Die verfluchten Preußen und Metternich, harmlos?

R. S.: Ich möchte Ihre Schmerzen im Exil nicht im Geringsten infrage stellen, denn der Exilschmerz war weder kleiner noch größer, aber die Herrscher lernten in der Zwischenzeit schneller als ihre Gegner aus ihren Fehlern, und die Technik steht ihnen sklavisch zu Diensten, sodass sie heute einen universellen Terror gegen ihre Gegner ausüben können. Metternich und alle Zaren und Könige waren ein paar Kilometer weiter – sagen wir in Frankreich – machtlos. Heute jagen die Diktatoren ihre Gegner rund um den Globus.

H. H. (mit besorgter Stimme): Mein Gott, und was wenn …

R. S.: Ein blasphemischer Satz, eine Beleidigung eines Diktators kostet einem Dichter das Leben. Und erwischen sie ihn nicht, so erschießen sie seine Schwester oder seinen Vater.

H. H.: Und was machen die anderen Regierungen?

R. S.: Sie schauen zu, ja, manche helfen sogar dem Verfolger, es sei denn, die Autoren sind bei den Geschäften einer Regierung nützlich, dann werden Krokodilstränen vergossen.

(Kurze Pause) Aber wenn Sie erlauben, fange ich mit meinen offiziellen Fragen an.

H. H.: Nein, nein, warten Sie. Entschuldigen Sie. Sie sagten doch, dass ich in Ihrer Zeit bereits zweihundert Jahre werde. Das heißt, Sie kommen aus dem Ende des 20. Jahrhunderts (fast stotternd, aus trockener Kehle), und das Exil existiert noch auf Erden?

R. S.: Es existiert nicht nur, es greift um sich! Man schlägt sogar vor, das 20. Jahrhundert das Jahrhundert der Vertreibung und des Exils zu nennen. Eine Schande ist das.

H. H. (seufzt): Wäre ich nur bei Kräften! Aber ich kann nichts gegen diese Menschenschänder tun.

R. S.: Sie sind lebendiger denn je, lieber Harry Heine, und überhaupt haben Sie Freund und Feind nicht nur durch Ihre Dichtung, sondern durch Ihre tapfere Haltung in Staunen versetzt. Keiner hat damit gerechnet, dass Sie, der blasse, leidende Junge, so heldenhaft die Matratzengruft und die Schmerzen ertragen würden. Wie erträgt der Weltenbummler diese qualvolle Rast?

H. H.: Es ist die grässlichste Hoffnungslosigkeit mit einem Geleite von moralischen Torturen, die ich jedoch ebenfalls wie die physische mit einer Ruhe ertrage, die ich mir selber nie zugetraut hätte. Was mich aufrechterhält, ist der Gedanke, dass ich diese Schmerzen freiwillig erdulde und sie enden kann, sobald ich will. Sehen Sie, mit der Hand kann ich auf dem Tisch eine Dosis Opium erreichen, nach der ich nicht wieder aufwachen würde. Dass ich diese letzte Freiheit habe, gibt mir Mut und macht mich gewissermaßen heiter.

Ich bin vom Oberkörper an abwärts gelähmt und fast blind. Und in diesem toten Körper bin ich gefangen. Es ist hart, auf einer Matratze festgenagelt zu sein, wenn alle Welt auf den Beinen ist. Sterben ist kein Unglück. Glücklich sind die, welche schnell fertig werden, wie mein Vater sagte: Man dreht sich herum und schläft ein, und alles ist bezahlt. Aber kommen wir zu Ihren Fragen, sonst beschäftige ich Sie auch noch mit meiner Krankheit. Über die, wie Sie sehen, ich schon durch diese vielen Fachbücher besser als meine Ärzte informiert bin. Meine Studien werden mir wohl nicht viel helfen. (Lacht) Ich werde höchstens im Himmel Vorlesungen halten können, um meinen Zuhörern darzutun, wie schlecht die Ärzte auf Erden die Rückenmarkserweichung kurieren. Aber was wollten Sie mich fragen?

R. S.: Eigentlich eine einzige Frage, die mich mein Leben lang noch beschäftigen wird. Wie entsteht Literatur in der Fremde, im Exil? Die Antwort ist sehr kompliziert und vor allem individuell. Sie ist wie nichts anderes mit dem Schicksal des Fremden aufs engste verbunden, doch man kommt durch Teilfragen der Antwort näher. Sie sprechen gut Französisch, aber mit einem starken deutschen Akzent, genau wie mein Urgroßvater Chamisso, der exzellent Deutsch konnte, aber mit einem ausgeprägten französischen Akzent. Akzent ist für mich der Beweis, dass die Bindung an die Ursprungsheimat noch stark ist, sie meldet sich sogar physisch. Wie fühlen Sie sich nach all den Jahren des Exils?

H. H.: Danton sagt, man schleppt das Vaterland an den Schuhsohlen mit sich. Ich bin ein deutscher Dichter. Es wäre für mich ein entsetzlicher, wahnsinniger Gedanke, wenn ich mir sagen müsste, ich sei ein deutscher Poet und zugleich ein naturalisierter Franzose. – Ich käme mir selber vor wie eine jener Missgeburten mit zwei Köpfchen, die man in den Buden der Jahrmärkte zeigt …

R. S.: Aber das gilt nicht für mich und für Chamisso, denn wir beide schreiben aus vielen Gründen nicht in unserer Muttersprache, sondern in der Sprache des Gastlandes. Meine Bücher sind in zwanzig Sprachen erschienen, aber in Arabien sind sie bis heute verboten. Sie haben das Glück, direkt in Ihrer Heimat trotz Verbot zu veröffentlichen, was am Ende auch ein Glück für die deutsche Sprache ist.

H. H. (lacht): Ich könnte mir alsdann wohl etwas darauf einbilden, dass ich mich rühmen darf, in diesem Gebiete meine Lorbeeren errungen zu haben. – Wir wollen auch kein Blatt davon aufgeben, und der Steinmetz, der unsre letzte Schlafstätte mit einer Inschrift zu verzieren hat, soll keine Einrede zu gewärtigen haben, wenn er dort eingräbt die Worte: »Hier ruht ein deutscher Dichter.«

R. S.: Sie sind es; und was für ein göttlich boshafter Dichter, wie Nietzsche über Sie in *Ecce homo* schrieb. Aber ich denke, Ihre Heimat war die Sprache und nicht die Zahl der Breitengrade Deutschlands. So sind wir, Chamisso, Sie und ich, wiederum Landsleute. Und noch etwas ist uns allen gemeinsam. Sosehr wir auch mit unserem Geist dem Herzen der Gesellschaft nahe sind und darüber schreiben, so bleiben wir doch Außenseiter. Das Problem ist nicht, ob der Fremde in der Gastgesellschaft zurechtkommt oder nicht. Und wenn man von dem Ausländerproblem quasselt, meint man am allerwenigsten die Probleme, die ein Ausländer in einem Meer von Einheimischen hat, sondern man meint schlicht die Unruhe, die ein Fremder in die Gastgesellschaft einbringt. Um ein Beispiel zu bringen: Ein Fremder kann höflich, fleißig, ehrenhaft sein und noch viele andere Merkmale der moralischen Vorbilder der bürgerlichen Gesellschaft vorweisen, doch solange er darauf besteht, Fremder zu bleiben, zählt das alles nicht, und die

Gesellschaft zieht ihm einen fremden Zuhälter vor, der sich bis zur Unkenntlichkeit eingedeutscht hat. Ich glaube, darin lag auch Ihr Problem, und es ist meines immer noch.

H. H.: Ja, das stimmt, ich werde auch in der Fremde, im Exil, meine Tage beschließen. Die wackeren Kämpen für Licht und Wahrheit, die mich der Wankelmütigkeit und des Knechtsinns beschuldigten, gehen unterdessen im Vaterland sehr sicher umher, als wohlbestallte Staatsdiener. (Er lacht ironisch) Ist es nicht närrisch, kaum bin ich getauft, so werde ich als Jude verschrien. Ich sage Ihnen, nichts als Widerwärtigkeiten seitdem ...

R. S.: Eben, und es hilft einem Juden keine Taufe und einem Südländer kein Haarfärben und kein Eintritt in die Parteien der Mehrheit. Das Stigma trägt der Fremde auf der Stirn.

H. H.: Unter den getauften Juden sind viele, die aus Feigheit über das Judentum noch ärgere Missreden führen als dessen geborene Feinde. In derselben Weise pflegen gewisse Schriftsteller, um nicht an ihren Ursprung zu erinnern, sich über die Juden sehr schlecht auszusprechen.

R. S.: Wie Ihr ehemaliger Freund, der Doktor der Revolution, der fast antisemitische Witze über die Juden riss, um seine Distanz klar zu machen?

H. H. (lacht): Sie meinen Karl Marx, den Enkel des Rabbi Meir Halevi Marx?

R. S.: Ja, genau den, und in dieser Hinsicht sind viele Fremde ohne es zu wissen Marxisten, weil sie sich selbst erniedrigen, um die Eintrittskarte zu den so genannten Zivilisierten zu erbetteln. Ich glaube, es ist eine besondere Art der Einsamkeit, die den Fremden befällt, die Einsamkeit der Beute in der Fallgrube.

Die Last der Hoffnungslosigkeit wiegt schwer auf der Brust

des Fremden. Sind Ihre Ironie, Ihre Satire, der *Schlemihl* von Chamisso und meine Neigung zum Lachen ein Erzeugnis der Last, der Angst vor der Mehrheit, vor ihrer Unberechenbarkeit?

H. H.: Sicher! Und überhaupt, je wichtiger ein Gegenstand ist, desto lustiger muss man ihn behandeln. Die Schriftsteller, die unter Zensur und Geisteszwang aller Art schmachten und doch nimmermehr ihre Herzensmeinung verleugnen können, sind ganz besonders auf die ironische und humoristische Form angewiesen. Es ist der einzige Ausweg, welcher der Ehrlichkeit noch übrig geblieben, und in der humoristisch ironischen Verstellung offenbart sich diese Ehrlichkeit noch am rührendsten.

R. S.: Aber die Literaturkritiker in Deutschland …

H. H. (lacht): Kritiker stehen wie Lakaien vor der Saaltüre bei einem Hofball, sie können schlecht gekleidete und unberechtigte Leute abweisen und gute einlassen, aber sie selbst, die Türsteher, dürfen nicht hinein.

R. S.: Sinnreiches Lachen hat in Deutschland keine Tradition. Das hat nicht nur mit dem Wetter, sondern mit der Staatsform zu tun. Völker, wie die Franzosen und Ägypter, die in ihrer Geschichte lange in einem zentralistischen Staat lebten, neigen eher zur Satire, vor allem gegen den übermächtigen und doch fernen Herrscher. Oder ist es ein Zufall, dass die drei besten deutschen Satiriker elend starben? Sie im Exil, Tucholsky, einer Ihrer Enkel, im schwedischen Exil durch Selbstmord, und Ihr Cousin Oskar Panizza endete in der Irrenanstalt. Ich beobachte seit Jahren, wie die wichtigsten Literaturkritiker im Lande, Herr Gurke, Herr Weiß-Radieschen und Herr Ölig, unbeirrbar die Langeweile züchten, düngen und pflegen. Und mit Gift das Lachunkraut bekämpfen. Sie …

H. H. (unterbricht): Das sind doch keine Literaturkritiker von Format. Gurke, Radieschen und der ganze Salat sind doch keine Kritiker für große, sondern nur für kleine Schriftsteller – Walfische haben keinen Platz unter ihrer Lupe, wohl aber interessante Flöhe. Doch welcher Ton herrscht in der orientalischen Literatur?

R. S.: Die Weinerlichkeit. In Deutschland wird die Langeweile, im Orient die Rührung gelobt, und Sie können sich vorstellen, wie perfekt mein Exil ist.

H. H.: Rührung? Dieses Talent hat auch die kümmerlichste Zwiebel, mit dieser teilt der weinerliche Dichter seinen Ruhm. Für Deutschland würde ich aber unbedingt einen Vorlacher empfehlen. Lachen hat einen epidemischen Charakter, wie das Gähnen, und ich empfehle die Einführung eines Chatouilleurs, eines Vorlachers. Vorgähner besitzen sie dort gewiss genug. (Lacht.)

R. S.: Meine letzte Frage: Ich fühlte mich noch nie so verbunden mit meiner Familie wie in den Jahren des Exils. Wie ist das eigentlich bei Ihnen? Kehrt man in der Fremde des Exils zu den Ursprüngen zurück? Nicht nur die Kindheitsorte, sondern auch die Zugehörigkeit zu der Familie und manchmal sogar zur Minderheit, der man in den jungen Jahren zu entfliehen suchte, werden wichtig. Oder ist die Rückkehr ein Werk des Alters? Sucht man vielleicht Trost?

H. H. (protestiert): Ich mache keinen Hehl aus meinem Judentum, zu dem ich nicht zurückgekehrt bin, da ich es niemals verlassen habe. Und trösten kann kein Mensch, sondern nur die Zeit, der schlaue Saturn, er heilt uns von jeder Wunde, um uns mit seiner Sense bald wieder eine neue Wunde ins Herz hineinzuschneiden. Aber nun, da Sie fertig sind, habe ich eine Frage, wie haben Sie als Araber mich kennen gelernt? Es rührt mich sehr, dass ein Sohn von Damaskus mich interviewt.

R. S. (sich erinnernd): Ja genau ich habe es fast vergessen, Ihnen von der *Lorelei* zu erzählen. Nun, ich war in meiner Jugend Kommunist und habe Ihr Weberlied bereits in Damaskus in einer miserablen Übersetzung gelesen, trotzdem fand ich es gut, doch Ihren Namen vergaß ich bald wieder. In Deutschland angekommen, lernte ich im Sprachinstitut das *Lied von der Lorelei* und hielt Heinrich Heine für einen Dichter volkstümlicher Schnulzen, doch bald bekam ich Ihr geniales Werk *Deutschland, ein Wintermärchen* als Geschenk. Welch ein Genuss! Und dann fuhr ich nach Aachen, wo ich an einer Untergrundzeitschrift arabischer Oppositioneller mitgearbeitet habe, und es regnete an dem Tag in Aachen, und die Straßen waren leer und langweilig, und ich wartete eine Ewigkeit auf einen vergesslichen Syrer, der mich abholen sollte. Plötzlich erschien ein Hund …

H. H. (lacht): Ich weiß, was jetzt kommt …

R. S. (lacht): Ja, genau das. Ich stand im Regen und hielt dem Hund Ihr Gedicht vor, das ich auswendig konnte:

> *Zu Aachen, im alten Dome, liegt*
> *Carolus Magnus begraben.*
> *(Man muß ihn nicht verwechseln mit Karl*
> *Mayer, der lebt in Schwaben.)*

Bis zu der Stelle:

> *Zu Aachen langweilen sich auf der Straß*
> *Die Hunde, sie flehn untertänig:*
> *Gib uns einen Fußtritt, o Fremdling, das wird*
> *Vielleicht uns zerstreuen ein wenig.*

Ich bin in diesem langweilgen Nest
Ein Stündchen herumgeschlendert.
Sah wieder preußisches Militär,
Hat sich nicht sehr verändert.

H. H.: Und haben Sie dem Hund den Wunsch erfüllt?

R. S.: Nein, aber der Syrer bekam eine verbale Ohrfeige für die zweistündige Verspätung und die noch blödere Rechtfertigung. Doch Sie schloss ich seit diesem Tag ins Herz. (Pause) Leben Sie wohl, Harry Heine.

H. H.: Leben Sie wohl, mein Freund, und auf Wiedersehen, sagen Sie denen in Deutschland, die mich einen Zerrissenen nennen, dass ich vielleicht der Ganzeste bin. Und verlieren Sie in Deutschland nicht Ihr Lachen!

Bemerkung: Heines Antworten sind zum größten Teil Zitate aus seinem Werk (Heinrich Heine, *Sämtliche Schriften*, hrsg. von Klaus Briegleb, Carl Hanser Verlag, München 1976).

ALS DIE STEINE FLÜGGE WURDEN

Offener Brief an David Grossman
über sein Buch *Der gelbe Wind*

Mannheim, Juli 1988

Lieber David Grossman,

abgesehen von einigen wenigen Propheten, die den Flug der Steine vorausahnten, hat der Aufstand in den besetzten Gebieten uns alle überrascht. Heute kenne ich vielleicht eine der elementaren Ursachen unserer Überraschung: Die Jugendlichen, die die größte Last des Aufstands tragen, sind an etwas reich, woran Juden und Araber arm sind: ihre enge Beziehung zur Gegenwart. Wer das Handeln und die Aufrufe der Aufständischen aufmerksam verfolgt, dem fällt das ungeheuer große Gewicht der Gegenwart auf. Vergangenheit und Zukunft besetzen nur eine Randstellung. Also eine Umkehrung des arabischen und jüdischen Verhaltens im Umgang mit den Fragen des politischen Kampfes.

Araber und Juden haben die Gabe eines guten Gedächtnisses. Wenn man aber ein gutes Gedächtnis hat, so kann man sich die Bilder der Vergangenheit genau merken, so genau, dass sie dem eigenen Ideal immer ähnlicher werden. Erreichen sie es, so werden sie für alle Zeiten zementiert. Verglichen mit der grauen Gegenwart, lässt es sich in diesem Paradies verdammt gut leben.

Ein gutes Gedächtnis ist aber nicht nur eine Gnade, sondern auch ein Fluch. Es gebärt, sich um die Gegenwart herummogelnd eine Zukunft, die im Glanz ihrer Farben die paradiesische Vergangenheit übertrifft. Wer konnte genauere Bilder vom Paradies malen als die Araber und Juden? Mitten im Sande der Wüste, halb verhungert und verdurstet, ließen unsere Vorfahren in ihren Köpfen die Lämmer mit den Wölfen spielen und Flüsse mit Milch und Honig fließen. Sie trugen ja ihr Paradies mit auf Reisen.

Mit diesem Problem der Veränderung oder Mumifizierung durch die Zeit beschäftige ich mich seit einer Weile. Vor etwa zwei Jahren fragte mich Dan Diner, während wir spazieren gingen, woran ich arbeite. Ich erzählte ihm von einer Geschichte. Sie spielt gleichzeitig in mehreren Epochen. Ich schildere in dieser Geschichte meinen Besuch in Damaskus nach einer Abwesenheit von 15 Jahren. Dort treffe ich einen alten Mann, der mir eine Geschichte in Fortsetzungen erzählt. Er ist ein verrückter Erzähler, aber das ist nicht so wichtig, wichtig ist, dass er in sieben Gestalten erscheint. Jeden Tag suche ich ihn, damit ich die Fortsetzung seiner Geschichte höre, doch er überrascht mich immer wieder mit seinen Erscheinungen. Meine Großmutter ist dagegen so, wie sie vor 15 Jahren war.

Am ersten Tag sitzt der alte Mann in einem arabischen Innenhof, wie es sie noch selten in Arabien gibt. Er raucht seine Wasserpfeife und schweigt lange, um mir das Behagen des Sitzens beizubringen.

Am zweiten Tag ist das blühende Haus in eine heruntergekommene Mietskaserne verwandelt, die immer noch die Spuren der Vergangenheit trägt. Die Leute halten mich für einen Dieb, und ich werde zur Polizeistation gebracht. Der gelangweilte Offizier hält mich für verrückt, weil ich in Damaskus nachts jemanden aufsuche, um Geschichten zu hören. Er steckt mich in eine Zelle, doch raten Sie, wer da in der Ecke sitzt? Der alte Mann, der mitten auf der Straße einen Geheimdienstler ohrfeigte, weil dieser laut ein populäres Lied über die Freiheit gesungen hat. Er erzählt mir von seinen Kämpfen und Träumen. Er träumt oft von Salahaddin und von einem Nasser, den es nie gab. Ich habe Mitleid mit dem alten Mann und bewundere doch seine mutige Tat.

Am dritten Tag hilft mir ein junges Mädchen, den Weg zu ihm in der Wüste zu finden. Er sitzt nun in einem schäbigen beduinischen Zelt und verdient sein Geld durch Zigarettenschmuggel. Er erzählt aber von seinen früheren siegreichen Überfällen und von seinen Gästen: Antar ibn Schadad, al Zir Salem und von einem syrischen Kernphysikprofessor, der alle Angebote in den USA ausgeschlagen hat, um unter dem blauen Himmel seiner Heimat gelangweilt das Abc der Mechanik zu unterrichten. Der alte Mann nannte den Professor einen Trottel und schwärmte dann eine Stunde lang vom klaren Himmel seiner Steppe, die er nicht einmal gegen die Gärten des Andalus tauschen würde.

Am vierten Tag ist er ein Straßenkehrer, der mich in den Gang eines Hauses zieht, damit der Inspektor ihn nicht bei seiner Faulenzerei ertappt und er keine Schwierigkeiten mit dem Oberinspektor bekommt. Doch da kommt er mir mit seiner Geschichte über Ehre und Familie schon wie ein Pascha vor.

Am fünften Tag ist er ein Gewürzhändler, der mir die Beziehung zwischen Lüge und Würze durch eine Geschichte voller Weisheit und Poesie erklärt.

Am sechsten Tag ist er ein Bettler, der vor einer Moschee laut die Gläubigen um milde Gaben anfleht und dem Staatspräsidenten ein langes Leben wünscht. Als er mich sieht, bittet er mich, seinen günstigen Bettelplatz nahe dem Eingang für ihn zu halten. Es ist mir peinlich, doch ich sitze und warte. Nach etwa einer Stunde kommt er fröhlich pfeifend zurück. Ich frage ihn, wo er war.

»Im Puff!«, antwortet er, dreht sich zu den Gläubigen und ruft mit einer wunderschönen Stimme, die einen Stein erweichen könnte: »Min Mal Allah Ja Muhssinin. Min Mal Allah ja Mu'minin!«

Am siebten Tag hält er den Termin nicht ein, obwohl ich ihm gesagt habe, dass ich an jenem Tag abfliegen muss; doch am Flughafen überrascht er mich. Er ist ein Arbeiter im blauen Overall. Mit seinem grauen Schnurrbart entspricht er dem Traumbild eines Arbeiters, wie ihn sich die arabischen Kommunisten wünschten. Er erzählt mir die siebte und letzte Folge der Geschichte.

Sieben Veränderungen vollzog der Mann vor meinen Augen. Meine Oma aber schwärmte immer noch von den besonderen Trauben ihres Weinberges. Außer ihrer Schwerhörigkeit war an der Frau seit vierzig Jahren nichts verändert.

Damals habe ich Dan Diner gesagt, ich hoffe, ich könnte mit den sieben Figuren des alten Mannes dem arabischen Menschen etwas näher kommen. Ich möchte sein Bild zeichnen, wie er in seiner Gegenwart lebt und sich verändert. Dan Diner lachte viel über den alten Mann und sagte sinngemäß: »Der Alte verändert sich, weil er in der Gegenwart lebt, doch es wird ein Märchenroman.« Heute, zwei Jahre danach, nachdem ich Ihr Buch gelesen hatte, musste ich daran denken. Es handelt ja von der Beziehung der Araber und Juden zu ihrer Gegenwart. Eine durch unsere Mythen, Legenden und Lügen fast erdrückte Gegenwart. Der heutige Orientale hat eine ziemlich komplizierte Identität, lebt er dazu noch als Angehöriger einer Minderheit oder gar unter der/einer Besatzung, wird die Schilderung seiner *Identitäten* fast unmöglich. Dies war der Grund, weshalb mich eine Unruhe packte, als ich von Ihrem Buch *Der gelbe Wind* hörte. Es sei ein *anderes* Buch von einem Israeli über die Palästinenser. Es fehlte mir weniger die Beschreibung aus Sicht der Araber über ihre Lage unter der Besatzung oder als Bürger zweiter Klasse in Israel; wie Sie wissen, ist die Literatur der Palästinenser eine Pflichtlektüre eines jeden nicht nur fortschrittlichen Arabers.

Es fehlte mir auch nicht an schlechten israelischen Darstellungen der Palästinenser in der Literatur und vor allem in grässlich langweiligen Filmen. Es fehlte noch weniger an großen weißen Flecken in der israelischen Literatur dort, wo Palästinenser sein sollten. Doch ich hörte lobende Worte über Ihre humanistische Einstellung, und so machte ich eine gründliche Reise durch Ihr Buch.

Der gelbe Wind muss mit Sicherheit viele Israelis geschockt haben, weil Sie ihnen ein Bild des gegenwärtigen Unrechts zeigen, das sie sorgfältig verdrängt haben. Das tut jede Mehrheit auf der ganzen Welt gegenüber ihrer Minderheit.

Sie dosieren sehr geschickt und ohne jede Plumpheit die bittere Medizin, ohne die Hintertür zu vergessen, durch die der israelische Leser flüchten könnte, so z.B. Ihre absolute Zustimmung, dass nicht die Israelis den 67er Krieg angefangen haben (S. 44), Ihre lyrischen Bilder von Gusch Emunim (S. 54) und Ihr Urteil über einen Mann, dessen Haus in die Luft gejagt wurde (S. 202). Mich stören diese Stellen weniger als die Tatsache, dass das Bild, das Sie von den Arabern zeichnen, nicht stimmt. Es ist nur eine Seite, nicht aber die Vielfalt eines durch eine uralte Zivilisation und unzählige Brüche geformten Menschen.

Genügen vielleicht sieben Perspektiven, um meinen alten Syrer zu durchleuchten, wie ich es oben geschildert habe, so braucht man das Zweifache an Perspektiven, um einen Palästinenser zu verstehen. Sie zeigen nur eine: den grollend leidenden Palästinenser. So gesehen haben Sie, wahrscheinlich ohne es zu wollen, aus den Palästinensern eine etwas aggressivere Variante des Onkel Tom gemacht. Die Palästinenser aber sind die Nachfahren eines Siegers, der einst ein Weltreich beherrschte. Ihre Gegenwart als ein Volk unter Besatzung spielt in ihrem Bewusstsein deshalb keine große Rolle, weil die Uhren der Araber eine Zeit mit gewaltiger Ausdehnung messen, in der die reale Zeit der Besatzung winzig und leicht zu verdrängen ist.

Sicher wurden die Palästinenser durch den Schock der Nakbah 1948, der Niederlage der arabischen Staaten 1967, des Blutbades von Amman 1971 und der Niederlagen im Libanon bis zur Vertreibung 1982 gelähmt, doch in ihrem Innern suchten sie nach einer Rache für ihre demütigende Gegenwart. Die Zukunft bot nicht gerade eine Zuflucht für die Palästinenser. Sie wurde immer düsterer. Die Vergangenheit blieb aber unangetastet paradiesisch, nur nicht für alle. Je jünger die Palästinenser wurden, umso homogen bitterer wurde ihre Vergangenheit: eine Kindheit und Jugend unter Besatzung und sonst gar nichts. Das machte ihnen die Gegenwart zur einzigen Alternative der Hoffnung. Das ist eine der Perspektiven, ohne die die Beschreibung eines Palästinensers nicht möglich wird.

Ich fragte mich oft beim Lesen Ihres Buches: Warum hat er nicht ein einziges Mal über den kulturellen Widerstand der Araber erzählt? Hatten Sie keine Möglichkeit in Israel oder den besetzten Gebieten gehabt, oder wollten Sie die Israelis damit nicht zu sehr schockieren? Mich befriedigen solche lapidaren Sätze nicht, die Araber würden den Israelis am besten widerstehen, wenn sie sich nicht ändern. Es stimmt auch nicht. Die Palästinenser verändern sich und ihre Umwelt, zu der Sie gehören. Sehen Sie, Ihr Buch ist ein Zeugnis der Veränderung, auch wenn es der Gegenwart der Palästinenser nicht gerecht wird. Vielleicht kann ich Ihnen das durch zwei Beispiele erklären:

– Ich treffe manchmal Araber aus Israel im Ausland. Ich bewundere sie, wie sie ihre *Identitäten* täglich zäh und fast selbstironisch verteidigen. Sie sind sehr witzig, auch wenn sie über die Repressalien der Polizei in Tel Aviv berichten. Es macht wirklich Spaß und ist bereichernd, ihnen zuzuhören. Nichts davon lese ich in Ihrem Buch.

– Eines Tages sah ich mir die Fernsehberichte aus der Westbank an: Soldaten marschieren hochbewaffnet. Sie sehen bestimmt nicht zufällig wie Rambo aus, doch an ihnen vorbei trippelt der Esel eines stolzen Bauern. Der Bauer zeigte keine Angst, obwohl er bestimmt Gott leise anflehte, den Teufel davor zurückzuhalten, einen Schuss auf ihn loszulassen. (Der Aberglaube sagt bei uns, dass der Teufel die Kugel löst, wenn sie einen Unschuldigen trifft. Ein weiser Aberglaube, finden Sie nicht?) Doch der Bauer würdigte den Soldaten keines Blickes. Sehen Sie, das ist auch derselbe Araber, der seine Steuer zahlt und Kummer um das Brot von morgen hat.

Wollen Sie Ihrem Volk vom nahen, aber unbekannten Nachbarn erzählen, dann ersparen Sie ihm nichts aus der Gegenwart. Sagen Sie, dass die Araber nicht nur leiden. Sie singen, tanzen, arbeiten, lügen, fluchen, hassen, und vor allem lieben sie leidenschaftlich. Ein berühmter Dichter sagte einmal: Die Israelis besiegen uns vielleicht ein paar Mal auf dem Schlachtfeld, doch wir besiegen sie langfristig im Bett. Die anwesenden Araber lachten, ihres potenziellen Sieges sicher. Ich konnte nicht lachen, weil ich die Verbitterung darin spürte. Auch das Bett verwandelt sich zu einem Schlachtfeld nicht nur zwischen den Geschlechtern, sondern zwischen den Völkern. Nun soll keiner mit dem Finger auf den Dichter zeigen, dem andere Mittel geraubt wurden. Die Steine der Jugendlichen flogen u. a. deshalb, weil ihnen der Boden, auf dem sie stehen, samt ihrer Rechte unter den Füßen weggezogen wurde. Wenn aber alles in Palästina fehlt, so fehlen die Steine nicht. Das hat nicht einmal in den Bildern der israelischen Propaganda à la »vorher Steppe, nachher Paradies« gefehlt.

Die Leute, die Sie treffen, besingen fast lyrisch ihre Dörfer, aus denen sie vertrieben wurden. Ja, wenn man Kinder (etwa im Kindergarten, den Sie besucht haben) fragt, woher sie kommen, nennen sie Orte, die sie nie gesehen haben, aber sie wissen genau, dass das Wasser, die Orangen, die Oliven und die Luft dort besser schmecken. So ist es immer, wenn die Gegenwart kein Zuhause bietet, verwandelt sich das staubigste Dorf der Vergangenheit zu einem Palast, bei dem Harun al Raschid blass vor Neid werden könnte.

Sie stellen fest: »Die Palästinenser machen Gebrauch von der alten jüdischen Strategie des Exils. Sie haben sich aus der Geschichte zurückgezogen. Sie verschließen ihre Augen vor der Realität und bauen unverdrossen das verheißene Land auf.« (S. 11)

Ich muss erst einen Verdacht loswerden, bevor ich mich zu dieser zentralen Aussage äußere: Viele Israelis nehmen auch in ihren kritischsten Augenblicken die Manier eines Siegers an. Sie bilden sich ein, sie seien tugendhaft und menschlich, wenn sie die Araber nicht hassen. Ein Sieger hat es aber nicht nötig, Hass und Wut gegen die Besiegten zu empfinden, doch die Humanisten in der Siegergesellschaft, zu denen ich Sie bedenkenlos zähle, müssen ihre Worte dreimal prüfen, ob sie nicht herablassend, mitleidvoll und entwürdigend sind. Viel zu schnell malen sie das Bild eines Besiegten, wie sie ihn gerne hätten. So in unserem Fall: Ein Araber sei stolz, großzügig und launisch. Kurz: ein Kind. Davon gibt es in der guten israelischen Literatur genug (Amos Oz). Nicht einmal für eine Überraschung wäre ein Araber gut; gelingt es ihm, den weltweit fast antisemitisch gelobten Schin Beit samt Elektronik und Kollaborateuren zu linken und zu überrumpeln, dann hört man sogar einen Professor sagen: »Das haben die gut von den Israelis gelernt.« Das zeigt nur das Unvermögen eines Siegers, die brodelnde Seele des Besiegten zu begreifen. Zu dieser allgemein gültigen Erfahrung kommt das Schuldgefühl der Israelis, wenn sie entdecken, dass das Land Palästina weder leer noch von Fliegen fressenden Messerstechern bewohnt war und ist. Ihr Buch ist durchtränkt von diesem Schuldgefühl. Doch mit Schuldgefühlen versperren Sie sich den Weg zur Wirklichkeit eines Arabers.

Ich erinnere mich an einen Abend mit einem kritischen israelischen Mathematiker, der mich eine Nacht lang überzeugen wollte, dass nicht die Araber, sondern die Inder die arabische Null eingeführt haben. Am Anfang begriff ich nicht, was er wollte, denn ich wusste genau, dass die Araber die Null zur weltweiten Karriere gebracht haben. Mir wäre auch gleichgültig, ob sie oder die Eskimos die Null erfunden haben, doch aus der Fülle seiner Beweisversuche und Beispiele blieb der arabischen Kultur nur das Kamel und das unverdiente Glück, erst mit den Israelis zivilisiert worden zu sein. Dieses Gespräch habe ich im Herbst 1984 geführt. Es machte mich traurig, weil ich merkte, wie groß der Abgrund zwischen beiden Völkern klaffte. Heute überrascht es mich nicht, wenn ein junger israelischer Offizier mit einem unschuldigen Gesicht vor der Kamera im Gazastreifen erzählt, wie er den Bewohnern von Gaza die Zivilisation gebracht hat. Er merkt nicht, dass seine Aussage von einer makabren Komik ist, weil er daran tatsächlich glaubt. Zurück zu Ihrer Aussage. Sie ist leider richtig. Beide Völker, die Araber und die Juden, haben ein so katastrophal gutes Gedächtnis. In diesem Gedächtnis sind nur Bilder der Vergangenheit und der Zukunft gespeichert. Sie sind so absolut und präzise, dass sie so niemals stimmen können. Ihr gigantisches Volumen erdrückt die Gegenwart zu einem dünnen Streifen. Sie ist so brüchig, dass sich beide Völker auf ihr mit unsicheren Füßen bewegen und alsbald ausrutschen und Geborgenheit in den Festungen der Vergangenheit suchen. Der eine sagt Mas'ada, der andere antwortet mit Hittin. Der eine schwärmt von David und seiner Schleuder, der andere von Salahaddin und seiner legendären Großzügigkeit gegenüber Verlierern. Diese Bilder und Metaphern sind nicht nur so dahergesagt, sondern genau bemessen, und sie beinhalten eine genaue, aber verschlüsselte Antwort auf die Gegenwart. Sie sind aber eine Flucht aus der aktiven Geschichte, deren Bestandteile die Gegenwart schmiedet. Die Reserven beider Völker an Bildern und Metaphern der Vergangenheit sind unerschöpflich, wie sollte es anders sein bei zwei so alten Völkern. Niemand Geringerer als Nahum Goldmann soll einmal gesagt haben: Unser Problem besteht darin, ein Volk als Feind zu haben, das genau wie wir nichts vergisst.

Nun, Sie versuchen den Araber so zu zeigen, wie er ist, doch Sie schwanken zwischen dem jahrzehntealten Gefühl des Siegers und dem etwas jüngeren Gefühl der berechtigten Angst vor der immer düsterer werdenden Zukunft des Landes und beider Völker. Das ist der Grund, weshalb Ihr Bild vom Palästinenser nicht scharf geworden ist.

Es ist sicherlich schrecklich, dass Kinder mit drei Jahren durch die Tritte der Soldaten politisiert werden und damit um ihre Kindheit betrogen werden. Sie aber verstehen das überhaupt nicht, sondern verhören die Kinder so lange, bis sie sagen, dass sie auf Juden schießen, weil diese ihre Schwester, ihren Onkel oder Vater abgeschleppt haben. Erst hier ergibt sich die psychologische Situation, die Ihnen im Grunde Ruhe schenkt: der verfolgte Verfolger. Danach fangen Sie an, moralisch zu predigen und zu erpressen: »Ist das die Lösung? Eine Generation nach der anderen im Hass zu erziehen? Ihnen beizubringen, dass dieser Hass Grund genug ist, um auf alle Friedensbemühungen zu verzichten? Können sie nicht einen anderen Weg einschlagen?« (S. 28 ff.) Das ist nicht einmal böser Wille. Es ist nur so, weil Sie die anderen Seiten des Nachbarn nicht sehen wollten oder konnten. Ein Araber ist genauso kriegerisch oder friedlich wie ein Jude. Ihre Aufforderung, sie sollen friedlich sein, wird ein Ruf in der Wüste bleiben, weil Sie eine Grundregel übersehen: Der Besiegte weiß, dass der Sieger Frieden braucht. Seine einzige Chance besteht ebendarin, Unfrieden zu stiften.

Eine Mischung aus Angst und Schuldgefühl verzerrt die Konsequenzen, die Sie aus Ihren oft richtigen Beobachtungen ziehen. Man könnte viele Stellen Ihres Buches aufgreifen und eine scharfe Polemik gegen Ihre Anschauung über Terror, Frieden und Gusch Emunim führen, doch das ist nicht meine Absicht. Ich bleibe deshalb bei einem der neutralsten Beispiele, die Ihr Buch beinhaltet: Im oben erwähnten Kindergarten beschreiben Sie die Misere, in der er sich befindet, aber schauen Sie, wie Sie den Zustand des alten, verbrauchten Spielzeugs kommentieren: »Zwei kleine Schachteln mit alten, verblichenen Spielsachen, die irgendjemand irgendwann einem gestiftet hat. Nicht ein einziges Spielzeug ist ganz. Kein einziges Auto hat Räder, den Puppen fehlen Arme und Beine. Gnade wird hier nicht geübt.« (S. 30) Einfacher wäre die Feststellung: Hier mangelt es an Geld!

Ihr Buch hat mich in seiner Trauer manchmal fast erstickt. Ich legte es hin und verfluchte die Israelis, doch dann nahm ich es wieder und las weiter, und bald wurde ich mit einem Lächeln belohnt. Ich lächelte über Ihre übertriebene Begeisterung für die fleißigen Araber. So z. B. in Bethlehem. Sie verführen mich, Ihnen zu unterstellen, dass Sie mit der Vorstellung hingegangen sind, messerstechende Araber zu treffen und dann davon angenehm überrascht wurden, dass die arabischen Studenten lesen können. Sie geben das nicht zu, aber Ihre übertriebene Begeisterung ist ein Indiz dafür. Übrigens, das Bild mit dem Löwen, »der auf grausame Weise ein Reh schlägt«, ist kein »Palästinenser-Symbol« (S. 60), sondern vermutlich ein Kunststück aus der Omaijadenzeit, das man in Kassir Hischam gefunden hat. Dick tragen Sie auf, als Sie voller Begeisterung in Ihrem Notizbuch schreiben: »Es gibt hier keine Faulenzer. Anders als auf den viereckigen Universitäts-Höfen, die ich kenne. Hier wirken alle irgendwie entschlossen. Selbst während der Pause.« (S. 63) Um Gottes willen, hat es nicht genügt, dass die Kolonialherren immer nur den fleißigen Araber gelobt haben, bis wir den uns bis dahin unbekannten Herzinfarkt importiert haben. Jetzt kommen Sie daher und wollen keine Faulenzer mehr gesehen haben. Gott sei Dank stimmt Ihre Aussage nicht.

Durch diese Idealisierung werden Sie und diejenigen, die das glauben, sehr schnell enttäuscht, wenn Sie Araber kennen lernen. Diese Enttäuschung ist vorprogrammiert, weil das Bild der Palästinenser so nicht stimmen kann. Es ist viel komplizierter, ja so kompliziert wie das eines Juden. Sie sind mit Ihrem unbestritten humanistisch motivierten Gang viel näher an das Bild herangekommen, doch müssen Sie den Mut haben, den arabischen Nachbarn in seiner Hässlichkeit, Schönheit, wüstenweiten Geduld und winzigen Seele, in seiner Nachgiebigkeit und seinem Widerstand darzustellen. Ich fand es in den 224 Seiten nicht.

Die Steinewerfer haben Sie nicht vorhersehen können. Das ist auch gar nicht Ihre Aufgabe gewesen. Diese Steine markieren eine Wende. Sie werden sehen, man wird eines Tages die palästinensische Geschichte in zwei Epochen teilen: die Zeit vor und die Zeit nach dem ersten Steinwurf im Dezember 1987. Die Steine zerstören eine doppelte Schicht, die das Bewusstsein beider Völker benebelte. Eine Schicht der Ohnmacht auf palästinensischer Seite und eine der Übermacht auf israelischer Seite. Vielleicht werden diese Steine beide Völker durch die Annäherung ihres Selbstvertrauens näher bringen. Die Steine machten die Gegenwart schmerzhaft breiter in unserem Bewusstsein. Sie fliegen gegen die Besatzung. Sie lassen augenblicklich jeden Dialog verstummen, doch sie fliegen gegen die Verstummung. Sie fliegen aber auch gegen die Unfähigkeit der älteren Generationen in beiden Lagern. Schon jetzt aber haben viele Araber und Israelis aus unserer Generation (35–45) entweder die Flucht nach vorne oder in die Erinnerung ergriffen. Weh- und übermütig werden die Araber – ängstlich steif und brüllend taub werden die Israelis. Wir müssen uns beeilen, bevor der gelbe Wind kommt, von dem Ihnen Abu Harb erzählt hat (S. 80). Ich bin selbst Autor und mag es nicht, Metaphern auf eine Aussage festzunageln, aber so, wie er das erzählt hat, ist die Rede vom Atomkrieg.

Es wird niemals einfach für einen Angehörigen der Siegermehrheit sein, sich auf die Seite der unterworfenen Minderheit zu schlagen. Ich lebe seit meiner Geburt in einer Minderheit. Die Orte wechseln, aber der Stand eines Außenseiters bleibt, daher rührt meine Achtung vor Ihnen, die mich dazu veranlasst, Sie aufzufordern: Haben Sie den Mut, den Israelis weiterhin zu sagen, *es bleibt ihnen nichts übrig, als mit den Palästinensern zu leben, wie sie sind.* Ein uraltes, stolzes und nachtragendes Volk. Eben wie die Juden. Ich verstehe Ihre Schmer-

zen, wenn Sie jeden Tag den Boten einer schlechten Nach-
richt (S. 32) spielen müssen, weil Ihre Augen das sehen, was
die anderen nicht sehen wollen, können oder dürfen. Wir müssen alles tun, um das Stück Gegenwart unter den Füßen beider
Völker zu untermauern und auszubauen. Damit hätten die
Steine ein Ziel erreicht, dass *heute* über das *Jetzt* miteinander
gesprochen wird. Dies ist ein erstes Handeln im Sinne Camus', den wir beide verehren. Ich wünsche Ihnen viel Mut
und Geduld auf Ihrem Weg.

Rafik Schami

WARUM ICH TROTZ ALLEM
ESSAYS SCHREIBE

> Ich habe dir drei Arten von Menschen zurückgelassen,
> Arme, die nur hoffen, dass du reicher wirst,
> Ängstliche, die dir mehr Sicherheit wünschen,
> und Gefangene, die ihre Erlösung lediglich durch dich
> erhoffen.
>
> *Al Mansur (712–775), 2. Kalif der Abbassiden,*
> *an seinen Sohn al Mahdi*

Ein Roman liefert ein genaues Abbild davon, was den Erzähler und die Gesellschaft, in der er lebt, bewegt. Auch wenn Autoren die Handlung ihrer Geschichten ins Mittelalter oder in die ferne Zukunft verlagern, erzählen sie von sich und ihrer Zeit. Romane können die verborgene Struktur einer Gesellschaft, einer Seele oder eines komplexen Ereignisses glaubhaft und spannend darstellen. Sie können Leser in fremde Länder und ferne Zeiten entführen, können sie verzaubern und mit den Figuren fühlen lassen.

Doch eines können Romane nicht so gut: auf aktuelle Anlässe reagieren. Alle Versuche, den Roman in den Dienst der Aktualität zu stellen, scheiterten kläglich. Welterschütternde Ereignisse lähmen eher die Arbeit an einem Roman.

Seiner Natur nach unterhält das Erzählen im Augenblick und kann, wenn überhaupt, nur langfristig verändern. Alles andere gehört in die Abteilung »Kinderkrankheiten der Schriftstellerei«.

Deshalb verabschiede ich mich bei politisch oder kulturell

dringenden Anlässen von meinen Protagonisten. Immer höre ich die unsichtbaren Helden protestieren, ich würde sie auf der Stelle treten lassen, um einen Artikel zu schreiben, mit dem ich nichts erreichen, dafür aber Ärger bekommen würde.

Als ich noch jung war, glaubte ich fest, dass ich mit einem vernichtenden Artikel den Sitz des Diktators zum Wanken bringe. Heute bin ich geheilt von dieser übertriebenen Phantasie, aber unsere Erde würde viel schlimmer aussehen, wenn niemand etwas gegen das Unrecht geschrieben hätte.

Doch in einem haben die Figuren meiner Geschichten Recht. Drohungen und Beschimpfungen höre ich selten nach Erscheinen meiner Romane, sondern eher nach einem Essay. Extrem war das bei meinem Buch *Mit fremden Augen*. Ein halbes Jahr lang hörte ich Drohungen und Angriffe und erlebte die Aufkündigung mancher Pseudofreundschaft. Danach war die Lage klar wie nach einem Gewitter, weil sich Freund deutlich von Feind geschieden hatte.

Ein Freund las damals das schmale Buch und wurde so unruhig, dass er mich noch spät in der Nacht anrief. Er lobte zuerst wortreich meinen Mut und fragte dann, ob ich keine Angst hätte, Taten und Täter so direkt zu nennen.

Angst ist eine treue, aber hässliche Begleiterin meines Lebens. Wer wie ich bereits als Kind unter einer mörderischen Diktatur leben musste und als junger Mann gezwungen war, ein Doppelleben zwischen Untergrund und Beruf zu führen, den verlässt die Angst keinen Tag.

Auch im Exil meldete sich die Angst, sobald ich mich von ihr befreit glaubte. Oppositionelle aus allen arabischen Ländern wurden und werden verfolgt und auch im Ausland gejagt, entführt und ermordet.

Bei jeder Versöhnungsarbeit zwischen Israelis und Palästinensern wurden meine Freunde und ich des Verrats bezich-

tigt. Manche Andeutungen regimetreuer Syrer, Fundamentalisten oder extremer Nationalisten sollte ich als Drohung verstehen – und verstand sie auch so.

Wer keine Angst kennt, ist nicht mutig, sondern schwach-
sinnig. Mut ist Angst haben und trotzdem das tun, wovon man
überzeugt ist.

Das tägliche Elend in meiner Stadt Damaskus zwang mich zu
schreiben. Seit über 50 Jahren knechten ein paar Verbrecher
ein ganzes Volk mit den Gesetzen eines Ausnahmezustandes.
Sie ersticken eines der lebenslustigsten Völker der Erde, trennen es von der Welt, werfen es aus der Zivilisation, lassen es
nicht mehr an der Politik teilhaben und rauben seine Kraft
und seine Ressourcen. Eine Hydra von mehr als 14 Geheimdiensten verwaltet das Elend und zerstört täglich den Traum
der Menschen von Freiheit und Würde. Die Infrastrukturen
des Staates werden vernichtet und durch Sippennetze ersetzt,
sodass das Land im selben Moment ins Chaos fällt, in dem die
Diktatur stürzt.

Ich teilte die Hoffnungen nicht, die viele Syrer im Jahre
2000 hatten, als der Sohn den Vater Assad beerbte. Man hat
mir sturen Hass vorgeworfen, als ich trotzig erwiderte, ein Sohn,
der eine Republik erbe, habe nicht vor, Demokratie gedeihen
zu lassen. Heimlich hatte ich gehofft, ich würde mich irren
und könnte doch bald meine geliebte Stadt wieder sehen.

Die Hoffnungen, der Sohn würde das geerbte Regime re-
formieren, wurden damals vom Geheimdienst geschürt und
von den Schreiberlingen der Macht hinausposaunt. Das hörte
sich an, als würden sie alle auf einmal dem verstorbenen Assad
in den Rücken fallen. Aber dem war nicht so. Es war für das
Regime eine heikle Aufgabe: Zum ersten Mal in der Geschichte Arabiens sollte ein Sohn, der von Politik keine Ah-

nung hatte und sich in London nur mit Augenmedizin beschäftigt hatte, als Erbe des Vaters Präsident werden. Das war, auch für eine Diktatur, ein sehr komplizierter Schachzug, und dafür brauchte sie eine hoffnungsvolle Stimmung.

Die Sippe registrierte einen weiteren Sieg gegen die Republik. Ein Parlament aus Mumien, Papageien und Nutznießern gab mit der bekannten Mehrheit von 99,99 Prozent seine Zustimmung.

Nun erwies sich der neue Assad als der treue Nachfolger seines verstorbenen Vaters. Zwei alte Gefängnisse wurden zum Schein geschlossen, aber die Verhaftungswellen jagten einander, und sie machten keinen Halt vor Greisen und Akademikern, Frauen und Kindern. Nicht einmal die Osmanen, auch nicht die französischen Kolonialisten hatten je einen sechzigjährigen Denker verhaftet, nur weil er die Korruption anklagte und bewies, dass Syrien mit eigenen Mitteln eine positive wirtschaftliche Entwicklung erzielen könne. Aref Dalila, langjähriger Baathist, dabei einer der größten Ökonomen und Dekan der Wirtschaftsfakultät, ist das neueste Opfer. Zehn Jahre Strafe bekam er für seine Kritik. Aber das ist nur der Prominenteste unter Tausenden von Gefangenen, die zu Unrecht in menschenunwürdigen Gefangenenlagern festgehalten und gefoltert werden.

Das Regime in Syrien kann wie *alle* anderen arabischen Regime nicht reformiert werden. Die Selbstreform der Diktatur ist eine verbreitete Illusion unter den Oppositionellen, und sie wird dazu führen, dass sie den Augenblick verpassen, das Regime friedlich zu stürzen. Demokratie und Freiheit bedeuten ökonomisch die Rückkehr der Reichtümer eines Landes zu seinem wahren Besitzer: dem Volk. Ein Clan, der jährlich Milliarden in die eigene Tasche »erwirtschaftet«, hat keinerlei Interesse, freiwillig zu teilen.

Das Regime kann keines der Probleme lösen, weil es selbst das größte Problem ist. Jede winzige Reform in Richtung Freiheit und Demokratie zerstört seine Macht, und jeder Diktator weiß das.

Auch die Spirale der Gewalt, in die zwei kleine Völker geraten sind und keinen Ausgang mehr finden, zwingt mich nachzudenken und zu schreiben. Das winzige Palästina erzeugt seit über einem halben Jahrhundert weltweit Unruhe. Der Konflikt wurde zum neuen gordischen Knoten. Ich glaube, dass noch nie ein Problem mehr Vorschläge und Pläne ad absurdum geführt hat als der Palästinakonflikt. Und täglich verknotet sich die Lage zu neueren, nie da gewesenen Verschlingungen. Die Opfer säumen den langen Leidensweg, und sie werden immer jünger. Beide Gesellschaften zeigten mehr als deutlich den Extremisten der anderen Seite, dass sie fähig sind, auch den größten Terror hinzunehmen, ohne ihre Haltung zu verändern, doch Extremisten leben und sterben unbelehrbar.

Hier gilt es, weltweit Intellektuelle und Politiker aufzuklären, damit sie sich aktiv an diesem Friedenprozess beteiligen und sich nicht in eine billige Parteinahme für eine Seite flüchten.

Auch hoffe ich immer, mit meinen begrenzten Mitteln palästinensische und israelische Intellektuelle ins Gespräch zu bringen. Sie zu ermuntern, für die gemeinsame Zukunft zu kämpfen. Ihnen zu sagen: Frieden ist nichts für Tauben, sondern für mutige freie Menschen, denn nur sie können Frieden schließen. Krieg kann man sogar mit Sklaven erfolgreich führen.

Für diesen bedingungslosen, von Achtung getragenen Frieden schrieb ich und werde immer weiter schreiben, denn Hoffnung ist kein Luxus. Sie ist unser Schicksal.

Manchmal zwang mich die Misere der arabischen Kultur, in Deutschland Stellung zu nehmen. Ich hätte das gerne all den selbsternannten Experten und Spezialisten überlassen und mich meinen Figuren gewidmet. Ich hätte mir auch Mühe und Feindschaften erspart, wenn einer der Esel (hier ist nur die billige Metapher gemeint und nicht das edle Tier) der arabischen Botschaften oder der Arabischen Liga auch nur eine Zeile gegen die Diffamierung der arabischen Kultur geschrieben hätte. Aber in den 35 Jahren meines Exils habe ich die Herren immer vermisst, wenn es darauf ankam, in der Öffentlichkeit die Stimme zu erheben. Sie hielten Schweigen für Gold und schmückten sich damit.

Auch wenn sich große und kleine Geister der Deutschen über Arabien mit Mitleid erregender Naivität äußerten, schwiegen die Experten.

Ich könnte ein dickes Buch über die Ahnungslosigkeit der deutschen Intellektuellen gegenüber der arabischen Geschichte und Gesellschaft, Kultur und Literatur schreiben, aber lieber schonen wir Papier und Tinte und begnügen uns mit einem Beispiel: Der arabische Diktator.

Der arabische Despot hat keine besondere Beziehung zu seinem Land und wird es jeden Augenblick verkaufen, wenn das seiner Sippe nützt. Denn sie und nicht irgendeine Klasse, Partei oder Idee leitet seine Maßnahmen. Am tiefsten verachtet er nicht seine Feinde, sondern sein Volk. Er ist bereit, sich im Interesse seines Clans mit jedem, auch mit dem Erzfeind, zu verständigen, und dies auch gegen die Interessen seines Volkes. Der Vergleich mit der Mafia ist nicht abwegig, aber die nennt man Verbrecher und nicht Regierung.

Kein Diktator der Erde übersieht den Widerstand im eigenen Land wie der arabische, und keiner ist zugleich so untertan gegenüber dem mächtigen Ausland wie er. Deshalb verändert er *nichts* ohne Druck von außen. Seine Politik hat keinen Bestand, keine Strategie, kein Ziel. Sie ist nur dazu da, seine Herrschaft über die Zeit zu mogeln. Saddam Husseins und Gaddafis Purzelbäume sind nur durch ihre Exaltiertheit zur Karikatur geworden. Die anderen arabischen Despoten vollführen dieselbe Übung, aber bedeutend langsamer. Deshalb führt jede Analyse einer Haltung des arabischen Despoten, die nicht die Sippe, sondern ökonomisches oder politisches Kalkül ins Zentrum setzt, in die Irre.

Kein Diktator der Welt öffnet sogar die Archive seines Geheimdienstes für eine Auslandsmacht, damit diese sich an Informationen über das eigene Volk bedienen kann. Der arabische Despot tut das, weil die jeweilige Supermacht ihm verspricht, ihn gegen das eigene Volk zu schützen.

Kein Diktator feierte je Siege, während seine Armee auf dem Schlachtfeld eine verheerende Niederlage erlitt. Das brachten nur die arabischen Despoten zustande.

Es war ein arabischer Despot, der, um hundert Feinde zu fassen, die eigene Stadt in Schutt und Asche legen ließ und mehr als 15 000 Tote in Kauf nahm. Er bombardierte Teile seines Landes mit Giftgas; er regierte mit leeren Kassen und ließ seinen Bruder die Goldreserven außer Landes bringen.

Wie naiv ist der Vergleich eines arabischen Diktators mit Hitler?

Europa stolpert in seiner Arabienpolitik mit dem Grinsen eines Siegers von Niederlage zu Niederlage. Ich nenne das »die Arabisierung des europäischen Bewusstseins«. Hierfür könnte ich eine Fülle von Beispielen anführen; eines davon reicht.

Während die Mehrheit der Syrer unter der Armutsgrenze lebt und einige nur mit Hilfe der Unterstützung ihrer Emigranten im Ausland über ihre Verhältnisse leben können, bereichern sich die Angehörigen der herrschenden Clans, indem sie die Ressourcen des Landes ausrauben.

Die Söhne der ersten Generation von Diktatoren, die mit Assad 1970 an die Macht kam, sind schlimmer als ihre Väter. Wie die Söhne des Verbrechers Saddam Hussein, lässt sich der syrische Despotennachwuchs Traumvillen bauen, eigene Häfen für Privatschmuggel errichten, riesige Garagen mit edlen Karossen füllen.

Dass ein Cousin des Präsidenten von diesem die Telekommunikation geschenkt bekommt, die jährlich Milliarden einbringt und Syrien zu gleicher Zeit die EU um 50 Millionen Euro anbettelt, zeugt von der Schamlosigkeit einer Diktatur und der Dekadenz der europäischen Demokratien, die so tun, als wüssten sie nichts über die Herkunft der Euro-Milliarden, die dubiose Syrer hier mitten in Europa investieren. Die EU will lieber mit Steuergeldern Einfluss kaufen, *wissend*, dass das meiste am Ende in den Taschen von wenigen einflussreichen Verbrechern landet. Dieselben EU-Bürokraten geben einer syrischen Opposition nicht einmal ein Zehntel davon, damit sie effektiv für die Demokratie arbeiten kann. Währenddessen züchten die CIA-Experten ihre noch dubioseren Syrer für die Übernahme der Macht bei einem Einmarsch. Und Europa wird wie im Irak Handlanger spielen oder das Nachsehen haben.

Europa verliert die Beziehung zu seinen Prinzipien, die auf Achtung der Menschenwürde basieren. Sonst wäre der Fall Rifaat Assad nicht möglich. Dieser Bruder des verstorbenen Diktators Assad und Onkel des heutigen syrischen Staatspräsidenten ist ein Massenmörder und Finanzverbrecher. Er führte am 27. Juni 1980 das Massaker an, bei dem mehr als tausend schutzlose politische Gefangene im Lager bei Palmyra starben. Es war ein Racheakt für einen misslungenen Mordversuch an seinem Bruder, dem Präsidenten. Heute weiß die syrische Opposition die genauen Namen aller Beteiligten. Rifaat Assad war auch 1982 nachweislich an der Ermordung von über 15 000 Zivilisten der Stadt Hama (Mittelsyrien) beteiligt. Nach einem Streit mit seinem Bruder 1984 verließ er Syrien. Auf dem Weg zum Flughafen raubte er die Goldreserven der Zentralbank. Er verursachte damit der syrischen Wirtschaft Milliardenverluste: Eine Woche später stürzte die syrische Lira auf ein Zehntel ihres Wertes gegenüber ausländischen Währungen.

Nun, in den vierziger und fünfziger Jahren flüchteten die Diktatoren mit ihrer Beute nach Brasilien, Argentinien, Panama oder Kolumbien. Rifaat Assad wollte aber nicht in die Karibik. Er fand in Frankreich unter dem Sozialisten Mitterrand Schutz. Er investierte dort große Summen (vor allem in den Eurotunnel). Sicherheitshalber und aus klugem Kalkül investierte er in Spanien (Industrie und Immobilien) und Großbritannien (Immobilien und Medien). Nun pendelt er zwischen den drei Ländern und fühlt sich wohl unter dem direkten Schutz der demokratischen Geheimdienste, und kein Journalist oder Politiker in Paris, Madrid oder London regt sich deshalb auf oder erhebt die Stimme. Sie überlassen das uns, den Exilautoren.

Und was immer meine Artikel oder Essays bewirken, ein Geschenk machen sie mir schon, bevor sie erschienen sind. Sobald ich sie zu Ende geschrieben habe, fühle ich mich frei und leicht. Dann höre ich deutlicher die Rufe meiner Protagonisten und eile wieder zu ihnen zurück. So wie jetzt. Der Held meiner Geschichte, ein armer Laufbursche, bittet mich darum, ihn weitergehen zu lassen. Er muss seinem Meister jeden

Mittag das Essen bringen. Der Meister gibt ihm eine halbe Stunde Zeit. Der junge Mann beeilt sich immer, um die ersparten Minuten bei der schönen Frau seines Meisters zu verweilen ...

DANKSAGUNG

Viele Menschen standen mir im Exil bei. Sie scheuten keine Mühe, um mit mir geduldig über knifflige Fragen der deutschen Sprache zu diskutieren. Ohne diese Menschen wären meine Texte bestimmt langweiliger geworden.

Ihnen gehört mein Dank.

AUSWAHL DER ESSAYS UND ARTIKEL

Die im Buch enthaltenen sind mit * gekennzeichnet

1 *Libanon am Wendepunkt* (Hrsg. u. Mitautor) ESG, Stuttgart, 1976.

2 *Syrien.* In Nahost, Stimmen der Opposition. Alektor Verlag, Stuttgart 1978, S. 13–38.

3 *Krise in Syrien,* eine Artikelserie in drei Folgen, TAZ: (*Kein Brot und keine Freiheit*) 17. 3. 80, (*Reif für den islamischen Sturm?*) 24. 3. 80 und (*Die Korruption kennt keine Grenzen*) 3. 4. 80. (Pseudonym Samir Talli).

4 *Die Qarmaten,* über eine vergessene arabische Räterepublik im 10. Jahrhundert. In: IKA Zeitschrift für Kulturaustausch Nr. 15, August 1980 (Pseudonym Samir Talli).

5 *Literatur der Betroffenheit.* Bemerkungen zur Gastarbeiterliteratur. Zusammen mit Franco Biondi. In: Zu Hause in der Fremde. Hrsg. von Christian Schaffernicht. Fischerhude 1981, S. 124–136.

6 *Über den öffentlichen Umgang mit einem Sündenbock.* Zusammen mit Franco Biondi und Gino Chiellino. In: Linkskurve, 1982, H. 3, S. 32–35.

7 *Ein Gastarbeiter ist ein Türke.* Zusammen mit Franco Biondi. In: Kürbiskern, 1983, H. 1, S. 94–106.

8 *Warum heiratet der Prinz die Pförtnertochter nicht?* Über Illusionäres und Revolutionäres der Phantasie I. In: Linkskurve, 1983, H. 2, S. 19–21.

9 *Warten ist ein schlechter Rat in einer eilenden Zeit.* Über Illusionäres und Revolutionäres der Phantasie II. In: Linkskurve, 1983, H. 3, S. 38–41.

10 *Frieden ist kein Kuchen, Offener Brief an Heinrich Böll.* Links, Offenbach a. M. Nr. 157, 1983, S. 20.

11 *Keep-smiling des Humanismus,* mit F. Biondi. Linkskurve Nr. 4, Dortmund, 1983, S. 41.

12 *Der Gesang der Gefesselten*, Bemerkungen über Literatur und Theater im Libanon. Linkskurve, 1, Dortmund 1983, S. 22.

13 *Das Lachen der Außenseiter.* Bemerkungen zu unserer Satire. In: Lachen aus dem Ghetto. PoLiKunst-Jahrbuch 3 (1985), S. 53–58. Und in: Lachen aus dem Ghetto, Mandala-Verlag, Katzenelnbogen 1985, S. 12–19.

14 *Reden wir lieber über Details*, Bemerkung über Probleme der Solidarität. In: Kommune, 3/1985, S. 53–62.

15 *Dankrede zur Preisverleihung.* In: Chamissos Enkel. Hrsg. von Heinz Friedrich. München 1986, S. 71–76.

16 *Den Trägern der Zukunft erzählen.* Ein Plädoyer für Kinderliteratur in der Fremde. Zusammen mit Eleni Torossi. In: Die Brücke, 1985/86, H. 28, S. 25 ff. Nachdruck in: Fundevogel, 1987, H. 36, S. 3–5.

17 *Die sieben Siegel der Zunge.* Dankrede anlässlich der Verleihung des Thaddäus-Troll-Preises. In: Die Brücke, 1987, H. 37, S. 37–40.

18 *Mit brennender Geduld.* Palästina Bulletin, Nr. 43, Bonn 1989, S.11.

19 *Leblos, liebliches Idyll, Du darfst dein Herz in Heidelberg verlieren. Aber wehe, du verlierst den Paß.* TAZ, Berlin 23. 7. 88, S. 13.

20 **Als die Steine flügge wurden, Offener Brief an David Grossman.* Babylon Nr. 4, Verlag neue Kritik, Frankfurt 1988, S. 78–85. Unverändert veröffentlicht in Semit Nr. 4, Weiss-Verlag, Dreieich 1989, S. 29.

21 *Makler der Kultur*, Listen Nr. 18, Frankfurt 1989, S. 32.

22 *Nicht einmal ein Esel*, Beitrag zur Debatte um »Makler der Kultur« Literatur Nachrichten, Frankfurt 1990, Nr. 27, S. 23.

23 *Vom Zauber der Zunge.* Reden gegen das Verstummen. Frauenfeld 1990, dtv, München 1998.

24 **Damaskus, die verbotene Heimat, ein Meer von Geschichten.* ZEIT-Magazin Nr. 40, Hamburg 1992, S. 86.

25 *Ein Paradies für fremde Autoren, dieses Deutschland.* In: Der neue Nationalismus. Hrsg. Dietrich Schlegel, Wochenschau Verlag, Schwalbach 1994, S. 202.

26 *Der brennende Eisberg.* Eine Rede, ihre Geschichte und noch mehr. Frauenfeld 1994.

27 **Hürdenlauf*, Rede an der Johann Wolfgang Goethe Universität. Jahresgabe. Frankfurt 1996.

28 *Das Lachen aus der Wunde*, Wochenzeitung Nr. 19, Zürich 10. 5. 1996.

29 *Wie ein edles Pferd zum Kamel wird*, Wochenzeitung Nr. 49, Zürich 1997, S. 19.

30 *Aus Pferd wird Kamel* (kurze Fassung von *Wie aus einem edlen Pferd ...*). Freitag Nr. 6, Berlin 30. Januar 1998, S. 16.

31 *Goethe und Tröte*. Wochenzeitung, Nr. 43, Zürich Oktober 1998 S. 26. Auch in: Die Gazette, Nr. 15 u. 16, Mai – Juni/ Juli, München 1999.

32 *Vom Circus der Kulturen*, Zeitschrift für Kulturaustausch, Nr. 3, Stuttgart 1999, S. 30.

33 *Mit fremden Augen*, Die Wochenzeitung, Nr. 20, Zürich Mai 1999, S. 19.

34 *Mit fremden Augen II.*, Die Wochenzeitung, Nr. 26, Zürich Juli 1999, S. 20.

35 **Die Wunderpille ist Zuhören*, Sonderdruck Event 99, WEG Hrsg. Rosmarie Meier, Schweizerisches Rotkreuz, Aarau 1999. Wochenzeitung, Zürich, Nr. 47, November 1999, S. 20.

36 **Anpassung? Woran bitte?* FR-Magazin, Frankfurt 6. 5. 2000, S. 3.

37 **Dem Morgen begegnen heißt Hoffnung haben*, Rede auf dem 9. Bundeskongress für politische Bildung Braunschweig 6.–8. März 2003. Ein großer Ausschnitt erschien unter dem Titel *Ein arabisches Dilemma* in der Beilage zur Wochenzeitung Das Parlament, 8. Sept. 2003, S. 3.

38 **Ein Garten für die Jugend*, Rede zur Verleihung des Weilheimer Literaturpreises erschien als Weilheimer Hefte zur Literatur Nr. 56, 2003.

39 *Mit Vergnügen auf dem Hochseil.* In: Die arabische Welt und ihre Bücher, München 2004, S. 6.

40 *Ihre Stunde wird kommen*, Tagesspiegel, Berlin 6. Oktober 2004.

41 **Das besondere Blau*, Thalia Magazin, 3, 2004, S. 64.

42 **Wüste im Herzen*, Frankfurter Rundschau, Frankfurt a. M. 24./25. 12. 2004, S. 27.

43 **Kindheitslektüre*, Banipal, Magazine of Modern Arab Literature, London (GB) 2005, Nr. 22, S. 144.